Norbert 15.7-91

Über dieses Buch Hellmut von Gerlach, der Sohn eines schlesischen Großgrundbesitzers, hat eine für deutsche Verhältnisse sehr ungewöhnliche Entwicklung durchgemacht. Politisch hat sie ihn vom antisemitischen Konservatismus zum pazifistischen Liberalismus geführt, beruflich vom Königlich Preußischen Regierungsreferendar zu einem der bedeutendsten demokratischen Publizisten, die Deutschland im Kaiserreich und während der Weimarer Republik besessen hat. In seiner Autobiographie besichtigt der journalistische Lehrmeister Carl von Ossietzkys das Zeitalter der Hohenzollern-Monarchie. Gerlach hat lange Zeit mit dem großen Sozialliberalen Friedrich Naumann zusammengearbeitet, er hat aber auch Friedrich Engels gekannt. Von der Lage der Landarbeiter auf den großen ostelbischen Gütern gibt er erschütternde Schilderungen. Und er beschreibt die November-Revolution von 1918, die ihn vorübergehend als Unterstaatssekretär ins preußische Innenministerium führte. Diese spannend und souverän geschriebene Autobiographie ist ein sozialgeschichtliches Dokument ersten Ranges, ein Schlüsselwerk zum Verständnis der jüngeren deutschen Geschichte.

Der Autor Hellmut Georg von Gerlach, geboren 1866 in Mönchmotschelnitz (Kreis Wohlau in Preuß. Schlesien), studierte Rechts- und Staatswissenschaften; gründete mit Friedrich Naumann den »Nationalen Verein«; 1903 bis 1906 Mitglied des Reichstags; war während der Haft Ossietzkys Chefredakteur der *Weltbühne*; jahrelang Vorsitzender der »Deutschen Liga für Menschenrechte«; 1933 nach Frankreich ins Exil; war in Paris als Kommissar für deutsche Emigrantenfragen bei der »Französischen Liga für Menschenrechte« tätig. Gerlach starb 1935 in Paris. ›Von Rechts nach Links‹ erschien erstmals 1937 in Zürich.

Hellmut von Gerlach

Von Rechts nach Links

Mit einer Einleitung
und einem Epilog von
Emil Ludwig

Fischer
Taschenbuch
Verlag

Verboten und verbrannt / Exil
Lektorat: Ulrich Walberer

Ungekürzte Ausgabe
Veröffentlicht im Fischer Taschenbuch Verlag GmbH,
Frankfurt am Main, Januar 1987

Lizenzausgabe mit freundlicher Genehmigung
der Europa Verlag AG, Zürich

Umschlaggestaltung: Max Bartholl
Gesamtherstellung: Clausen & Bosse, Leck
Printed in Germany
1480-ISBN-3-596-25182-8

Inhalt

Einleitung
Bildnis des verwandelten Junkers

»Was ihr Guten, ihr Besten wollt,
hab ich zum Teil getan.
Viel übrig bleibt zu tun,
möge nur Keiner lässig ruhn!
Was ich sag, ist Bekenntnis
zu meinem und eurem Verständnis.«
Goethe

Er war ein Junker, aber das bürgerliche Blut von mütterlicher Seite gab ihm, wie Bismarck, so viel Verstand, daß er die Ritter durchschaute, mit deren Taten die Väter stolzierten. Unter diesen adligen Vätern waren ein paar tapfere Leute, von denen ein später Enkel den Mut erben konnte und die Schießkunst. Auch hat er's nie verleugnet, woher er kam, und sich bis zum letzten Tage mit seinem »von« unterschrieben. Da er mehr als alle seinen Vater liebte, so nahm und schätzte er ihn, wie er war, und die typische Feindschaft des revolutionären Sohnes gegen den erhaltenden Vater färbte sich in das Gefühl herzlicher Überlegenheit von Sohnes Seite, heiterer Duldung vom Vater her.

Gerlachs Geschichte – er wird sie gleich erzählen – ist die Geschichte eines ehrlichen Mannes, der sich in langsam stufenweiser Folge vom Junker zum Weltbürger entwickelte und während seiner siebzig Lebensjahre die Umwandlung der deutschen Welt im Kleinen, gleichsam anthropomorphisch in sich gestaltete.

Daß er ein Abtrünniger werden sollte, lag in seiner Erscheinung vorgebildet. Klein und beweglich, dunkel und von schnellen Gesten schien er mit seinem brünetten Bart eher einem arabischen Gelehrten als einem preußischen Adligen zu gleichen, und wenn ein Fremder den Namen Hellmut von Gerlach las, mußten alle drei Worte eine Gestalt vorzaubern, von der er nichts erfüllte.

Auch seinen Charakter haben drei Faktoren ausgebildet, fern der Junkerwelt: ein bürgerlicher Urahn aus Sachsen, kluger Landwirt und Organisator, aus eigener Kraft so reich geworden, daß noch der Urenkel von seinem Erbteil sein Leben frei gestalten konnte; dann ein französischer Emigrant, der dem Knaben als Lehrer alles aufschloß, was auf schlesischen Gütern verboten war oder unbekannt; schließlich die Schweiz, aus der das Geschlecht seiner Mutter stammte: Peyer, mit seinem Wappen noch heut in Luzern zu finden, später besonders Genf im Studium des Studenten. Da hatte sich denn alles zusammengefunden, was die Junker verachten: ein Selfmademan, von dem sie nur gern das Geld erheiraten, ein Franzose, der den gefährlichen Geist, und der Völkerstaat, der die noch gefährlichere Toleranz in Herz und Hirn des jungen Mannes senkte.

Fünfzig Jahre nach seiner Genfer Lehrzeit, vier Wochen vor seinem Tode, als er in Basel seine letzte Rede hielt, dankte er noch einmal »dem ewigen Gedanken des ins Europäische weisenden Schweizertums«, rief auf zur Weltverbindung des eidgenössischen Gedankens und sagte: »Die Schweizer vor allen sind die Hüter des heiligen Feuers.«

Mit solchen Einflüssen von Blut, Geist und Welt war Gerlach schon Mitte Zwanzig mehr Europäer, als er's wissen konnte, und doch hat er noch bis zum Ergrauen seines schwarzen Haares seine Sendung durchaus in Deutschland erblickt. Wenn er sich erst zu Stoecker bekannte, später zu Barth und Naumann, immer war's, weil er auf echt deutsche Art die beiden widerstrebenden Elemente verbinden wollte, aus denen er stammte: Königtum und Demokratie. Nicht zufällig nannten sich diese Deutschen im Anfang unseres Jahrhunderts National-Sozialisten. Bis in sein Alter hat Gerlach sich nie entschlossen, den letzten Schritt zu tun, der jene beiden Welten trennt: Freund der sozialistischen Führer wurde er doch nie Mitglied ihrer Partei; es war der Ritter Gerlach, der sich fernhielt.

Die große Wanderung dieses beständig bewegten Menschen, die Transfiguration dieses Herzens wird nur verständlich, wenn man den Ritter nie vergißt, von dem er doch ein Stück in sich trug, und grade dadurch wird sie so reizvoll; man könnte sie mit Plechanows vergleichen, der auch sein Leben lang als radikaler Denker ein Gentleman geblieben ist. Gerlach, der mit Zwanzig trauerte, weil ihn das Jäger-Regiment nicht annahm – er hatte sich als Junge einen Finger zerschossen –, hatte so frühe und starke Eindrücke von Waffen, daß er ihre Gefahr und den immerfort steigenden Unwert kriegerischen Heldentums durchschauen lernte. Deshalb hat er in den folgenden Blättern grade diese Kreise seiner Jugend mit so viel breitem Humor geschildert; wie denn ein Abtrünniger, wenn er gesiegt hat, im Alter seine Jugend stets mit einer holden Abneigung behandelt, das ist mit heimlicher Neigung.

Solche Gestalten hat niemand schöner als der zugereiste Fontane geschildert. Gerlach war eine echt fontanische Gestalt, auch seine Briefe haben einen Hauch davon. In ihm erweckte der Widerspruch des gemischten Blutes eine besondere Kampflust, und da sie sich im Waffenrock, in Duellen oder Kriegen nicht ausdrücken konnte, blieb diesem junkerlichen Teile seines Wesens nur die Jagd, um den Instinkten seines altpreußischen Blutes Luft zu machen.

Jagd war für Gerlachs Leben gleichermaßen wichtig wie Politik. Nie war er reizvoller anzuhören, als wenn er von einem nebligen Morgen, von einem klaren Abend sprach, der ihm ein seltenes oder lang gesuchtes Wild zuführte. Daß er als Knabe auf seiner ersten Jagd 11 Hasen geschossen, das blieb in seinem Herzen als ein großer Tag seines Lebens, und so hat er in seiner Ehrlichkeit gleich beigefügt, dergleichen wäre ihm nie wieder gelungen.

Auf der Jagd, die der Knabe vom Vater gelernt, konnte dieser klare und realistische Charakter seine geheime poetische Neigung erfüllen, nur hier, in der Natur. Musik und die andern Künste blieben ihm beinahe fremd, Rembrandt und Böcklin scheinen seine einzigen Erlebnisse in jener Hemisphäre geblieben zu sein. Auch der Sinn für alten Burgunder war ihm als Junker-Erbe geblieben. Wenn dergleichen Naturen zur Aktion, etwa zur Politik getrieben werden, pflegen sie sich nur in der Jugend und im Alter Natur-Gefühle zu gestatten; so wurde auch Gerlach im Alter draußen immer schweigsamer, wohl auch glücklicher. »Ich bin kein Dichter«, schrieb er einmal, »leider, aber ich muß objektiv feststellen, daß der Schnepfenstrich sich in der Tat unter sehr poetischen Umständen vollzieht.« In einem Satz der ganze Mann.

Ohne diese Liebe zur Natur wäre er weniger harmonisch geworden. Seinem zu Logik und Klarheit drängenden Wesen gab sie eine gewisse Zartheit, die sich sogar über seinen dunklen Stimmenklang legte, wenn er von Jagd sprach; denn dann erzählte er nie von der Strecke, mehr von Empfindungen, wohl auch vom Aufblick eines Tieres – und dann schalt er sich »gemein«, daß er es dennoch erlegt hatte. Trotzdem hat er im politischen Reden und Schreiben niemals Gleichnisse aus der Natur verwendet, wie sie Bismarcks Stil verschönt haben; vielmehr hat er Gleichnisse aus dem sozialen Leben beständig in die Darstellung von Vögeln oder Wild gemischt. Leise klingen seine beiden Welten, komisch und rührend zusammen, wenn er »in der Nähe des Reichstags drei weiße Drosseln beobachtet«. Als ihn eine Freundin im letzten Jahre fragte, was nun eigentlich das Schönste im Leben sei, erwiderte er in Erinnerung an afrikanische Jagden: »Das Schönste? Elefanten-Losung!«

Einem solchen Erben alter Raubritter wird der Kampf gegen den Krieg wahrscheinlich nur möglich, wenn ihn die Jagd vom Drange des Blutes befreit. Sicher hat er die Komik gar nicht bemerkt, wenn er in einem seiner letzten, wunderschönen Vogelbilder eine Fuchsjagd mit Falle, er, der alte Pazifist, beschreibt wie folgt: »Der Bauch des toten Pferdes gähnte wie ein Granat-Trichter. Herrlich leuchtete der Mond auf dem glitzernden Schnee. Ununterbrochen lugte ich durch die Schießscharte und fror dabei halb zu Tode. Kein Fuchs ließ sich erblicken.« Dann kommen Elstern zu dem Aas geflogen, er erlegt sie und schließt: »Stolz hing ich die sieben toten oder verendeten Elstern an die Schließe meiner Jagd-Tasche.«

Wenn es wahr ist, was der griechische Weise sagte, der Zweifel sei der Vater alles Denkens, so ist Gerlach vom Zweifel an den Vorrechten seiner Väter zur Durchdenkung der sozialen Welt gelangt. Ich glaube aber, auch bei anderer Abstammung, als bürgerlicher Lehrer, Richter oder Geistlicher wäre er zu Taten der Gerechtigkeit gelangt, denn diese war ihm zutiefst angeboren. Aber die Form seiner Schulung, diese lange und kurvenreiche Wanderung machen sein Leben grade zu einem lehrreichen Symbol; wie sich denn jede Wahrheit nur einem bevorzugten Einzelnen in einer Erleuchtung, der Menge aber am klarsten in einer Konvertierung auftut. In dem dramatischen Paulus spiegeln sich solche verwandelten Menschen tiefer als in Jesus, in dem der Widerspruch von Machtgefühl und Entsagung den Wenigsten deutlich wird. Gerlach, epischer als seine symbolischen Vorgänger, durchaus in die Prosa strebend und jedem Schauspiel abhold, lebte sein Leben, ohne die Auflösung des großen Rebus eigentlich zu erforschen, weil er immerfort tätig war, stets in Bewegung, selten in Meditation.

Sein Wille zur Wahrheit war so unbedingt, sein Streben nach Klarheit so fest, weil er auf seinem Wege alle Phantasie ausschaltete und sich beständig selbst beschwor, keiner Illusion zu verfallen; daher er die Blendung einer Klasse, Rasse, Nation, des Goldes und anderer Illusionen gar nicht empfand, zugleich aber auch Religion und Kunst entbehren mußte. Es war kein Opfer: in seiner berechenbaren Klarheit war er glücklich.

Glücklich? Vielleicht darf man das gefährliche Wort auf ihn wagen. Zu männlich, auch zu realistisch, um sich in die Leiden des Einzelnen lustvoll zu versenken, durchaus gläubig an den Endsieg des Guten und Wahren, verfiel er doch auch wieder seinem herzlichen Mitgefühl und brauchte mitten in politischer Rede die dort ganz ungewohnten Worte »schauerlich« oder »erschütternd«. Der Glaube an den Fortschritt der Menschheit – ein soeben aussterbendes Dogma, wie man's dem alten Freisinn, den Achtundvierzigern zuschreibt – war so stark in ihm wie Religion in andern Menschen.

Glücklich? Es lebte in Gerlach mehr Glaube an das Recht als an die Freiheit. Diese hatte er selber nie entbehrt, jenes sah er beständig gebeugt. Aber es war das große, ungeschriebene Gesetzbuch, das diesen Journalisten stärker bewegte als jeder Codex, und einen Mann, der aus Ritterlichkeit einen Meineid geschworen, Hans Leuss, nannte er mir als den nächsten Freund seines Lebens. Da zeigte sich der echte Idealist. Stökker, den Gerlach später enttäuscht verließ, hat die Flugkraft seines Schülers erkannt; denn auf die boshafte Bemerkung eines Junkers, dieser junge Weltbeglücker habe wohl einen Vogel, hat Stöcker die großartige Antwort gegeben: »Wenn Gerlach einen Vogel hat, so ist es ein Adler!«

Glücklich? Ein paar Wochen vor seinem Tode habe ich ihn sagen hören, im Grunde hätte er nichts erreicht, hätte alles verfehlt. Als ich ihn mit schlechtem Gewissen zu widerlegen suchte, was Deutschland betraf, dann aber mit gutem Gewissen sagte, er verdiente wie keiner den Nobelpreis, sah er mich mit seinem merkwürdigen kinderhaften Aufblick an und fragte leise: »Glauben Sie?«

Diese Naivität war neben seinem Willen zur Klarheit ein zweiter Zug, der seinen Charakter von dem der meisten Politiker unterschied. Goethe, mit dem er wenig gelebt hat, liebte solche Charaktere und hat auch für ihn im höchsten Alter das Wort gesprochen: »Das Höchste, wozu der Mensch gelangen kann, ist das Erstaunen.« Da Gerlach immerfort lernte, stets lieber fragend als behauptend redete, behielt er sich die Frische einer Jugend, wie sie heute selten aufwächst. Ihn hat nie jemand zurückgelehnt im kurulischen Clubstuhl gesehen, Weisheitssprüche von sich gebend, wie dies dem deutschen politischen Führer eigen war. Bis ins Alter gewöhnte er sich an die niedrigen Motive der Menschen so wenig, daß er bei irgendeiner zynischen Geschichte mit seiner raschen Stimme und seinem schnellen Blick unwillkürlich ausrief: »Ach nein!« Doch mit derselben Jugend, mit einer entschiedenen Anmut begeisterte er sich für jede schöne Tat, und dies im schlichten humanistischen Sinne des 19. Jahrhunderts. Dies alles verschönte ein Mangel an Menschenkenntnis, der diesem aktiven Menschen so gut zu Gesicht stand. Solche Charaktere sind generös, Gerlach war es bis zur Verachtung des Geldes. Als er das damals reiche Gut seines Vaters erben sollte – dafür wurde von preußischen Junkern immer der klügste Sohn gewählt, der schneidige geht in die Garde, der dümmste in die Diplomatie –, da verzichtete er mit der Begründung: »Ich kann doch nicht meinen Verwalter bezahlen und dann bloß das Geld einstreichen.« Was er ererbte, gab er den Seinen, noch lieber politischen Fonds, und während in einer Wahlkampagne seine Freunde auf seine Kosten im Wahlkreis herumfuhren, ging er selber in einem kalten November zu Fuß von einem Dorf zum andern, bis er sich die Ohren erfror. Erzogen als reicher Erbe, ein Leben lang bequem gehalten, blieb er so bedürfnislos, daß er als armer Mann am Ende nichts entbehrte als die Jagd.

Mit erhöhtem Ziele steigerte sich in seinen letzten zwanzig Jahren sein Wille zur Klarheit, der in dem früheren verschwommenen Wunsche zu Vereinigung zweier Weltanschauungen sich weniger durchsetzen konnte. Jetzt wurde sein Ausdruck so durchsichtig, daß er die kürzesten Sätze schrieb, einen Stil, der an das Klopfen der alten Morse-Apparate erinnerte. So klar war auch seine Stimme, er sprach die Vokale ganz rein, etwa das o im Wort Franzose deutlicher als wir andern, und wenn er auf die Frage nach dem Charakter eines Mannes erwiderte, so strahlte die Wahrheit aus seinen kurzen Worten. Niemals habe ich einen Menschen mit gleicher Sicherheit Ja und Nein sagen hören.

Mit voller Unerschrockenheit hat Gerlach nicht bloß für Europa und den Frieden, er hat auch, nach Art Ibsenscher Helden, gegen Korruption und Bürokratie, gegen Wilhelm den Zweiten und seine Klasse gekämpft. Er ließ sich dafür verfolgen, beinah' wäre er erschlagen worden. Dies alles war um so erstaunlicher, als er nur selten für eine Partei, fast immer als Einzelwesen handelte, schrieb und sprach. Glänzender Debattierer, logisch und humorig, war er eigentlich kein großer Erzähler und auch als Redner mehr überzeugend als hinreißend. Seine Haltung, die die Gefühle durchaus verbarg, verbot ihm jeden rednerischen Schwung; auf der Piazza wäre er sich lächerlich vorgekommen. Auch dadurch unterschied er sich vom Parteimann, daß er kein undurchlebtes Schlagwort brauchte. Sprach er dagegen französisch, so schien er sich im fremden Idiom auf eine gleichsam illegitime Art vom Wohlklang tragen zu lassen.

Diese große innere Sauberkeit trennte Gerlach von den meisten Politikern seiner Epoche, die innere Bescheidenheit von seinen nächsten politischen Freunden. Wie sollte er die Technik einer Zeit begreifen, die Loyalität ausschließt, die Anerkennung des Gegners verlacht! Das war ein großer symbolischer Moment, als mitten im Kaukasus ein verkappter deutscher Offizier aus Angst vor Entdeckung die Papiere seiner geheimen Spionage dem großen Friedensführer zusteckte, weil dieser »am wenigsten militärisch aussah«. In dieser Szene eröffnet sich die ganze Tragikomödie des verwandelten Junkers. Mitten im Kampfe gegen grausame Verleumdung stand er fest auf den Grundlagen seiner Ethik, wie Masaryk, dem er als Charakter nahe kam.

Als ich kürzlich die privaten Aufzeichnungen eines leitenden deutschen Ministers vertraulich zur Lektüre erhalten und Gerlach davon erzählt hatte, fragte er:

»Warum haben Sie von einem so bedeutenden Dokument keine Abschrift genommen?«

Als ich zurückfragte, ob er dergleichen getan hätte, lächelte er bloß.

Seine Noblesse ging so weit, daß er in den hier folgenden – von uns nur in Kapitel geteilten und leicht gekürzten – Memoiren zu erzählen unterließ, warum er in der Revolution den Staatsdienst verlassen hat. Da seine Haltung in diesem wichtigen Augenblicke seinen Charakter ins Licht rückt, füge ich den Vorfall hier ein:

Als ihn die Revolution zur Mitregierung brachte, als einzigen bürgerlichen Demokraten, trug es sich zu, daß der pseudosozialistische Minister Heine auf der Tribüne das schöne Wort fand: »Die Unabhängigen sind die Zuhälter der Bolschewisten!« Gerlach liest den Bericht, fährt ins Parlament, hält den Satz seinem Chef, dem Ministerpräsidenten Hirsch vor und fordert ihn auf, die Unabhängigen zu schützen. Als Hirsch ablehnt, erklärt ihm Gerlach auf der Stelle seinen Rücktritt und schickt eine Stunde später das Gesuch um Entlassung. Ein Mann, der zwanzig Jahre schreibend verbracht, dann vier Kriegsjahre das richtige geraten hat, wird mit über Fünfzig zum ersten Male berufen zu regieren: da greift man gerne zu. Aber Gerlach legt sein Amt gleich darauf nieder, weil der Chef dieser Regierung seine eignen Kollegen nicht schützt, zu denen Gerlach gar nicht gehört.

Ein andermal kam er noch schwerer ins Gedränge. Im Februar 1918 hatte ein deutscher Heerführer seiner Geliebten, einer adligen Dame, in intimer Lage anvertraut, im März begänne eine große Offensive da und dort im Westen. Venus, dem durchreisenden Kriegsgott persönlich ergeben, aber leidenschaftliche Gegnerin des Krieges, bringt am nächsten Tage Gerlach die Nachricht und erklärt, um dieses neue Gemetzel zu verhindern, müßte sie die Nachricht an den Marschall Foch weiterleiten. Gerlach, mit seinem Kreis und Einfluß beständig auf einen rascheren Frieden hinarbeitend, erkennt die Schädlichkeit dieses frommen Verrates und hält die Dame davon zurück.

Einen Mann von solcher Unbestechlichkeit konnten Verleumdungen nicht treffen: seine Klasse, frühere Freunde, Parteigänger, selbst Pazifisten haben ihn angegriffen, ohne ihn zu erschüttern. War es ein Wunder? »Du zwingst Viele, über dich umzulernen«, schrieb Nietzsche, und doch ist Gerlach bis zum Ende weniger radikal geblieben, als man es ihm vorwarf. Zur Verweigerung der Dienstpflicht hat er nie aufgerufen. Wie Masaryk hat er – in vollem Gegensatze zu Tolstoi oder Gandhi – stets den Verteidigungskrieg verteidigt. Sein letzter Artikel, unvollendet, hat sogar seine Wendung zum gepanzerten Pazifismus noch einmal deutlich gemacht.

Da ihm zum Führer im neuen Deutschland Roheit und Lüge fehlten, wurde er im Ausland besser verstanden. »C'est le plus honnêt de tous les Allemands«, sagte Barthou von ihm, und der kleine Zeitungs-Ausschnitt, den Gerlach als Talisman in der Westentasche trug, war auch von einem Franzosen: »Man muß wählen«, sagte Briand auf diesem Stück Papier, »zwischen dem neuen Nationalgefühl oder der Internationale der Völker. Ich habe gewählt.«

Und doch war es Deutschland, das ihm zuletzt das größte Symbol übergab: es nahm ihm sein Bürgerrecht. Deutschland hat Hellmut von Gerlach am Ende seiner Tage zum Europäer erhoben.

Emil Ludwig

Erster Teil
Vom Junker zum Demokraten

1. Kapitel
Im Schlosse meiner Eltern

In alten Zeiten lebte ein Herr von Motschelnitz auf dem großen Gute Motschelnitz im Kreise Wohlau in Schlesien. Er hatte zwei Söhne und bestimmte, daß sie sich nach seinem Tode den alten Familienbesitz teilen sollten.

Der Vater starb. Der ältere Sohn blieb in dem väterlichen Schlosse wohnen, das fortan mit dem dazu gehörigen Rittergut den Namen Herrnmotschelnitz annahm. Der jüngere aber wurde Mönch und trat in das in der Nähe der Oder gelegene Zisterzienser-Kloster Leubus ein. Als Morgengabe brachte er seinem Orden seinen Landbesitz ein, der den Namen Mönchmotschelnitz erhielt.

Die Mönche bauten sich in Mönchmotschelnitz eine Art Sommerresidenz, wo sie, frei vom Klosterzwang, ihre Ferien verbrachten, hauptsächlich mit Fischen und Jagen. Natürlich durften sie ihre religiösen Pflichten nicht ganz vernachlässigen, weshalb in das mit zwei Türmlein geschmückte Schloß eine kleine Kapelle eingebaut wurde. Neben Vergnügen und Religion kam auch die Ästhetik zu Wort: der mächtige Speisesaal wurde von einem guten Künstler mit einem annehmbaren Deckengemälde geschmückt, ebenso das für den Abt bestimmte Schlafzimmer.

Ein Teil des Schlosses hatte keinen Keller. Ganz alte Leute erzählten, früher habe es auch da einen Keller gegeben. Er sei jedoch zugemauert worden, damit kein Profaner die Leichen der wegen irgendwelcher Todsünden exekutierten Mönche entdecke. Eigentlich hätte es bei so schaurigen Gerüchten spuken müssen. Als Knabe habe ich sehr bedauert, daß das nicht der Fall war. Damals lechzte ich nämlich nach der Entlarvung von Gespenstern, an die ich trotz der Erzählungen meiner alten Kinderfrau nie zu glauben vermochte. Offenbar steckte von jung an in mir das Zeug zu einem hartgesottenen Rationalisten.

Die Familie von Motschelnitz ist längst ausgestorben. Kloster Leubus samt seiner Filiale Mönchmotschelnitz ist 1810 säkularisiert worden. Aus Leubus wurde eine Irrenanstalt, aus Mönchmotschelnitz ein Rittergut, das mein Vater kaufte. So geschah es, daß ich im Schloß Mönchmotschelnitz im Jahre 1866 zur Welt kommen konnte. Näheres über die Umstände meiner Geburt ist mir nicht bekannt geworden, würde vielleicht auch des öffentlichen Interesses entbehren. Freilich, die Astrologen habe ich wegen meiner Interesselosigkeit ob der Anfänge meiner Existenz schwer enttäuschen müssen. Ich konnte ihnen nämlich die Stunde der Geburt nicht angeben, die sie zur Stellung meines Horoskops unbedingt kennen zu müssen behaupteten. Nun, da werde ich eben ohne Horoskop mein Leben beschließen müssen. Es wird auch so gehen.

Das Schloß mit seinen 18 Fenstern Front war ein Gebäude ohne jeden architektonischen Reiz. Von außen sah es so aus, als ob sein Erbauer von dem Prinzip der neuen Sachlichkeit durchdrungen gewesen sei. Im Innern freilich mußte man erschrecken über die Unsachlichkeit der Raumverteilung. Riesenflure und Gänge mit Ziegelpflaster nahmen soviel Platz ein, daß die Zahl der Wohnräume nicht entfernt im Verhältnis zu der Größe des Kastens stand. Immerhin hatten wir im ersten Stock sieben Fremdenzimmer für unsere Logiergäste zur Verfügung.

Das Prunkstück des Hauses war der Saal mit seinen sechs mächtigen Fenstern. Außer dem reizvollen Deckengemälde zierte ihn das Riesenbild meines Großvaters väterlicherseits in seiner Uniform als Polizeipräsident von Berlin und eine überlebensgroße Kristallkrone. Bei großen Jagddiners wirkte der Saal mit seinen stattlichen Eichenmöbeln wirklich imponierend. Das Unglück war nur, daß er so riesengroß und so riesenhoch war, daß er kaum erheizt werden konnte. An Zentralheizung dachte natürlich in jenen Jahren noch niemand. Neben den gewaltigen Kachelofen war noch ein eiserner gestellt worden. Trotzdem, die Quantität schlug die Qualität tot. Meine Mutter stand immer Todesängste aus, wenn die Zeit der Treibjagden (Dezember-Januar) herankam. Drei Tage vorher begann das Einkacheln. Trotzdem hat sie es einmal erleben müssen, daß einer der Herren nach dem andern vom Tisch aufstand und sich seinen Pelz holte. Draußen war minus 22, drinnen plus 6. Da lassen Sie sich einmal ein Diner im Frack schmecken!

Den wärmsten Raum des Schlosses hatten wir Kinder, wenigstens solange wir klein waren. Es war eine Stube neben der Küche. Durch die dicke Mauer führte direkt von dem Riesenküchenofen ein breites Rohr nach der Kinderstube. Da strömte immer genügend Wärme zu uns hinein. Freilich strömte auch noch etwas anderes, nämlich die Küchenschwaben, die bei uns »Russen« genannt wurden. Sie wurden von uns Kindern nicht etwa als Übel, sondern als das Gegenteil empfunden, weil sie uns immer Gelegenheit zu aufregenden Jagden vor dem Schlafengehen gaben. Böse wurden wir auf sie erst, als sie unsern Liebling das Leben kosteten, ein Rotkehlchen, das im Winter unser warmes Heim teilte und frei herumflog. Der arme Kerl hatte sich an den fetten Gesellen übernommen. Das vertrug sein nur auf magere Mücken eingestellter Magen nicht.

Die Einrichtung des Schlosses war weder stilvoll noch behaglich. Meine Eltern hatten dafür gar keinen Sinn. Es gab natürlich einzelne schöne alte Möbelstücke. Aber sie standen sozusagen in Gemenglage mit dem scheußlichsten Kitsch. Sogar ein Makartbukett fehlte nicht. Dafür fehlte jedes wirkliche Kunstwerk.

Am charaktervollsten sah noch das Arbeitszimmer meines Vaters aus. Es hatte wenigstens insofern einheitlichen Stil, als es von oben bis unten mit Geweihen und Gehörnen verziert – andere meinen vielleicht verunziert – war. An diesen Raum knüpfen sich für mich, der ich vom zartesten Kindesalter an leidenschaftlicher Jäger war, die schönsten Erinnerungen. Unvergeßlich ist mir besonders ein Rehkopf aus Ton, dem ein paar mächtige Abwurfstangen aufgesetzt waren. Meine Mutter behauptete, mein Vater habe mich als Säugling immer vor diesen Rehkopf gehalten und mir dabei das Sprechen beizubringen versucht. Infolgedessen sei mein erstes deutliches Wort weder Mama noch Papa, sondern Ehböckl gewesen.

Je weniger Schönheiten das Schloß nach außen und im Innern aufwies, um so prächtiger war die Natur ringsum. Nach der Gartenseite war es flankiert von einer Reihe riesiger alter Linden, an die sich ein Dutzend unendlich hoher italienischer Pappeln schloß. Unter den Linden strömte ein Bächlein, jenseits dessen der Garten begann, an den sich ein fünfzig Morgen großer Park mit uralten Buchen und Eichen anschloß.

Nach dem Hause zu standen mächtige Kastanien, deren Früchte wir Jungen im Herbste eifrigst einsammelten, weil wir für die Metze – das war das alte Maß – einen halben Groschen bekamen. Mein Vater fütterte damit Schafe und Rehe. Unter den Kastanien stand der sogenannte Röhrtrog, ein mächtiges Bassin aus Sandstein, das nach der eingemeißelten Inschrift weit über hundert Jahre alt war. In diesen Trog strömte ununterbrochen prachtvoll klares und kühles Wasser, das einer den Hügeln des Parkes entspringenden Quelle entstammte.

Ließ man allerdings seine Blicke durch die Kastanien hindurch über den Röhrtrog hinwegschweifen, so war es radikal aus mit der Schönheit. Da lagen tief im Hintergrund die Scheunen und Ställe, davor links der große Komposthaufen, rechts die noch sehr viel größere Mistgrube mit der Jauchepumpe.

Jenseits der Mistgrube stand das Gesindehaus. Eine meiner Tanten, infolge ihrer Vergangenheit als Hofdame an einem kleinen Hof besonders »vornehm«, stellte einmal meinen Vater ernstlich zur Rede: »Lieber Max, ich verstehe nicht, wie du dies horreur täglich mitansehen und deiner Familie zumuten kannst. Ein herrschaftliches Wohnhaus muß vor allen Dingen abgeschlossen von der Berührung mit dem gewöhnlichen Volke sein. Geht es nicht anders, mußt du mindestens die Scheußlichkeit des Hofes und Gesindehauses kaschieren. Leg' unter den Kastanien eine hohe und dichte Fichtenhecke an, dann kommt ihr endlich zu einer standesgemäßen Wohnung.«

Mein Vater, der ein starker Realist war, antwortete kühl: »Das verstehst du nicht, liebe Schwester. Ich will, sobald ich aus der Haustür trete, mit dem ersten Blick den Hof und alles übersehen, was sich da herumtreibt. Was meinst du, wie das die Knechte und ihre Weiber in Ordnung hält, wenn sie sich immer unter Kontrolle wissen. Die Schlesier neigen alle zum Mausen. So kann wenigstens keiner ins Gesindehaus, ohne daß ich ihn sehe. Ihr Städter denkt immer nur daran, ob etwas schön aussieht. Wir Landleute müssen ans Praktische denken. Solange ich lebe, bleibt alles, wie es ist.«

Und so blieb es. Obwohl ich meiner Tante zugeben mußte, daß die Aussicht von der Haustür aus minder schön war. Es war weniger die Düngergrube selbst, die einen Ästheten stören konnte, als das, was sich auf ihr abspielte. Die gesamte, unendlich zahlreiche Jugend des Gesindehauses benutzte sie nämlich als W.C.-Ersatz. Es war Tradition, daß die Kinder bis zu ihrer Konfirmation den Erwachsenen keine Konkurrenz auf der eigentlich für solche Zwecke bestimmten Lokalität machen durften. Wir andern waren alle so gewöhnt an diesen Zustand, daß er uns überhaupt nicht mehr auffiel. Aber für eine Hofdame a. D. ... Naturalia non sunt turpia. Nun, schön ist etwas anderes.

Im Gesindehaus wohnten die Knechte, die verheiratet sein mußten, und einige der höheren Gutsfunktionäre wie Vogt, Stellmacher und Herrschaftskutscher. Jeder dieser Oberen hatte zwei Räume für sich. Die Knechte dagegen mußten mit ihren Frauen und der gesamten Kinderschar, also manchmal mindestens ein Dutzend Personen, sich mit einer Stube begnügen. Dort vollzog sich ihr gesamtes Leben, von der Zeugung und Entbindung bis zum Tode. Nur gekocht brauchte in der Stube nicht zu werden, weil keine Gelegenheit dafür da war. Alle Knechtsfamilien hatten einen gemeinsamen Küchenraum, was nicht gerade zur Erhaltung des Friedens unter den Frauen beitrug. Wir konnten oft über die Düngergrube hinweg bis zum Schloß hin die Auseinandersetzungen in der Gemeinschaftsküche hören.

Schon ehe mir auch nur das Wort »sozial« bekannt war, habe ich die Zustände im Gesindehaus instinktiv abscheulich empfunden. Ich hatte nämlich oft dort zu tun, wurde von meinem Vater mit Bestellungen zum Kutscher oder Vogt oder Stellmacher geschickt. Da tat man denn auch einen Einblick in die Hölle der Knechte.

Deutlich entsinne ich mich einer Fahrt, die ich als Gymnasiast mit meinem Vater zu einem entfernteren Gute machte. Der Besitzer zeigte uns mit Stolz sein neues massives Gesindehaus, in dem jede Familie zwei Räume und ihre Küche für sich hatte. Auf der Rückfahrt fragte ich meinen Vater, ob er nicht auch ein neues Gesindehaus bauen wolle, da das alte doch zu abscheulich sei. Er erwiderte: »Der gute P... wird seinen Bau noch sehr bereuen. Paß' mal auf, der kriegt bald überhaupt keine Knechte mehr. Die Leute wollen es gar nicht anders haben, als es bei uns ist. Je weniger Raum, um so weniger Arbeit haben die Frauen, um so weniger brauchen sie zu heizen und reinzumachen. Die sind es nun einmal nicht anders gewöhnt. Es gibt nichts Verkehrteres, als die Menschen gegen ihren Willen glücklich machen zu wollen.« Natürlich konnte ich meinem Vater nicht widersprechen, zumal ich von den Dingen nichts verstand und einen Riesenrespekt vor ihm hatte. Aber im Unterbewußtsein hatte ich das Gefühl, daß da nicht alles stimmte. Wir hatten im Schloß so viel überflüssige Zimmer. Und 200 Schritt neben uns mußte ein Dutzend Menschen in einem einzigen Raum nebeneinander hocken!

Nur einen Tag im Jahre gab es, wo Schloß und Gesindehaus in enge Berührung miteinander kamen. Das war am 24. Dezember. Da putzte meine Mutter einen Riesenbaum für die Knechte und ihre Familien und stellte ihn in der größten Fremdenstube auf. Da standen lange Tafeln, eine für die Knechte, eine andere für ihre Frauen, eine ganze Anzahl für die Kinder. Auf jedem Platz lag ein Zettel, damit unter den zahllosen Kindern keine Verwechslung vorkam. Jedes Kind bekam etwas Süßes und etwas Praktisches. Erst wurde gemeinsam ein Weihnachtslied gesungen, das sorgfältig ausgewählt werden mußte, damit bei der Mischung von Katholiken und Protestanten keine Konfession sich gekränkt fühlte. Dann teilte meine Mutter die Gaben an die Frauen und Kinder aus, während mein Vater den Knechten eine Rede hielt, um ihnen ihre Sünden aus dem vergangenen Jahre vorzuhalten. Als Geschenk bekam jeder Knecht soviel Silbertaler, wie er Jahre im Dienste war.

Dann kam die Danksagungspolonäse. Alle Kinder, alle Frauen, alle Männer küßten allen anwesenden Mitgliedern der Familie von Gerlach die Hand. Auch die ältesten Knechte kamen, beugten sich über die Hand eines zwölf- oder dreizehnjährigen Lausbuben, wie unsereins das damals war, drückten einen Kuß darauf und murmelten: »Ich bedanke mich auch scheen für die gietige Bescherung.« Immer habe ich es als tiefe Entehrung empfunden, wenn ein Mann einem andern die Hand küßte. Aber ein Mann einem Kinde – das kam mir geradezu menschenunwürdig vor. Immer mußte ich dabei an Leibeigene denken.

Mein alter Freund Hans Leuss sagte mir einmal: »Lieber Gerlach, Ihre ganze politische Entwicklung kommt einfach daher, daß Sie aus der Gegend Schlesiens stammen, die die niedrigsten Landarbeiter-Löhne von ganz Preußen hatte.« Leuss formulierte einen richtigen Gedanken wohl etwas zu abstrakt. Über die Löhne habe ich erst viel später nachdenken gelernt. Aber den Vergleich zwischen Schloß und Gesindehaus zog ich schon in sehr jungen Jahren. Und der Handkuß am Heiligabend löste in mir erst Gefühle und dann Gedankenreihen aus, die mich weit geführt haben, – weit hinaus aus dem Schloßmilieu und der Schloßstimmung.

Ein paar Jahre nach dem Weltkrieg war es, als mir in einer öffentlichen Versammlung der Friedensgesellschaft in Heidelberg Dr. Ruge entgegentrat. Herr Ruge, der Nachfolger des großen Revolutionärs von 1848, war seiner Stellung als Privatdozent der Philosophie enthoben und wüster Rechtsrevolutionär geworden. Er hatte sich ein paar Dutzend gesinnungsverwandter Studenten als Claque mitgebracht. In seiner sonst unerheblichen Rede gebrauchte er die Wendung, daß man mir meine undeutsche Gesinnung nicht übelnehmen könne, weil ich ja kein Deutscher sei. Sofort unterbrach ich ihn. Es entspann sich folgendes öffentliche Zwiegespräch: »Sie haben soeben gesagt, ich sei kein Deutscher. Was soll das heißen? Nach der Ausdrucksweise Ihrer Partei soll es wohl bedeuten, ich sei Jude. Wollten Sie das sagen?«

Ruge: »Allerdings. Ja, sind Sie denn nicht Jude?«

»Mir ist davon nichts bekannt. Aber ich habe mich auch für Genealogie immer nur wenig interessiert. Ich weiß nur, daß meine beiden Brüder Gardeoffiziere waren, was sie als Juden kaum hätten werden können. Bisher habe ich noch nie davon gehört, daß unter meinen Vorfahren ein Jude gewesen sei. Aber nun haben Sie als Mann der Wissenschaft die Behauptung aufgestellt, ich sei Jude. Offenbar haben Sie sich mit meiner Familiengeschichte genauer befaßt als ich selbst. Also bitte ich um Ihre Beweise für mein Judentum!«

Zweitausend Augen hefteten sich auf das Männchen, das mit schlotternden Beinen dastand und herausstotterte: »Beweise habe ich nicht. Ich habe bisher nur immer angenommen, Sie seien Jude. Wenn Sie das aber bestreiten...«

Ich überließ das Häuflein Unglück seinem Schicksal und erklärte nur kurz, daß für mich und die Versammlung die Sache erledigt sei. Völlig verdattert zog Ruge mit seiner ebenso mattgesetzten Claque ab. Er zog es dann vor, seine Tätigkeit in die Femeorganisationen in Oberschlesien und Bayern zu verlegen.

Warum ich den Heidelberger Zwischenfall erzähle? Weil immer wieder, seitdem ich selbst nicht mehr Antisemit bin, in der antisemitischen Presse die Behauptung auftaucht, ich sei jüdischer Abstammung, Halbjude oder zumindest Vierteljude. Jedenfalls lasse sich meine Gesinnung nur durch jüdisches Blut erklären. Deshalb ist mein Bild auch in das Buch aufgenommen worden, das eine Porträtsammlung jüdischer Republikaner enthält.

Nun würde ich natürlich nicht den geringsten Makel darin erblicken, wenn ich ganz oder zu einem bestimmten Prozentsatz Jude wäre. Ich weiß, welch ehrenvolle Rolle die »jüdische Großmutter« in vielen Adelsfamilien zur Auffrischung des Intellekts gespielt hat. Aber beim besten Willen kann ich nicht mit jüdischen Ahnen aufwarten.

2. Kapitel
Treffliche und andere Vorfahren

Die beiden Zweige meines Namens haben in meinem Leben eine gewisse Rolle gespielt. Der eine stellt die zwar nicht uradelige, aber doch altadelige Linie dar, die sich mit Stolz »Ältester Briefadel« nennt. Wurde doch ihr Ahnherr im Jahr 1435 als Kavallerieoberst von dem römischen Kaiser Sigismund in den Ritterstand erhoben mit einem Patent, in dem es heißt: »daß Se. Kaiserliche Majestät angesehen und gütlich betrachtet hätten solch' Redlichkeit, Biederkeit und Vernunft und auch solche bereite und willige Dienste, die Dero und des Reiches Lieber Getreuer Jacob v. G. Ihnen so oft und dicke in Deutschen und Welischen Landen, und in deren Königreichen zu Hungern und Behem (Ungarn und Böhmen) gethan, täglichen thäte und fürbas thun würde.« Als Wappen bekam Jacob von Gerlach ein Roß verliehen, das aus lodernden Flammen herausspringt.

Die ältere Linie erreichte ihren Höhepunkt Mitte vorigen Jahrhunderts in den drei Brüdern Otto, Ludwig und Leopold.

Otto war ein hervorragender Theologe.

Leopold war General, der intimste Freund Friedrich Wilhelms IV. Als sein König an einem bitterkalten Januartage beigesetzt wurde, ließ der alte Royalist es sich nicht nehmen, trotz seines leidenden Zustandes seinem König mit entblößtem Kopf das letzte Geleit zu geben. Kopfrose war die Folge. Nach wenigen Tagen folgte er Friedrich Wilhelm IV. ins Grab.

Ludwig war Oberappellations-Gerichtspräsident in Magdeburg und Führer der Konservativen in der Reaktionszeit nach 1848. Er war starrer Absolutist. Sein Wahlspruch lautete: »Autorität, nicht Majorität!« Jede Konzession an das Volk widerstrebte ihm derart, daß er 1850 den ihm angebotenen Ministerposten ausschlug, weil er damit die Verfassung hätte anerkennen müssen. Seine »Rundschauen« in der »Kreuzzeitung« stellten eine Art Katechismus für grundsatztreue Reaktionäre dar. Mit Bismarck brach er, weil dieser 1866 durch die Entthronung deutscher Fürsten sich gegen die Heiligkeit des legitimistischen

Prinzips versündigt hatte. Er war der in seiner Geschlossenheit und Folgerichtigkeit imponierendste Reaktionär, der mir vorgekommen ist. – Mit den drei Brüdern Otto, Leopold und Ludwig scheint die Kraft der älteren Linie erschöpft. Sie ist ja auch schon sehr alt. Als ich in Stöckers »Volk« zu leitartikeln begann, bekam ich einen Brief von einem Landrat a. D. von Gerlach, der im Herrenhause saß. Er bat mich dringend, meine Artikel mit meinem Vornamen zu unterzeichnen, da er wiederholt in den Verdacht geraten sei, der Verfasser meiner Artikel zu sein. Gern tat ich ihm den Gefallen, obwohl er eigentlich über jeden Verdacht erhaben sein mußte, da er nie in der Lage gewesen war, eine Zeile zu veröffentlichen.

Die einzige sonstige Tat der älteren Linie, die mir in den letzten Jahrzehnten kundgeworden ist, war eine öffentliche Erklärung in der »Kreuzzeitung«, daß ich zu der jüngeren Linie gehöre und deshalb mit der älteren nichts zu tun habe. Was mich sehr beruhigte, da der heutige Hauptvertreter der älteren Linie nur dadurch in der Öffentlichkeit bekannt geworden ist, daß er trotz eines Fideikommißbesitzes von 18000 Morgen nicht in der Lage war, Einkommensteuer zu bezahlen.

Die jüngere Linie, bei der das Rößlein nicht aus dem Feuer, sondern aus dem Wasser springt, wurde 1840 geadelt. Und zwar wegen der Tüchtigkeit ihres Oberhauptes, des damaligen Polizeipräsidenten von Berlin. Immer, wenn mich eine Sitzung einmal in den Saal des Polizeipräsidiums führte, wo sein Bild hängt, konnte ich mich eines gewissen Stolzes nicht erwehren. Nicht, weil mein Großvater von seinem König des Adels für würdig befunden worden ist, sondern weil er sich später geweigert hat, einen Befehl dieses selben Königs auszuführen.

Er war zum Regierungspräsidenten in Köln avanciert. Friedrich Wilhelm IV. war bekanntlich ein Mucker in Reinkultur. Deshalb erließ er eine Anweisung an sämtliche Regierungspräsidenten, sie hätten allsonntäglich den Gottesdienst zu besuchen und persönlich darüber zu wachen, daß die Regierungsferendare vollzählig in die Kirche gingen. Mein Großvater weigerte sich, diese Verfügung auszuführen. Er erklärte es für unwürdig eines hohen Beamten, Spitzeltätigkeit in der Kirche auszuüben. Worauf er kurzerhand verabschiedet wurde. Er zog sich auf das Gut Booßen bei Frankfurt a. d. Oder zurück, ließ sich übrigens 1848 als Liberaler in die preußische Nationalversammlung wählen, ist dort aber nicht hervorgetreten. Er war kein hervorragender, aber ein charaktervoller Mensch.

Mein Großvater mütterlicherseits, der Amtsrat Peyer, jahrzehntelang Domänenpächter von Sorau in der Lausitz, zog sich nach Dresden zurück, nachdem er in der Landwirtschaft ein schönes Stück Geld verdient hatte. Oft habe ich meine Ferien in seiner Villa in der Gartenstraße verbracht. Aber in ein näheres Verhältnis bin ich nie zu ihm gekommen. Es war mir unangenehm, daß er mit seinem langen stacheligen Bart mich immer zu küssen versuchte. Außerdem begriff ich nicht, warum ihn in seiner Ruhezeit eigentlich nur ein Gedanke noch beschäftigte: Wie kann eine neue Männertracht für die Oberschicht gefunden werden? Es kränkte ihn tief, daß man sonntags auf der Straße einen Amtsrat mit einem Arbeiter verwechseln konnte. Darum zerbrach er sich den Kopf und entwarf Zeichnungen über Zeichnungen, um eine geeigente Männertracht für die oberen Zehntausend ausfindig zu machen. Immer wenn ich ihn beim Glase des von ihm mit Zucker gesüßten Bordeaux sein Lieblingsthema erörtern hörte, hatte ich das Gefühl: Deine Sorgen möchte ich haben!

Mein ganzer Schwarm war dagegen seine Frau. Diese meine Großmutter war damals mein Frauenideal: schlicht, natürlich, sprühend lebendig, selbstlos, erfüllt von Allgemeininteresse und Menschenliebe.

Das hatte sie von ihrem Vater, dem alten Johann Gottlieb Koppe, dem einzigen Großen in meiner Ahnenreihe. Das Bild des schönen Greises mit den wundervollen Augen und dem energischen Kinn hing in der Stube meiner Mutter. Oft stand ich als Kind sinnend davor und las den unter dem Bild befindlichen Wahlspruch meines Urgroßvaters:

Der Mann muß mutig vorwärts streben
Dem großen Ziele zu mit festem Blick,
Und niemals darf er zaghaft sich ergeben
der Hoffnungslosigkeit durch Mißgeschick.

Das sollte auch mein Wahlspruch werden! Einem großen Ziele wollte ich zustreben und mich nie einem müden Fatalismus ergeben.

Das nahm ich mir um so fester vor, als ich meinen Vater immer nur mit geradezu verklärtem Ausdruck vom alten Koppe sprechen hörte: »Das war ein Landwirt, wie wir sie brauchen können! Andere sind groß als Theoretiker, aber sie bringen es zu nichts, weil sie in der Praxis versagen. Koppe verband Theorie und Praxis. Er hat allen Landwirten genutzt und ist dabei selber reich geworden. Wer es zu etwas bringen will, muß es wie Koppe machen.«

Schon in ganz jungen Jahren studierte ich das Leben dieses Urgroßvaters und war restlos davon begeistert. Johann Gottlieb Koppe wurde 1782 in Beesdau in der Lausitz geboren. Sein Vater hatte dort eine kleine Büdnerstelle und lebte von Tagelöhnerarbeit. Infolge seiner Arbeit konnte er seinem Sohn nur eine sehr mäßige Schulbildung zuteil werden lassen. Aber der junge Koppe lernte und las mit glühendem Eifer. Trotzdem mußte auch er als Tagelöhner sein Leben beginnen. Durch seine Tüchtigkeit zog er die Aufmerksamkeit des Besitzers von Beesdau, eines Majors von Thümen, auf sich, so daß dieser ihn zum Verwalter seines zweiten Gutes Gräfendorf ernannte.

Von nun an ging es rapide mit Koppe aufwärts. Er trat in Möglin in Beziehungen zu dem damals berühmtesten landwirtschaftlichen Theoretiker von Thaer, wurde Verwalter der großen Güter des Barons von Eckardstein in Reichenow, dann selbst Pächter der Oderbruchdomänen Wollup und Kienitz. Er hatte den Blick für das, was die Stunde von der Landwirtschaft forderte, leistete vor allem Großes in der Zucht von Merinoschafen und in der Verbesserung des Zuckerrübenanbaus. Hand in Hand mit seiner praktischen Arbeit ging eine umfassende literarische Tätigkeit auf dem Gebiet der Agrarwissenschaft. Im Jahr 1842 war er so weit, auf dem Rittergut Beesdau, wo er als Tagelöhner begonnen hatte, als Besitzer einziehen zu können.

Die äußeren Ehren häuften sich auf ihn: Mitglied des preußischen Landökonomiekollegiums, Landesökonomierat, Inhaber der Goldenen Medaille für Verdienste um die Landwirtschaft, Mitglied des Herrenhauses, Mitglied des Staatsrats, Ehrendoktor der Berliner Universität.

Er aber blieb, auch als er sehr reich geworden war, derselbe schlichte Mann. Und als ihm der König die Nobilitierung anbot, lehnte er ab. Als einfacher Koppe hatte er alle Ziele seines Lebens erreicht. Schlicht, wie er selbst war, ist auch die von ihm für seinen Grabstein gewählte Inschrift: »Er lernte und wirkte als Landwirt zu Gräfendorf, Möglin, Reichenow, Wollup, Kienitz und Beesdau.« Aber er war nicht nur groß und schlicht in seinem Berufe. Er war groß als Mensch, das Gegenteil von dem immer unzufriedenen Agrarier unserer Zeit. Statt nach Zöllen und sonstigen Liebesgaben zu schreien, forderte er Opfer der Landwirtschaft für das Gemeinwohl. Sein Biograph, Professor

Emil von Wolff, schreibt von ihm: »Er scheute sich nicht, seinen Gewerbsgenossen gegenüber die Meinung aufzustellen und zu verfechten, daß von dem reichen Gewinn, den die neue Zukkerindustrie bei richtiger Behandlung abwürfe und ihm wie vielen anderen bereits abgeworfen habe, ein angemessener Teil im Wege der Steuererhöhung auf den Altar des Vaterlandes niedergelegt werden könne und müsse, schon aus Dankbarkeit für den vom Staate empfangenen Schutz.«

Die Ansichten der Wissenschaft gehen weit auseinander, wie weit das Erbgut des Blutes bestimmend auf die Entwicklung eines Menschen einwirkt. In diesen Streit will ich mich nicht einmischen. Meine sämtlichen Geschwister sind ihr Lebelang stockkonservativ geblieben. Wenn mein Lebensgang sich wesentlich anders gestaltet hat, so kann das also nicht an irgend welchem Bluterbe gelegen haben. Wohl aber glaube ich, daß das Vorbild Johann Gottlieb Koppes nicht ohne Einfluß auf meine Entwicklung gewesen ist.

3. Kapitel
Von Wahlen, Jagden und anderen Junkerfreuden

Der Wahlkreis Wohlau-Guhrau-Steinau, in dem ich aufgewachsen bin, hieß der Goldene Wahlkreis der Konservativen, weil er der deutsch-konservativen Partei pupillarisch sicher war. Bei den Landtagswahlen wurde nicht einmal ein Gegenkandidat aufgestellt. Ein einziges Mal hatte ein jüngerer Pastor die Frechheit, sich unter der Firma Freikonservativ auf eigene Faust um ein Mandat zu bewerben. Gegen ihn erließ der konservative Führer von Seydlitz eine Erklärung im »Wohlauer Kreisblatt«, in der er es als eine Anmaßung bezeichnete, wenn jemand, der einst als Hauslehrer bei ihm in Lohn und Brot gestanden habe, sich nun herausnehme, gegen seinen, des Herrn von Seydlitz, Willen in den Landtag gelangen zu wollen. Mit dieser Erklärung war der tollkühne Pastor zur Strecke gebracht.

Die Wahlen waren damals in den meisten ostelbischen Wahlkreisen die Angelegenheit einer kleinen Adelsclique. Wenn der Wahltag herannahte, versammelte der älteste Landrat unseres Wahlkreises die führenden Junker bei sich. Ein paar bürgerliche Konzessionsschulzen von erprobter Junkerfrommheit wurden gütigst als Statisten zugezogen; so etwa ein Superintendent, ein Kreisphysikus, ein Gymnasialdirektor. En petit comité einigte man sich über den Kandidaten, der entweder von Kessel, von Ravenstein oder von Nitzschwitz oder Graf Carmer hieß, aber jedenfalls adlig war. Der Erkorene hielt in den drei Kreisstädten seine Kandidatenrede vor einem geladenen Publikum von Honoratioren. Öffentliche Wahlversammlungen galten als unberechtigte Konzessionen an den Zeitgeist.

Natürlich dachte die verdammte freisinnige Opposition – Sozialdemokraten gab es in diesem Junkerparadies noch nicht – an keinen Verzicht auf Wahlversammlungen. Da setzte nun die Wahltätigkeit der Konservativen ein. Nicht etwa, daß sie den Freisinnigen in ihren Versammlungen entgegentraten. Viel wirkungsvoller war es, wenn sie ihnen die Versammlungen unmöglich machten.

Das ging sehr leicht. Versammlungen unter freiem Himmel waren nach dem alten preußischen Vereinsgesetz ohne weiteres zu verbieten. Die Versammlungslokale aber wurden einfach »abgetrieben«. Amtsvorsteher war immer ein Großgrundbesitzer. Der ließ die Wirte seines Bezirks wissen, daß es ihm »unerwünscht« sei, wenn sie ihre Räume für Versammlungen hergäben. Sie wußten, was das zu bedeuten hatte. Handelten sie den Wünschen des Herrn Amtsvorstehers zuwider, so gab es auf Jahre hinaus keine Tanzerlaubnis, so wurde keine Holzversteigerung oder sonst ein öffentlicher Termin bei ihnen angesetzt, so schlich der Gendarm immer gegen 10 Uhr abends bei ihnen herum, ob nicht die Polizeistunde um fünf Minuten überschritten wurde. Sie waren der Willkür ausgeliefert. Nur in vereinzelten großen Bauerndörfern ohne Rittergut waren Wahlversammlungen zustande zu bringen. Dort blühte denn auch der Weizen des Freisinns oder des Zentrums. Aber das waren nur kleine Oasen in der großen konservativen Wüste.

Dem Bund der Landwirte ist es später gelungen, die Bauern zu freiwilliger Unterwerfung unter die Führung des Großgrundbesitzes zu bringen. Aber dieser Bund entstand erst Anfang der 90er Jahre. In meiner Jugendzeit dagegen bestand noch ein sehr starker Gegensatz zwischen Junker und Bauer. Er ging so weit, daß sogar in den landwirtschaftlichen Vereinen eine strenge Scheidung zwischen beiden Kategorien vorgenommen wurde. In meinem Heimatkreise Wohlau tagte der Landwirtschaftliche Verein der Kleingrundbesitzer in Wohlau, der der Großgrundbesitzer dagegen in der zweiten Kreisstadt mit dem suggestiven Namen Winzig.

Ein einziger Großgrundbesitzer unternahm es einmal, den Gegensatz zwischen Groß und Klein zu durchbrechen. Das war der Graf Pourtalès in Glumbowitz. Er ließ sich von den Bauern in den Kreistag wählen und nahm sogar bei den Sitzungen unter ihnen Platz. Daraufhin wurde die gesellschaftliche Acht über ihn verhängt. Kein Standesgenosse kam mehr in sein Haus. Seine Jagden mußte er allein abhalten. Trat er in die Weinstube von Höflich in Wohlau, wo sich die gute Gesellschaft zu treffen pflegte, so verließ alles den Raum. Der vorurteilsfreie Graf hielt es nicht mehr aus und entfloh auf mehrere Jahre nach Amerika, bis Gras über die »Todsünde« seiner Jugend gewachsen war.

Nach seiner Rückkehr aus Amerika habe ich bei ihm verkehrt. Wegen seines großen Reichtums und seiner prachtvollen

Jagden war er wieder in Gnaden aufgenommen worden, zumal er sich, durch Schaden klug geworden, hütete, allzu offen die rückständigen Gefühle seiner Standesgenossen zu verletzen. Aber ich merkte sofort, daß er in die Gesellschaft immer noch nicht hineinpaßte. Sagte er mir doch zum Beispiel, daß er nur deshalb sich nicht um ein Reichstagsmandat bewerbe, weil der Reichstag zu wenig Macht habe. Das englische Parlament war sein Ideal! Er war Grandseigneur, nicht preußischer Junker.

Am besten, außer mit sich selber, kamen die konservativen Großgrundbesitzer mit ihren Landarbeitern aus. Die Landarbeiter parierten damals noch willenlos, waren Stimmvieh in des Wortes verwegenster Bedeutung. Daß bei der öffentlichen Landtagswahl keine einzige ihrer Stimmen danebenging, ist selbstverständlich. Aber auch bei den Reichstagswahlen klappte es tadellos. Da saß der gnädige Herr als Wahlvorsteher obenan, und in der Mittagpause wurden die Arbeiter, direkt vom Felde weg, von Inspektor und Vogt in das Wahllokal geführt. Draußen bekam jeder seinen »richtigen« Wahlzettel in die rechte Hand gedrückt. Keiner traute sich, ihn unter der Kontrolle des gnädigen Herrn und seiner Adjutanten gegen einen anderen umzutauschen.

Nur einmal ist die Sache in Mönchmotschelwitz schiefgegangen. Aus irgendeinem Grunde hatte mein Vater zum Wahltag nach Berlin reisen müssen. Ganz aufgeregt kam er am Tage darauf zu mir: »Denk dir nur, bei uns ist die Wahl ganz schlecht ausgefallen. Unsere Knechte scheinen freisinnig gewählt zu haben. Die Kerls sind zu dumm. Ist man einmal nicht da, fallen sie auf irgendeinen Schwätzer hinein. Aber das soll mir eine Lehre sein. Nie fehle ich wieder am Wahltag!« Der gute Papa ahnte nicht, daß die Knechte zum erstenmal in ihrem Leben politisch nicht hereingefallen waren.

Die Landarbeiter in absoluter Abhängigkeit zu halten, war das oberste Bestreben der Konservativen alten Stils. Noch galt die Gesindeordnung von 1854 auch für die Landarbeiter. Ihr Paragraph 3 lautete: »Gesinde, Schiffsknechte, Dienstleute oder Handarbeiter der §§ 2a, b, c d, bezeichneter Art, welche die Arbeitgeber oder Obrigkeit zu gewissen Handlungen oder Zugeständnissen dadurch zu bestimmen suchen, daß sie die Einstellung der Arbeit oder die Verhinderung derselben bei einzelnen oder mehreren Arbeitgebern verabreden oder zu einer solchen Verabredung etwa auffordern, haben Gefängnisstrafe bis zu einem Jahre verwirkt.« Das Koalitionsrecht existierte also für die Landarbeiter nicht. Wenn sie ihre jämmerlichen Lohn- und Arbeitsbedingungen durch gemeinsames Vorgehen zu verbessern suchten, drohte ihnen Gefängnis bis zu einem Jahre.

Die Konservativen taten alles, um die Gesindeordnung aufrechtzuerhalten. Mit derselben Energie, mit der sie sich der Anpassung der gesetzlichen Bestimmungen für die Landarbeiter an die der Industriearbeiter widersetzten, kämpften sie gegen die Seßhaftmachung der Landarbeiter. Trotz der immer von ihnen bejammerten »Landflucht« wollten sie um keinen Preis innere Kolonisation.

Einmal sprach ich mit einem großgrundbesitzerlichen Onkel, übrigens einem überaus tüchtigen Landwirt, über diesen Krebsschaden der Landflucht, und schlug die Ansässigmachung der Arbeiter als Heilmittel vor. Empört fuhr er los: »Damit wir jeden Einfluß auf die Leute verlieren! Jetzt sind sie schon bockbeinig genug. Aber wir haben sie wenigstens in der Hand. Wenn sie die Frauen oder die Kinder nicht zur Arbeit schicken, schmeißen wir sie aus der Wohnung. Aber wenn sie erst auf ihrem Eigenen sitzen, dann werden wir sie wohl noch untertänigst bitten müssen, wenn sie überhaupt zur Arbeit kommen sollen! Und wie die Kerls dann wählen werden!«

Einen großen Widerstand gegen die innere Kolonisation spielte der Gedanke an die Jagd. Jeder wollte sein großes Gut, selbst wenn die Außenschläge nur unter Verlust zu bewirtschaften waren, intakt erhalten, um sein Jagdgebiet nicht geschmälert zu sehen. Man versteht die konservativen Großgrundbesitzer nicht, wenn man sich nicht klarmacht, daß die Jagd in ihrem Leben den vordersten Platz einnimmt. Das Leben auf dem platten Lande war in den siebziger und achtziger Jahren, wo es weder Auto noch Radio noch Telephon gab, recht eintönig. Da half nur die Jagd. Ihr widmeten die Herren viel Zeit, oft mehr Zeit als der Landwirtschaft. Im Frühjahr fing es an mit Schnepfenstrich und Birkhahnbalz. Dann kam die Rehbockpirsch. Am 1. Juli ging die Entenjagd, am 15. August die Hühnerjagd auf. Dann folgten Kaninchen und Fasanen. Ab 1. November gab es ununterbrochen bis Mitte Januar Treibjagden. Und setzte im Februar endlich die tote Saison ein, so wurden wenigstens Kaninchen frettiert oder Raubvögel beim Uhu geschossen.

Die Jagd stand allem anderen voran. Wagte eine Bauerngemeinde, dem Gutsbesitzer ihre Jagd, die er meist für einen lächerlichen Preis innegehabt hatte, – 10 Pfennig für den Morgen war das übliche –, nicht mehr zu geben, so hielt er es für sein heiliges Recht, sie mit allen ihm zu Gebote stehenden Mitteln zu kujonieren.

Sogar die eigene Landwirtschaft ließ der Rittergutsbesitzer oft unter den Interessen der Jagd leiden. Nicht nur, daß die Überhege an Wild schweren Wildschaden hervorrief, auch bei Anbau- und Erntearbeiten wurde auf die jagdlichen Bedürfnisse ungebührliche Rücksicht genommen.

Als Landwirte standen die konservativen Rittergutsbesitzer größtenteils unter dem Durchschnitt. Meist hatten sie weder theoretisch noch praktisch die Landwirtschaft gründlich studiert. Man wurde zunächst Offizier, und wenn der alte Herr sich »abbaureif« fühlte, so übernahm der Herr Rittmeister das väterliche Gut. Er war an erhebliche Lebensansprüche gewöhnt und konnte kommandieren. Viel mehr Vorkenntnisse brachte er in die Landwirtschaft nicht mit. Natürlich ging die Sache nach einigen Jahren schief. Dann wurde Raubbau getrieben. Die Schulden häuften sich. Der Bankrott drohte. Der SOS-Ruf erklang: Väterchen Staat, hilf!

Alle Konservativen waren davon überzeugt, daß es Pflicht des Staates sei, so viel Zölle und Liebesgaben heranzuschaffen, daß auch die untüchtigen Besitzer auf schlechtem Boden sich halten konnten. Möglichst viel vom Staat, möglichst wenig an den Staat! war ihre Parole.

Bescheiden waren sie nämlich nur im Steuerzahlen. Die Ausgaben für ihre Luxuspferde, für ihre Parks, für Hauslehrer und Gouvernante, für Jagd usw. rechneten sie unter die notwendigen Kosten des Lebensunterhalts. Als einem Großgrundbesitzer sein großes Schloß von der Steuerkommission mit einem jährlichen Mietswert von 900 Mark angesetzt wurde, legte er wütend Protest ein, indem er erklärte, daß es bei Vermietung an Landarbeiter höchstens 300 Mark bringen würde. Der Graf Tschirschky-Renard zahlte keine Einkommensteuer, lud aber den Kaiser zur Jagd ein und gab bei der Gelegenheit 30000 Mark für würdige Instandsetzung des Schlosses aus. Freiherr von Wangenheim, der Vorsitzende des Bundes der Landwirte, zahlte – nach meiner Kenntnis – keine Einkommensteuer. Die Moralbegriffe der Großgrundbesitzer paßten sich ausgezeichnet ihren Interessen an.

Einmal in einer größeren Gesellschaft hatten die adeligen Damen beweglich über die Unmoral unter den Landarbeitern geklagt, die sich in der zunehmenden Zahl unehelicher Kinder zeige. Nachdem sich dann die Herren zum ungestörten Männertrunk von den Damen separiert hatten, erklärte der führende Konservative: »Alles ganz schön und gut, was unsere Damen von ihrem Standpunkt über die bedauerlich zunehmende Unmoral gesagt haben. Aber, seien wir ehrlich: eigentlich sind die Mädchen mit unehelichen Kindern unser einziges Glück. Die können wenigstens nicht in die Stadt. Wo kriegten wir sonst noch Kuhmägde her?«

Fast jedes Gut hatte seine Kartoffelbrennerei. Da wurde ein damals noch äußerst minderwertiger und gesundheitsschädlicher Fusel erzeugt. Jeder Junker war gebührend entrüstet, wenn sich einer seiner Knechte an Schnaps betrank. Aber er fand es selbstverständlich, daß von Staats wegen alles getan wurde zur Hebung der Schnapsproduktion. Zutreffend gab die Junker-Mentalität der Merkspruch wieder:

»Lern, lieber Sohn, das Leben kennen,
Sehr nobel ist es, Schnaps zu brennen,
Bedenklich schon, ihn zu verkaufen,
Ganz unmoralisch, ihn zu saufen.«

Das meiste von dem, was für die konservativen Junker von einst charakteristisch war, hat sich unverändert fortgeerbt auf die deutschnationalen Junker von heute. Nur einen grundlegenden Unterschied gibt es: die alten Konservativen waren keine Nationalisten. Sie waren Legitimisten, Antidemokraten, Militaristen, antisozial, aber sie kannten keinen Völkerhaß. Das Wort vom Erbfeind habe ich in städtischen Kreisen, aber nie auf dem Lande gehört. Französisch zu können, gehörte einfach zum guten Ton. Die Junker von 1880 waren unglaublich hartgesottene Egoisten und wollten um jeden Preis ihre Vormacht im Staate behaupten. Über die Grenzen hinaus dachten sie politisch nicht. Nationalismus lag ihnen fern, Imperialismus noch ferner.

Sehr edle Konservative sind mir auf meinem Lebenswege begegnet. An Männer wie den früheren preußischen Kultusminister Graf Zedlitz-Trützschler und den alten pommerschen Recken von Kleist-Retzow denke ich mit höchstem Respekt zurück. Aber das Gros der Konservativen war nur dazu angetan, mich mit leidenschaftlichem Antikonservatismus zu erfüllen. Vielleicht der Klügste von ihnen war mein schlesischer Landsmann von Heydebrand und der Lasa, der »ungekrönte König Preußens«. Viel bin ich mit ihm zusammengewesen und konnte doch nur zu dem Schlusse kommen: selbst er paßte in unsere Zeit nur als Naturdenkmal hinein.

4. Kapitel
Der Vater und die Kinderzeit

Im Gegensatz zu dem, was die meisten Männer in ihren Lebenserinnerungen zu berichten wissen, muß ich erklären, daß meine Mutter auf meinen Lebensgang so gut wie gar keinen Einfluß ausgeübt hat. Sie war eine sanfte und stille Natur, sehr fromm, sehr kränklich, eine Dulderin. Später ist mir klar geworden, daß sie wahrscheinlich sehr unglücklich war, weil sie meinem lebensprühenden Vater so wenig sein konnte.

Als Kind litt ich gleichmäßig unter ihrer Frömmigkeit und ihrer Kränklichkeit. Der Tag begann mit einer Morgenandacht, für die sie ihre Kinder zu ihren Füßen zu versammeln pflegte. Sie verlas Kapitel aus der Bibel oder sogenannte Hausandachten oder Gesangbuchlieder oder Herrenhuter Losungen.

Wir beneideten unseren Vater, daß er bei diesen Andachten nicht dabei zu sein brauchte.

Die Kränklichkeit meiner Mutter trat meinem Bedürfnis nach Lärmmachen störend in den Weg. Mein Vater selbst war gegen Lärm ganz unempfindlich. Aber wie oft mußte er uns sagen: »Jungens, ruhig, Mama hat Migräne!« Die Jugend ist oft grausam. Wir dachten weniger an die arme leidende Mutter als an unsere behinderte Bewegungsfreiheit.

Leidenschaftlich hing ich an meinem Vater. Auch er war manchmal krank, leberleidend, weshalb er fast regelmäßig nach Karlsbad gehen mußte. Aber er sprach nie von seiner Krankheit. Selbst wenn ihm hundeelend zumute war, versuchte er, sich nichts anmerken zu lassen. Er stand auf dem Standpunkt, daß man unangenehme Sachen mit sich allein abmachen solle. Tagelang saß er dann bei den Mahlzeiten, ohne einen Bissen zu essen. Hunger hielt er nämlich – er ließ keinen Arzt ins Haus kommen – für die einzig wirksame Medizin. »Der Mensch muß sich beherrschen.« Das war das Wort, das ich am häufigsten von ihm gehört habe. Es wurde Leitmotiv meines Lebens.

Zweimal in meinem Leben habe ich Prügel bekommen, je einmal von Mutter und Vater. Gerade diese beiden Züchtigungen waren bestimmt in meiner Einstellung zu meinen Eltern.

Ich hatte einen Hund, den ich unendlich liebte, und eine Gouvernante. Einmal kam ich mit meinem Hunde aus dem Garten und traf die Gouvernante im Flur. Der Hund sprang zur Begrüßung an ihr empor. Sie war darüber wütend, ergriff einen Stock und hieb auf ihn los. Ich wurde rasend, stampfte auf den Boden, ballte die Fäuste und schrie: »Du darfst meinen Hund nicht schlagen! Er gehört mir! Er hat dir nichts getan! Du bist gemein!« In diesem Augenblick kam meine Mutter hinzu, durch den Lärm angelockt, sah die Szene und versetzte mir einen milden Backenstreich. Den habe ich ihr viele Jahre nicht vergessen können. Er schien mir ungerecht. Ohne Untersuchung hatte sie gegen mich Stellung genommen, nur auf den äußeren Schein hin.

In unserem riesigen Garten waren zahllose Beerensträucher. Von allen durften wir Kinder nach Herzenslust essen. Nur ein paar Dutzend waren wegen ihrer besonders guten Beeren für das Einmachen reserviert und deshalb feierlich untersagt. Verbotene Beeren schmecken am süßesten. Ich saß vor einem Strauch mit Mammut-Johannisbeeren und schnabulierte. Plötzlich wurde mir ein Jagdhieb übergezogen, der »nicht von schlechten Eltern« war. Mein Vater hatte sich leise von hinten herangepürscht und das Verbrechen in flagranti mit der Reitpeitsche gesühnt. Tagelang hat mir der Striemen über den Rücken weh getan. Aber ich wußte, daß ich ihn verdient hatte. Mein Vater hatte Recht gesprochen. Darum stieg er noch in meinen Augen.

Er war gerecht, aber gar kein Gefühlsmensch. Oder wenigstens wußte er seine Gefühle in sein Inneres zu verschließen. Ich entsinne mich nicht, je von ihm einen Kuß bekommen zu haben. Aber als ich ihn in seinen späteren Lebensjahren einmal besuchte, um ihm in seiner Rekonvaleszenz nach schwerer Krankheit Gesellschaft zu leisten, da riß er sich zum Dank dafür am Tage vor meiner Wiederabreise zusammen und sagte: »Hellmut, wir wollen in den Park gehen. Ich treibe dir die Schlucht. Vielleicht sitzt ein Karnickel da.« Der alte Mann, der kaum wieder krabbeln konnte, wollte mir durch ein persönliches Opfer ein kleines Jagdvergnügen verschaffen. Die bittersten Briefe hatte er mir wegen meiner politischen Einstellung geschrieben. Aber die starken inneren Bande zwischen ihm und mir blieben unzerrissen. Mit vorbildlicher Strenge hat er mich, etwa vom sechsten Lebensjahre an, zum Jäger erzogen. War doch die Jagd in seinen Augen der Höhepunkt aller menschlichen Genüsse. Mit Pusterohr und Schleuder begann die waidmännische Erziehung. Mit neun Jahren bekam ich den ersten Tesching, mit elf eine richtige Flinte. Raupennester und Hornissen, Spatzen und Ratten waren meine erste Jagdbeute. Aber mit elf Jahren wurde ich schon als hasenreif erachtet.

Täglich begleitete ich meinen Vater auf den Gängen durch die Felder. Für ihn zerfielen alle Tiere und Pflanzen in schädliche und nützliche. Es galt, dem Nützlichen durch Beseitigung des Schädlichen Raum zu schaffen. Schädlich waren Raubvögel, Störche (weil sie die Nester plündern), Pirole (weil sie Kirschen fressen). Was schädlich war, sollte ich schießen, auch wenn es so schön war wie ein Pirol oder so volkstümlich wie ein Storch. »Aber, wehe, Bengel, wenn du einmal einen Kuckuck« – der war in seinen Augen wegen der Vertilgung der behaarten Raupen der Inbegriff der Nützlichkeit – »mit einem Sperber verwechselst! Dann wird dir die Flinte auf ein Jahr entzogen.« Und ich wußte, was mein Vater androhte, das führte er auch aus. Höchste Vorsicht auf der Jagd wurde mir Gesetz.

Immer trug mein Vater einen Stock mit einer kleinen Schaufel am Ende. Damit wurden die schädlichen Gewächse, die er irgendwo sah, abgestoßen, die Disteln und die Brennesseln und der Hederich.

Die schönsten Tage in dem stillen Mönchmotschelnitz waren die Manövertage, die wir alle paar Jahre erlebten. Uniformen! Reiter! Geschütze! Militärmusik! Biwak! Einquartierung! Ich sattelte meinen Pony und ritt die Kavallerieattacken mit. Ich trieb mich an den Lagerfeuern der Biwaks herum. Ich suchte von den Offizieren, die bei uns lagen, ein Gläschen Manöver-Bowle zu erwischen. Durchdrungen war ich davon, daß der Soldat wirklich der schönste Mann im Staate sei. Wie umschwärmte alles, Männlein und zumal Fräulein, den bunten Rock! Das Zivil spielte demgegenüber doch eigentlich eine traurige Rolle. In meiner Familie wimmelte es von Onkel-Generalen und Vetter-Leutnants. Die Tanten und Kusinen waren entsprechend eingestellt.

Ich wurde mit Bleisoldaten geradezu überschüttet. Bald hatte ich ein paar Tausend. Nun begann das Kriegspielen im Großen. Meine Mutter räumte mir eine riesige Fremdenstube ein, auf deren Fußboden ich meine Festungen und Kriegsflotte und Artillerieparks und Massenheere aufbaute. Aus den Messinggeschützen wurde mit Schrotkörnern geschossen. Ganze Kriegspläne arbeitete ich aus, ganze Feldzüge kopierte ich.

Aber merkwürdig, was ich am liebsten spielte, das waren die Feldzüge Napoleons I. Und entgegen der geschichtlichen Wahrheit ließ ich dabei die Franzosen immer siegen. Für die Grande armée hatte ich eine offenbar perverse Vorliebe. Napoleon war der Held meiner Jugend. Gerade weil er schließlich besiegt worden war, flogen ihm meine Sympathien zu. Victrix causa diis placuit, sed victa Catoni. Ich grollte dem Schicksal, das Napoleon in St. Helena enden ließ, und suchte dies Schicksal auf dem Fußboden meiner Fremdenstube zu korrigieren.

Noch lockender als das Spiel mit Bleisoldaten schien mir natürlich das mit lebenden Menschen. Nach dem Manövermuster organisierte ich die Hofjugend in zwei Armeen, eine blaue und eine rote. Ich kommandierte, hoch zu Pony, die blaue, während ich die rote dem Sohn unseres Brennmeisters unterstellte. Eine mächtige Sandburg wurde in wochenlanger Arbeit errichtet, umgeben von einem tiefen, wassergefüllten Wallgraben. Die Armeen wurden mit selbstgefertigten Holzsäbeln und Flitzbogen ausgerüstet. Aber als dann der für die große Völkerschlacht von mir angesetzte Termin fällig war, erlebte ich eine furchtbare Enttäuschung. Die rote Armee riß ohne Schuß und ohne Schwertstreich aus, als ich auf meinem Pony mit gezücktem Schwert angaloppiert kam. Mangels Feinden hatte ich auf der ganzen Linie gesiegt. Aber dieser Sieg schien mir reizlos.

Vergebens suchte ich aus dem Brennmeistersohn herauszukriegen, warum er mit seiner Armee – aus Gerechtigkeitsgefühl hatte ich sie genau so stark wie meine eigene gemacht – kampflos geflohen sei. Er druckste herum, konnte aber keinen vernünftigen Grund herausbringen. Die Geschichte war für mein Kindergehirn ein unlösbares Rätsel. Erst sehr viel später ist mir aufgegangen, daß die Feinde sich gegen den Sohn des »gnädigen Herrn« nicht zur Wehr zu setzen wagten. Dafür steckte ihnen die Angst vor dem Schloß und seinen Insassen viel zu tief im Blut. Sie taten sonst alles, was ich befahl; aber schon vor dem bloßen Schein eines Kampfes bebten sie zurück.

Ich machte Schluß mit dem Soldatenspiel, weil ich mit »feigen« Jungen nichts zu tun haben wollte. Ich wandte mich ganz dem Fischen und Jagen und ähnlichen Vergnügungen zu.

Das Fischen stand am höchsten in meiner Rangliste. Nicht etwa das Angeln, zu dem mir immer die Geduld gefehlt hat, ebenso wie der Ansitz auf der Jagd.

Mit einem Schmetterlingsnetz zog ich los, um den Inhalt meines Riesenaquariums zu bereichern. Die flachen Lachen wurden nach Stichlingen und Salamandern und anderem Wassergetier durchsucht. Und dann stand ich am Aquarium und beobachtete den Kampf ums Dasein, das gegenseitige Sichauffressen. Mit Bewunderung freilich sah ich auch, wie der Stichlingsvater vor dem Neste Wache hielt, in das seine Frau ihren Laich abgelegt hatte. Die treulose Mutter schwamm gleichgültig herum, nachdem sie ihre Mutterpflichten mit der Loslösung der Eier erfüllt zu haben glaubte. Er aber erblühte in purpurner Pracht in der Erwartung der kommenden Vaterfreuden. Bis ein infamer Hecht mit brüskem Abstoß das Nest zertrümmerte. Da verlor der todestraurige Stichlingsvater seine leuchtende Schönheit und war nach wenigen Stunden wieder ein ganz gemeiner bleicher Stichling.

Im Frühjahr, wenn die Laichzeit der Hechte herangekommen war, zog ich mit Roßhaarschlingen aus, um die dann ziemlich trägen Hechtmütter in den flachen Gräben zu überfallen. Leise, leise schlich ich am Ufer entlang. Sah ich einen Hecht stehen, so wurde mit zartester Hand die Schlinge über seinen Kopf bis hinter die Kiemen geschoben. Dann ein Ruck – und entweder ging der Hecht mit der Schlinge ab, oder er flog im hohen Bogen aufs Trockene.

Standen die Monate ohne »r« im Kalender, so ging der Krebsfang im großen los. Die plumpe Art, sie aus ihren Löchern herauszuholen, wobei man mit ihren Scheren unangenehme Bekanntschaft machte, wurde bald durch technischen Fortschritt überholt. Alles wurde rationell betrieben. Am Vormittag fing ich so 50 bis 100 Frösche im Park, tötete sie und zog ihnen die Haut ab, damit die Krebse weithin die Froschwitterung spüren konnten. Dann wurden die skalpierten Frösche auf Netztellern befestigt, die an Stangen angebracht waren. Diese Stangen wurden in den Bächen etwa alle 30 Meter so eingerammt, daß der Teller auf dem Boden des Baches lag. Nun kamen die Krebse, vom süßen Froschblut angelockt, aus ihren Löchern heraus und krochen auf den Teller. Ich aber promenierte am Ufer auf und ab und zog die Teller heraus, sobald ein Krebs darauf saß. Zum Abendbrot hatte ich dann gewöhnlich etwa zwei Schock Krebse beisammen. Wir aßen sie selbst, weil die Preise – zwei oder höchstens drei Mark für 60 große Krebse – so minimal waren.

Am schönsten aber war doch der Fischfang in der Iseritz,

dem knapp ein Meter tiefen Flüßchen, das unser Gut durchströmte. Ich übte ihn mit einem halbmondförmigen Kescher mit langem Sacke aus. Um den Hals trug ich einen großen Beutel zum Bergen der Beute. An den Füßen hatte ich hohe Stiefel zum Schutze gegen Kreuzottern. Dann wurde vorsichtig im Wasser gewatet, immer stromauf. Alraupen, Weißfische, Bleie waren die Hauptopfer. Sah ich einen Hecht stehen, so wurde die Sache aufregend. Ganz behutsam näherte ich mich, setzte den Kescher hinter dem Schwanz auf den Boden, führte mit dem Fuß einen weiten Bogen aus, der vor dem Kopf des Hechtes endete. Erschrocken machte der auf der Stelle kehrt und war gefangen. Oder auch nicht: man mußte nämlich höllisch fix sein.

Meine Mutter war mit dieser Bereicherung ihrer Speisekarte sehr einverstanden. Nur einmal habe ich ihr den Geschmack an Hechten auf Jahre verdorben. Ich traf in der Iseritz auf die dickaufgetriebene Leiche eines Schweines. Das erhöhte meine Hechtchancen natürlich erheblich. Und richtig, ich fing an dem Schwein einen vierpfündigen Hecht, den bis dahin größten meines Lebens. Als der Hecht gekocht auf unseren Tellern lag, berichtete ich in aller Unschuld triumphierend von meinem Schweineglück. Meine Mutter wurde kreidebleich und verließ die Tafel. Von da an mußten wir unsere Hechte allein essen.

Ja, es war schön in Mönchmotschelnitz für einen unternehmungslustigen Jungen. Immer wußte mein Vater eine nette Beschäftigung für unsereinen. Mal nahm er mich zur Ernte mit, damit ich die Mäuse totschlüge, die sich unter den Getreidehocken angesammelt hatten. Mal wurde der Schafstall hermetisch abgeschlossen, damit ich die darin befindlichen Sperlinge fangen und dem Uhu bringen konnte. Mal wurde im Pferdestall Rattenjagd veranstaltet, indem mit Dutzenden von Kannen Wasser die Tiere aus ihren Löchern gescheucht wurden. Mal wurde ich an den Baum mit Bergamottbirnen postiert, um die dort schmarotzenden Hornissen mit einer Liliputpistole ums Leben zu bringen. Mal zogen wir beide mit uralten Vorderladergewehren los, die mit Sand statt mit Schrot geladen waren, um die Raupennester in den Obstbaumalleen auszuschießen. Irgendwie bewaffnet war man eigentlich immer, mal so, mal so.

Die Militärfrommheit meiner Jugend habe ich gründlich abgelegt, die Jagdleidenschaft nicht. Ist das ein innerer Widerspruch für einen Pazifisten? Viele meiner Freunde meinen es. Ich nicht. Jagd dient den menschlichen Interessen. Krieg ist ihnen zuwider. Aber vielleicht argumentiere ich nur so, um meinen junkerlichen Jagd-Atavismus zu beschönigen. Jedenfalls scheint mir, daß nur der strenge Vegetarier ein moralisches Recht hat, den Jäger zu verurteilen. Wer selber Fleisch ißt, muß das Töten von Tieren gutheißen.

Eine gewisse Ethik ist mir zu radikal. Ich habe allen Respekt vor Magnus Schwantje, der mir einmal erzählte, daß er nachts nach dem Tiergarten gegangen sei, um eine von ihm in seiner Wohnung gefangene Maus dort wieder auszusetzen. Aber ich selbst kann da nicht mit. In der Beziehung halte ich es immer noch mit meinem konservativen Vater.

5. Kapitel
Ein echter Erzieher

In meinem Heimatdorf Mönchmotschelnitz gab es nur einen katholischen Volksschullehrer. Da aber mein Vater die Katholiken noch mehr als die Juden haßte, kam er natürlich nicht in Frage, um mir, als ich schulreif geworden war, die Anfangsgründe beizubringen. Deshalb wurde der Lehrer aus dem benachbarten Rittergut Cunern gechartert.

Er hieß Schinke, wurde mir aber von meinem Vater als Lehrer Schink vorgestellt, damit mich sein wirklicher Name nicht etwa zu respektlosen Witzen anstifte. Er war ein braves, altes Männchen mit einem grauen Vollbärtchen und sehr vielen Kindern. Er sah genau so gedrückt aus, wie es seinen Lebensverhältnissen entsprach. Mit seinem ganz kleinen Gehalt und seiner ganz großen Familie mußte er nämlich in drei Zimmern hausen, von denen eigentlich nur eins bewohnbar war. In den beiden andern troff die Nässe so von den Wänden, daß alle Schinkes immer husteten. Aber der Rittergutsbesitzer als Schulpatron behauptete, kein Geld für einen Umbau zu haben. Und die Behörden hatten damals erheblich mehr Mitleid mit einem angeblich armen Schulpatron als einem wirklich armen Schullehrer.

Cunern lag nur zwei Kilometer von Mönchmotschelnitz. Trotzdem wurde als selbstverständlich angesehen, daß nicht etwa der Schüler zum Lehrer ging, sondern daß der Lehrer zum Schüler kam. »Das ist doch ein sehr gesunder Spaziergang für ihn«, hörte ich einmal meine feudalste Tante sagen, die selber übrigens ausschließlich auf Spazierenfahren eingestellt war.

Drei Jahre ist Herr Schinke zu mir gekommen. Was ich bei ihm gelernt habe, weiß ich nicht mehr. Mit dem Rechnen ist es ja so leidlich bis zur Inflation gegangen; aber wenn er die Grundlage zu meiner Handschrift gelegt haben sollte, dann müßte ich ihm eigentlich wenigstens einen Teil der Flüche ins Grab nachsenden, die mir von den Empfängern meiner handschriftlichen Briefe und den Setzern meiner Artikel gespendet worden sind.

Jedenfalls sind die ersten drei Schuljahre völlig eindruckslos an mir vorübergerauscht. Als einzige angenehme Erinnerung daran steht bei mir ein Wolkenbruch verzeichnet, der den Schulweg in einen Strom verwandelte, so daß Herr Schinke nicht kommen konnte, da er des Schwimmens nicht kundig war. Statt lernen zu müssen, ruderte ich im Schweinetrog aus dem Hofe heraus, die Dorfstraße hinunter. Das war ein Fest! Weniger allerdings für meinen Vater, den der Wolkenbruch einen erheblichen Bruchteil seiner Ernte und den Gesamtbestand seiner Karpfenteiche kostete.

Als die Zeit gekommen war, wo ich in die fremden Sprachen eingeführt werden mußte, wurde ein Hauslehrer engagiert, wie das bei den Rittergutsbesitzer-Familien damals so üblich war. Die meisten nahmen sich irgendeinen armen und geduckten Kandidaten der Theologie oder Philologie, der wie ein besserer Hausangestellter behandelt wurde und dementsprechend jeder Autorität über die Schüler entbehrte.

Ich habe das unerhörte Glück gehabt, daß mein Vater, dank der warmen Empfehlung ganz entfernter Verwandter, eine Persönlichkeit ins Haus nahm, die für meine ganze Lebensgestaltung entscheidende Bedeutung gewinnen sollte. Nie vergesse ich den Eindruck der ersten Begegnung: Ein großer, hagerer Mann mit wehendem weißem Haar und funkelnden Augen stand vor mir, ganz Leben, ganz Temperament und dabei ganz Güte. Wie eine aus Raabes Hungerpastor in das Schloß Motschelnitz hineingewehte Idealgestalt.

Der Schimmer der Romantik umzitterte meinen Hauslehrer. Er hieß schlicht Dr. von Bernard und war doch ein Marquis de Bernard aus alter Refugiéfamilie. Den prunkenden Adelstitel hatte er abgelegt, weil er auf solchen Kram keinen Wert legte. In den dreißiger Jahren war er als Burschenschaftler zum Tode verurteilt und dann zu lebenslänglicher Festungshaft begnadigt worden. Die Revolution von 1848 hatte ihn freigemacht, aber sein Leben war, wenigstens im gutbürgerlichen Sinne, verpfuscht. Als eine Art Kulturzigeuner war er durch die Lande gezogen, ohne irgendwo seßhaft zu werden. Seine einzige große Leidenschaft war das Studieren. Für sein Äußeres gab er nichts, für seine Bücher alles aus. Aber da er keine Wohnung hatte, konnte er die Unmassen von Büchern nicht mit sich führen. An zehn verschiedenen Orten standen sie, in riesige Kisten verpackt, herum, für ihn natürlich auf Nimmerwiedersehen. An irgendeinem Ort stand übrigens auch seine Frau herum, die er einmal in einem Augenblick der Selbsttäuschung vorübergehend geheiratet hatte. Ich war fasziniert von dem ersten Eindruck. Vor allem wohl, weil die Vergangenheit des Mannes mein Kindergemüt aufs stärkste anzog. Ein zum Tode Verurteilter? So etwas war mir im weitesten Umkreis unserer Verwandtschaft und Bekanntschaft noch nicht vorgekommen! So ein Mensch mußte doch brennend interessant sein!

Mein bloß staunendes Interesse wurde am nächsten Morgen jäh in flammende Liebe umgewandelt. Zu Beginn der ersten Schulstunde hielt mir nämlich Dr. von Bernard folgende kleine Ansprache: »Lieber Hellmut, ich will dir gleich meine Unterrichtsgrundsätze auseinandersetzen. Ich höre, du hast bisher Schulaufgaben bekommen. Die gebe ich dir nicht, sonst könntest du dir einbilden, du solltest für mich lernen. Du lernst aber nur für dich. Bleibst du dumm, so habe nicht ich, so hast du es in deinem späteren Leben zu büßen. Alles, was du schreibst oder lernst, will ich dir gern durchsehen und dich abhören. Aber, wie gesagt, was du außerhalb der Schulstunden tust, ist ganz deine Sache.«

Keine Schulaufgaben mehr, herrlich! Alles, was ich von nun an machte, brauchte nur meinem freien Willen zu entspringen. Bis dahin hatte ich gelernt, weil ich mußte, aber natürlich nur gerade so viel, wie ich mußte. Zeig' dein Schreibheft! Gib die Lösung der Rechenaufgabe her! Lies das aufgegebene Lesestück vor!

Von jetzt an dirigierte ich den Unterricht – wenigstens bildete ich mir das ein. Er begann jedesmal damit, daß ich das freiwillig am Tage vorher Geschriebene und Errechnete dem Herrn Doktor übergab. Ich lernte geradezu fieberhaft, vernachlässigte darüber sogar das mir sonst so teure Fischen und Jagen. Wollte ich doch beweisen, daß man sich nicht in mir verrechnete, wenn man an meinen Ehrgeiz appellierte.

Jeden Morgen ging dem eigentlichen Unterricht an dem auch meine um ein Jahr jüngere Schwester teilnahm, eine halbe Stunde voraus, die »Himmelslehre« getauft war. Von dem Himmel im Sinne der Gläubigen war darin allerdings mit keinem Wort die Rede. Bernard war nämlich nicht nur ein Revolutionär, sondern auch ein hartgesottener Atheist. Er sprach taktvollerweise nie gegen den Christenglauben. Mit heiterer Nachsicht ignorierte er ihn. Laßt den Leuten, die es brauchen, ihr Spielzeug! In der »Himmelslehre« sprach er von dem Himmel als astronomischer Erscheinung, von der Natur, von Physik und Philosophie, von Menschenliebe und Menschheitsgeschichte.

Vieles ging nicht in meinen Kopf, sondern über ihn weg. Aber immer hatte ich von dieser halben Stunde den Eindruck von etwas ganz Erhabenem, Befreiendem und Beseitigendem. Es war die seelische Rüstung für das nüchterne Schulwerk der Grammatik und Vokabeln und mathematischen Lehrsätze.

Nie habe ich in meinem Leben so viel gearbeitet wie zwischen meinem neunten und elften Lebensjahr. Nie habe ich wieder so rapide Fortschritte gemacht. Ich drängte meinen Lehrer, neben dem Lateinischen und Französischen mir auch baldigst das Griechische beizubringen. Und als dafür die Grundlagen gelegt waren, hatte ich schleunigst auch so und so viele Bücher Homer übersetzt. Mein Vater schmunzelte, meine Mutter war unglücklich. Er war in erster Linie Realist: Hauptsache, daß der Bengel was lernt. Sie war orthodoxe Christin: »Was hülfe es dem Menschen, wenn er die ganze Welt gewänne und nähme doch Schaden an seiner Seele?«

Solange Dr. von Bernard bei uns war, rissen in der sonst so harmonischen Ehe – mein Vater herrschte, meine Mutter fügte sich – die Diskussionen nicht ab. Natürlich wurden sie nie in Gegenwart der Kinder geführt. Aber die Kinder hören ja viel mehr, als irgendwelche Eltern sich träumen lassen. Meine Mutter bestürmte meinen Vater, den Atheisten, der meine Seele vergiftete, schleunigst zu verabschieden. Mein Vater widerstand: »Siehst du nicht, wie Hellmut vorwärtskommt? Man muß ihn ja geradezu ins Freie schicken, weil er immer über den Schulbüchern sitzt. Religion, – na ja, die liegt dem alten verrückten Kerl nicht. Aber das wird auf dem Gymnasium und in der Konfirmandenstunde schon noch nachgeholt werden. Am wichtigsten sind die Sprachen. Und da ist er prima.«

Mein Vater ging jeden Sonntag in die Kirche, natürlich reservierte Loge, wie sie jede Rittergutsbesitzerfamilie hatte. Aber er war ausschließlich Verstandeschrist, wenn man diesen logisch unsinnig scheinenden Ausdruck gebrauchen darf. Er stand auf dem Standpunkt des alten Kaisers: »Dem Volke muß die Religion erhalten bleiben.« Um aber das Volk in der Kirche zu halten, muß man ihm mit gutem Beispiel vorangehen.

Darum saß er Sonntag für Sonntag in seiner Loge, auch im Winter, wenn es in der ungeheizten Kirche so hundekalt war, auch wenn er die öden und sich im Laufe der Jahre immer wiederholenden Predigten des kleinen Landpastors nachher im Familienkreise noch so sehr verriß. Er war eben Realist. Darum: Die Kirche für das Volk! Darum aber auch: »Bernard für Hellmut! Religion wird der Junge immer noch lernen. Aber das andere lernt er bei keinem so gut wie bei ihm.«

Nachträglich habe ich die Überzeugung gewonnen, daß mein Vater auch persönliche Sympathien für Bernard gehabt hat. So etwa wie Bismarck für Lassalle. Bernard war so ziemlich in jedem Punkt das Gegenteil meines Vaters. Aber er war ein interessanter Kerl, mit dem er über andere Sachen sprechen konnte als mit den Gutsnachbarn und den Vettern.

Er brachte Leben, fremdartig schillerndes Leben in das verträumte Schloß, wo man seine einzige politische Bildung aus der konservativen »Schlesischen Zeitung« zu beziehen und den Zusammenhang mit der Literatur nur durch die wöchentlich erscheinende Lesemappe mit »Daheim« und »Gartenlaube« aufrechtzuerhalten pflegte.

Nur einmal hat sich mein Vater wirklich schwer über den guten Doktor ärgern müssen. Das war am Tage der Reichstagswahl. Mein Vater war, wie immer, Wahlvorsteher. Als es abends an das Stimmenzählen ging, da lag ein unbeschriebener Zettel in der als Wahlurne dienenden Suppenschüssel. Das war meinem Vater in seiner Praxis noch nicht vorgekommen. Es brachte ihn aus dem Text. Er wußte nicht, wie er das Wahlprotokoll korrekt abzufassen habe.

Beim Abendbrot gab es heißen Wortkampf. Natürlich bekannte sich der Doktor, wie mein Vater gleich vermutet hatte, als der Sünder. »Warum, zum Teufel, haben Sie einen weißen Zettel abgegeben?« – »Es waren nur drei Kandidaten aufgestellt, und keinem konnte ich meine Stimme geben. Der Konservative – na Sie wissen ja. Der Zentrumsmann – ausgeschlossen bei meiner religiösen Einstellung. Und der Liberale – ein Weichtier. Was sollte ich als Demokrat also tun?«

»Sie hätten einfach zu Hause bleiben und mir die Schererei mit dem weißen Zettel ersparen können.«

»Nein, das durfte ich nicht. Wahlrecht ist Wahlpflicht. Ein Staatsbürger, der am Wahltag zu Hause bleibt, ist keiner.«

Staunend und verständnislos hörte ich der Debatte zu. Aber mein Respekt vor dem Doktor wuchs ins Ungemessene. Der traute sich ja sogar, meinem Vater die Stange zu halten!

Und dann kam die große Katastrophe, die dem Aufenthalt Bernards ein Ende machte.

Auf den uralten Linden vor unserem Schlosse pflegten sich im Sommer die gesamten Graukrähen der Umgegend um Sonnenaufgang zu einem Morgenständchen zu versammeln. Unter ihnen war eine, die nicht, wie ihre Schwestern, krächzte, sondern, vermutlich infolge eines Stimmbandfehlers, beinahe wie ein Hund heulte. Es klang in der Tat schauerlich. Den Doktor, der ziemlich nervös war, brachte das Tier mit seinem Morgengeheul früh um 4 Uhr zur Verzweiflung. Heimlich entlieh er sich eine der Flinten meines Vaters. Und eines schönen Morgens wurde die nächtliche Stille mit einem dröhnenden Schuß durchbrochen. Wenn man von einem Zimmer aus schießt, ist die Erschütterung furchtbar. Meine Mutter fuhr todeserschrocken aus dem Schlaf. Was war geschehen? Erdbeben? Oder ein Selbstmord? Als sich die Sache für uns andere so harmlos aufklärte, wie sie gewesen war, sagte meine Mutter, die sich tagelang von dem Schreck nicht erholen konnte, zu meinem Vater: »Max, nun aber ist es genug! Jetzt mußt du Schluß mit Bernard machen. Hellmut soll sofort aufs Gymnasium. Ich halte das nicht länger aus.« Es war in der Tat ein bißchen viel: Atheist, und nun auch noch nächtlicher Schütze! Das sah mein Vater ein. Er fuhr mit mir zu dem Direktor des Gymnasiums in Wohlau. Der prüfte mich und befand mich nur reif für Quarta, während Bernard und ich auf Tertia gehofft hatten. Aber ich hatte zwar in allen Fächern glänzend abgeschnitten, war jedoch in Mathematik durchgefallen. Was natürlich nicht etwa die Schuld des ausgezeichneten Mathematikers Bernard, sondern ausschließlich meine eigene war. Mathematisch war ich ein Idiot und bin es geblieben.

Traurig fuhren wir nach Mönchmotschelnitz zurück. Bernard packte seinen Koffer und zwei Bücherkisten, von denen eine bei uns auf dem Boden stehen blieb.

Dann kam die Abschiedsstunde. Bernard sagte mir: »Lieber Hellmut, es tut mir bitter weh, daß du ein Jahr länger auf der Schule bleiben mußt, als ich geglaubt hatte. Sitzen wirst du nie bleiben, wie ich dich kenne. Aber lerne auf alle Fälle so viel wie möglich. Es ist immer besser, man hat für Versetzung und Examen eine Reserve an Wissen. Die Schule ist eine Plage. Darum muß man versuchen, sie so rasch wie möglich hinter sich zu bekommen. Das Leben fängt erst mit der Universität an. Das ist die Freiheit. Für sie nur lohnt sich zu leben. Das sagt dir dein alter Lehrer, der gern dein Lehrer war. Ich hoffe, du vergißt ihn nicht ganz.«

Zum erstenmal in meinem Leben wurden meine Augen feucht. Ich habe ihn nicht vergessen.

6. Kapitel
Öde Schuljahre

Mit einem Geständnis muß ich beginnen, so blamabel es auch für mich sein mag: Ich war fast immer Primus auf dem Gymnasium. Ich weiß, daß der Primus dazu prädestiniert ist, es im Leben zu nichts zu bringen. Mein Fall wird als neuer Beweis für die Richtigkeit dieser These verwertet werden. Ich hätte also besser getan, den peinlichen Umstand aus meiner Lebensgeschichte zu verschweigen. Aber wer kann gegen seine Ehrlichkeit? Übrigens gibt es vielleicht einen mildernden Umstand. Ich war nicht aus Streberei Primus oder gar vielleicht aus Liebe zum Gymnasium. Meine Gefühle ihm gegenüber hatten eher mit Haß als mit Liebe zu tun. Aber immer war ich der Worte meines Hauslehrers eingedenk, daß man versuchen müsse, die Schule so rasch wie möglich hinter sich zu bringen, um so früh wie möglich zur Freiheit der Universität zu gelangen.

Dank meinem Fleiß hatte ich in allen Fächern gewöhnlich »gut«. Nur in einem versagte ich natürlich radikal, wie das schon aus meiner Aufnahmeprüfung zu prognostizieren war, in der Mathematik. Nicht in der Algebra, wo es nur auf verstandesmäßiges Rechnen ankommt, um so mehr aber in Geometrie und Stereometrie, überhaupt überall da, wo die Phantasie die Hauptrolle spielt. Noch schlechter als in Mathematik war ich in einem andern Fach, das glücklicherweise nicht zählte: im Singen. Gleich bei der ersten Probe wurde ich für immer herausgesetzt. Der Eindruck auf den Gesanglehrer muß vernichtend gewesen sein. Als mein um drei Jahre jüngerer Bruder ein paar Jahre später derselben Prüfung unterzogen werden sollte, fragte ihn der Gesanglehrer: »Bist du etwa ein Bruder von Hellmut von Gerlach?« Auf die bejahende Antwort dröhnte er los: »Raus!«

Das Hauptgewicht wurde damals – Ende der siebziger, Anfang der achtziger Jahre – auf Lateinisch gelegt. Sogar lateinische Aufsätze mußten wir machen. Sie genügten, um für eine Reihe von Jahren meinen deutschen Stil total zu ruinieren.

Diese entsetzlich langen Satzperioden, die dann, ins Deutsche übertragen, die herrlichsten Schachtelsätze ergaben!

Nie in meinem Leben habe ich es als einen Vorteil empfunden, griechisch gelernt zu haben, nicht einmal, als ich nach Griechenland kam. Da stand ich nämlich mit meinem Talent und konnte es nicht verwerten, weil wir auf unseren Gymnasien das Griechische mit einer Aussprache erlernen, die es in Griechenland selbst nie gehabt hat, so daß man kaum ein Wort einer neugriechischen Unterhaltung versteht.

In besonders schaudervoller Erinnerung steht mir der Unterricht in Geschichte und Geographie. Keine Spur von Leben, sondern nichts als trockene Zahlen und Namen! Wir mußten nicht nur jede Schlacht aus den Samniterkriegen kennen, sondern auch die Namen der Konsuln, die kommandiert hatten. Wehe, wenn man beim Abitur nicht die etwa 2000 Zahlen aus den Geschichtstabellen des alten »Plötz« auswendig wußte!

Doch das Schlimmste vom Schlimmen, das war der Religionsunterricht. Man mußte schon eine geradezu unüberwindliche Neigung zum Christentum haben, wenn man nicht den Geschmack daran verlieren sollte durch die Unzahl von Psalmen, Bibelstellen und vor allem Gesangbuchliedern, die man auswendig zu lernen hatte. Religion als Memoriergegenstand! Das war wirklich der Gipfel pädagogischen Widersinns.

Freude habe ich eigentlich nur an den deutschen Aufsätzen gehabt, und auch an denen erst, als ein neuer, sehr vernünftiger Direktor namens Radtke es einführte, daß man unter zwei oder drei Themen die Auswahl hatte. Dies kleine bißchen Selbstbestimmungsrecht des Schülers wurde von mir geradezu als Erlösung empfunden.

Sonst bedeutet meine Erinnerung an die sieben Gymnasialjahre nur das Andenken an die ödesten Jahre meines Lebens.

Sport kannte man damals noch nicht. Es gab nur Turnunterricht. Der aber war mechanischer Drill im Kasernenhofstil. Niemand sah in ihm eine reizvolle Leibesübung. Jeder versuchte, sich durch ärztliches Attest oder sonstwie darum zu drücken. – Schülerausflüge kamen nur alle Jubeljahre vor. Einen habe ich erlebt nach dem Zobtenberge. Dabei wurde das Trinkverbot suspendiert. Die Folge davon war, daß an die Stelle des fröhlichen Wanderns eine wüste Sauferei trat. Der unterdrückte Komplex mußte abreagiert werden.

Einmal wurde uns gestattet, eine Schülervorstellung in der Aula zu veranstalten. Antigone. Ich, mit meiner wenig melodischen Stimme, spielte die Ismene. Meine brave Pensionsmutter, die Frau des Oberstleutnants von Derschau, sagte mir nachher, sie habe bei meinen Worten weinen müssen. – Auch ich bin davon überzeugt, daß es zum Weinen war.

Der Unterricht war langweilig. Die Stadt war langweilig. Ihre Bewohner waren langweilig. Die Umgebung war langweilig. Was fängt da ein junger Mensch in den Entwicklungsjahren an? Die einen »sumpften« in den geheimen Verbindungen. Andere stellten Bürgermädchen nach. Noch andere ergaben sich geheimen Lastern.

Ich als leidenschaftlicher Jäger, sozusagen von Mutterbrust und Kindesbeinen an, durchstreifte die nüchternen Kiefernwälder mit einer Schleuder und brachte harmlose Vögel ums Leben, oder ich plünderte Nester, um meine Eiersammlung zu bereichern, oder ich fischte in den kleinen Teichen für mein Aquarium. Am Abend drosch ich Skat bei Kameraden, die bei gutmütigen Witwen in Pension waren, oder ich wurde von meinem Oberstleutnant der Ehre gewürdigt, mit ihm eine Partie Piquet zu spielen. Ich wäre der Verzweiflung verfallen, wenn es nicht eine Leihbibliothek gegeben hätte. Deren bester Kunde wurde ich. Die Bücher verschlang ich ziemlich wahllos. Mein Lieblingsautor wurde der längst vergessene Welfe Meding, der unter dem Namen Gregor Samarow die ganze Geschichte der letzten Jahrzehnte in sogenannten historischen Romanen verwurstet hatte. Heute bin ich davon überzeugt, daß sie sehr viel Phantasie und sehr wenig Geschichte enthielten. Trotzdem bin ich Samarow dankbar: Er war der erste, der brennendes Interesse für Zeitgeschichte in mir erweckt hat. Die Schule hatte mir den Geschmack an der Geschichte verdorben, weil sie mich zwang, die Regierungszeiten der unwichtigsten Kaiser und Könige, die Namen der gleichgültigsten Heerführer zu lernen. Gregor Samarow erfüllte mir die Geschichte mit Menschen.

Kaum eine angenehme Erinnerung verbindet mich mit der Schule.

Trotzdem gehe ich nicht so weit wie der sonst von mir hochgeschätzte Dr. Borgius, der in einem dicken Buch für die Abschaffung der Schule plädiert hat. Denn einmal ist die Schule seit meiner Kinderzeit sehr verbessert worden. Sodann aber bin ich auch heute noch davon überzeugt, daß noch das Wohlauer Gymnasium besser war als überhaupt kein geordneter Unterricht. Grammatik und Vokabeln braucht man. Ohne ein gewisses Quantum von Zahlen wird die ganze Geschichte zu einem wirbellosen Wesen. Das Gedächtnis muß geschult werden. – Wie jede menschliche Einrichtung wird auch jede Schule unvollkommen sein. Aber selbst mangelhafte Ordnung ist besser als das Chaos.

7. Kapitel
Genfer Aufschlüsse

Als es sich um die Wahl meiner ersten Universität handelte, gingen die Meinungen innerhalb der Familie weit auseinander. Die einen plädierten für Heidelberg und die Saxoborussen mit ihren wertvollen Konnektionen. (Sehr viele Verwandte meiner Mutter waren dort Alte Herren.) Die andern für Erlangen und eine berühmte Burschenschaft. (Von wegen des Keuschheitsprinzips.) Mein Diplomatenonkel, der spätere deutsche Gesandte in Guatemala, aber empfahl Genf; Hauptsache, daß man richtig Französisch lernt. (Er selber hatte es nicht ganz richtig gelernt.) Mich hatten die Saxoborussen früher sehr gelockt. Aber da kam gerade ein älterer Schulfreund von seinem ersten Göttinger Semester bei den Bremensern zurück. Gott, wie sah der arme Mensch aus, früher ein Bild schönster Jugendfrische: Käsiges Gesicht, aufgeschwemmte Backen und Bauch, die Äuglein ganz verquollen. Ja, leicht ist die Fuchsenzeit beim Korps nicht, berichtete er mir. Immer wird man vom Fuchsmajor vollgepumpt, weil man lernen muß, auch in toller Besäuftheit sich honorig zu benehmen. Wie oft man gekäuzt haben muß, bis man die nötige Haltung im Suff erlangt hat... Dieser Eindruck gab bei mir den Ausschlag für Genf, da das Keuschheitsprinzip allein für mich keine genügende Lockung nach Erlangen darstellte.

In Genf ging ich in Pension (für 200 Franken monatlich) zu Mlle. Laubereau, einem rührenden alten Fräulein von 60 Jahren. In ihrem Hause wurde nur Französisch gesprochen, was mich mit meinem Schulfranzösisch zunächst sehr hart ankam. Auf dem Gymnasium habe ich zwar gelernt, daß Nebukadnezar auf französisch Nabuchodunosor heiße, was zu wissen offenbar nach Ansicht der Altphilologen unerläßlich für das Leben war. Was aber Briefträger heiße, hatte man uns nicht beigebracht. Auch diese Schwierigkeit wurde überwunden. Ich lernte mit Leidenschaft Französisch und verkehrte nur mit den deutschen Studenten, die sich verpflichteten, ausschließlich Französisch zu sprechen. Wozu war man schließlich nach Genf gegangen? Der Inbegriff meiner Genugtuung war erreicht, als ich französisch zu träumen begann.

Von den Vorlesungen machte auf mich eine den stärksten Eindruck, die eigentlich keine war. Es war der Cours d'Improvisation des weit über Genf hinaus bekannten Professors Marc Monnier, nach dem eine Straße in Genf benannt worden ist. Marc Monnier war ein feinsinniger Literaturkenner. Allerdings behaupteten boshafte und vielleicht neidische Kollegen von ihm, er habe bei einer »Faust«-Übersetzung die Verse:

»Und wie so kurz angebunden war,
Das war nun zum Entzücken gar.«

also übertragen:

»Et comme elle portait sa jupe courte
C'était à ravir.«

Aber das war wohl elende Verleumdung. Ich jedenfalls habe ihn nur von der allergünstigsten Seite kennengelernt.

In seiner ersten Vorlesung hielt er uns folgende Rede: »Meine Damen und meine Herren! (In der Schweiz gab es damals schon eine Menge Studentinnen, während die deutschen Universitäten noch völlig eingeschlechtlich waren.) Heute nehme ich zum ersten- und hoffentlich zugleich zum letztenmal das Wort in dieser Vorlesung. Von jetzt an sollen Sie reden. Wer will, wählt sich ein Thema und meldet es heute bei mir an. Darüber spricht er dann 20 Minuten, während die weiteren 25 Minuten der Diskussion gewidmet sind. Alle Themen sind erlaubt; Politik, Wissenschaft, Literatur, Kunst, was jeder sich gerade nimmt. Sie haben volle Freiheit. Die Hauptsache ist, Sie sollen frei reden lernen. Darum darf niemand ein Manuskript mitbringen. Natürlich kann ich keinen daran hindern, seinen Vortrag vorher auswendig zu lernen. Aber ich warne dringend davor. Wer auswendig lernt, klebt am Worte und kann steckenbleiben. Der freie Redner sagt vielleicht einmal einen Unsinn, aber er findet wenigstens immer weiter. Nur eins muß man sich vorher ganz genau einprägen: Wie man anfangen, und vor allem, wie man schließen will. Die sonst beste Rede ohne wirkungsvollen Schluß hinterläßt keine Wirkung. Es gibt nichts Qualvolleres für den Zuhörer, als wenn er merkt, daß der Redner einen Schluß sucht und nicht finden kann. Auf die Mitte der Rede kommt es weniger an, wenn man nur seinen Stoff beherrscht. Übrigens ein guter Rat aus eigener Erfahrung: Fangen Sie immer möglichst mit einem kleinen Scherz an. Dann ist das Auditorium von vornherein in gute Stimmung versetzt.«

Diese sehr graziös vorgetragene Ansprache hat stärksten Eindruck auf mich gemacht. Nie habe ich in meinem Leben den Versuch unternommen, eine Rede wörtlich niederzuschreiben und dann auswendig zu lernen oder gar vorzulesen. Das heißt, zwischen 1914 und 1918 zwangen mich die Stellvertretenden Generalkommandos wiederholt, den Wortlaut meiner Rede vorher einzureichen. Aber, im Vertrauen gesagt – wenn die Generalkommandos nachher meine Reden gehört hätten, so hätten sie sicher an den seligen Mikosch denken müssen: Armes Vater, wie hast du dir verändert!

Als Thema für meinen Vortrag im Cours d'Improvisation (natürlich durfte nur französisch gesprochen werden), wählte ich mit der seligen Unbekümmertheit meiner 18 Jahre das nicht ganz einfache Thema der Todesstrafe. Ich hatte nämlich gerade Victor Hugos »Dernier Jour d'un Condamné« gelesen und stand noch ganz unter dem überwältigenden Eindruck dieser flammenden Anklage des großen Dichters gegen die Barbarei des staatlich verordneten Mordes.

Wie mein Vortrag später ausgefallen ist, weiß ich nicht mehr. Wissenschaftlich war er sicher eine reine Fehlanzeige. Aber eine gewisse Genugtuung kann ich mir doch nicht versagen, instinktmäßig zur Verurteilung der Todesstrafe gekommen zu sein, obwohl ich noch ganz konservativ zu sein glaubte.

Von den deutschen Kreisen Genfs bemühte sich eifrig um mich das Corps Rhenania. Eins seiner Mitglieder suchte mich sogar dadurch zu ködern, daß er versprach, mir, falls ich einspränge, die Romane von Zola zur Verfügung zu stellen (sie galten damals als Pornographie). Ich wurde zu Kneipabenden eingeladen, bei denen man mich unter Einwirkung ausreichenden Alkohols mürbe zu kriegen hoffte. Aber weder die Aussicht auf »Nana« noch das planmäßige Zutrinken brachte mich zur Strecke. Wieder bewährte sich das Training meines Vaters, der mich gelehrt hatte, genau auf den eigenen Eichstrich zu achten: »Wisse, wieviel Gläser du vertragen kannst, und zähle immer die von dir getrunkenen Gläser!«

Von sehr großem Einfluß auf meine spätere Entwicklung wurde mein freundschaftlicher Verkehr im Hause des deutschen Pastors Hoffmann und seiner reizenden französischen Frau. Glühender Anhänger des Hofpredigers Stöcker, dessen soziale Gedanken ihn ganz erfüllten, rief er in mir den leidenschaftlichen Wunsch wach, Stöcker kennenzulernen. Zum erstenmal rückte das Soziale in den Mittelpunkt meines Interessenkreises. Christlicher Sozialismus, Staatssozialismus. Das zog mich um so mehr an, als mich in den Kollegs der Genfer Professoren das ewige Kritteln an dem »Etatisme«, an der Sozialgesetzgebung Deutschlands, ärgerte. Dieser individualistische Manchesterstandpunkt schien mir, der ich direkt aus dem Milieu des schlesischen Landarbeiterelends kam, unmenschlich.

Von Liberalismus oder gar Demokratie war ich damals noch weltenfern. Trotzdem sah ich in Genf mancherlei, was mich überraschte, weil es mit der Tradition, die ich von Hause mitbrachte, so gar nicht in Einklang zu bringen war.

Da war ich also in einer Republik. Republik galt bei uns als das Gegenteil eines geordneten Staatswesens. Hier aber ging doch alles sehr ordentlich zu. Die Leute schienen nicht einmal die Abwesenheit eines Monarchen zu bedauern. Allerdings, einer meiner Schweizer Kommilitonen, der Genfer Patriziersohn Horace Micheli, sagte mir einmal, die Monarchie sei besser als die Republik. Aber er stand ganz vereinzelt da. Die andern Schweizer schienen uns Preußen nicht einmal um unser Königtum zu beneiden. Im Gegenteil, manchmal bekam man leicht ironische Bemerkungen darüber zu hören.

Jeden Abend, den Gott werden ließ, saß ich in irgendeiner Versammlung oder in irgendeinem Vortrag, um mich im Französischen zu üben. Häufig kamen Redner aus Frankreich herüber. Die schwärmten von den großen Errungenschaften der Französischen Revolution, die ich in Schule und Elternhaus als Teufelswerk zu verabscheuen gelehrt worden war. Ich machte einen Genfer Wahlkampf mit. Da hörte ich die Genfer Aristokraten, die sich selbst mit Stolz »Liberale« nannten, für die Prinzipien der Demokratie sich begeistern. Und das waren doch fromme Leute, denen keine politische Missetat zuzutrauen war. Immer war mir beigebracht worden: »Gegen Demokraten helfen nur Soldaten.« Hier aber wurde von den staatserhaltendsten Männern die Demokratie als das Fundament des Staates gepriesen. Meine bisherige Weltanschauung bekam einen leichten Knacks. Geradezu imponierend erschien mir die Selbstregierung der Bürger. Bei uns machte alles die Polizei. Hier spürte man kaum etwas von ihr. Bei uns galt es als höchstes Ziel der Regierungskunst, der Opposition, dem Freisinn und vor allem der Sozialdemokratie jede Versammlungstätigkeit unmöglich zu machen. Wehe dem Wirt, der sein Lokal den »Reichsfeinden« zur Verfügung stellte. Hier hatte die Stadt große öffentliche Gebäude errichtet, in denen jede Partei ohne Unterschied ihre Wahlversammlung abhalten konnte. Jede Meinung durfte frei geäußert werden. Trotzdem ging es absolut friedlich zu.

Zum ersten Male kam mir der Gedanke, daß man auch nach anderen Grundsätzen als nach den preußischen ein Land regieren könne. Ich sprach mit Pastor Hoffmann darüber. Er meinte, daß, was für ein kleines Land erträglich sei, sich noch lange nicht für ein großes eigne. Da bedürfe es strammer Zucht. Das leuchtete mir ein. Beruhigt zog ich mich wieder auf mein Altpreußentum zurück. Zumal mir Hoffmann auseinandersetzte, daß nur ein starkes Königtum die sozialen Reformen durchführen könne, von denen die Genfer aus ihrem individuellen Egoismus heraus so gar nichts wissen wollten. Auf das Soziale aber kam es mir an. Darauf konzentrierte sich meine jugendliche Ideologie.

Noch waren meine politischen Anschauungen gärender Most. Einen Zersetzungsbazillus hatte mir die Genfer Atmosphäre einverleibt. Aber als dauernde Errungenschaft brachte ich nur eins nach Hause: eine geradezu leidenschaftliche Vorliebe für die französische Sprache. Nicht etwa für die Franzosen selbst. Aber ihre Sprache bezauberte mich. Ihre Literatur, ihre Presse, ihre Reden hatte ich verschlungen. An ihrem Stil suchte ich meinen zu bilden. Geradezu berauscht war ich von dem Satz: »Ce qui n'est pas clair, n'est pas français.«

Die preußischen Junker aus der »Rhenania« verließen unverdorben wieder Genf. Französisch hatten sie zwar nur mangelhaft gelernt, aber die Gesinnung intakt erhalten, die sie befähigte, später konservative Landräte oder korrekte Diplomaten zu werden. In mich aber war ein Tropfen »Gift« geflossen.

Als die Abschiedsstunde geschlagen hatte, weinte meine brave Mlle. Laubereau. Wegen meines glühenden politischen Interesses und meiner Schwärmerei für Bismarcks Sozialgesetzgebung hatte sie mich immer »Mon petit Bismarck« genannt. Rührend hatte sie für mich gesorgt, mir Gratisstunden im Französischen gegeben, mir Gratistheaterplätze verschafft und mich mit Balleinladungen zu den vornehmsten Familien versehen. Sie liebte mich eben. – Bei Damen über 60 habe ich öfter Glück in der Liebe gehabt.

8. Kapitel
Sächsisches

Von Genf wandte ich meine Schritte weiter nach Straßburg. Ich hoffte dort Gelegenheit zum Französischsprechen zu finden. Mein Vater billigte meinen Wunsch aus dem genau entgegengesetzten Motiv: Er hielt es für Pflicht der Altdeutschen, den sehr schwachen Besuch der von den Elsässern beinah restlos boykottierten Universität zu stärken.

Wohnung fand ich dicht am Münster bei einem alten Frauchen, die sich als Marketenderin aus dem Krimkrieg entpuppte. Ihr Herz war französisch geblieben, ihre Sprache ein deutsch-französisches Mißverständnis geworden. Trotzdem waren ihre Kriegsgeschichten aus der Marketenderin-Perspektive für mich ein reiner Genuß – nur übertroffen durch den Genuß der von ihr gebratenen Froschschenkel. Zu denen lud sie mich nämlich einmal wöchentlich ein, nachdem sie festgestellt hatte, daß der »Boche« für französische Delikatessen zwar eine Zunge, aber nicht das Geld hatte, um ihr bei Valentin zu huldigen. Genießerisch knabberte ich die zarten gelben Stängelchen in dem köstlich panierten Teig.

Das Bürgertum Straßburgs war damals bis auf die Knochen protestlerisch gesinnt. Unter sich sprachen die Leute meist in dem Elsässer Dialekt. Sowie aber ein Altdeutscher am Horizont auftauchte, ging das Französische los. Die deutschen Offiziere und Beamten waren gesellschaftlich ganz isoliert. Nicht einen Augenblick hatte ich das Gefühl, in Deutschland zu sein. Es war erobertes Land, weiter nichts.

Noch deutlicher als in Straßburg selbst empfand ich das, wenn ich nach Pfalzburg (Lothringen) kam, wo mein Vetter Strahl als Hauptmann in Garnison stand. Zwei Völker lebten da miteinander, räumlich vereint, geistig geschieden: Eindringlinge und Einwohner. Die klügeren Offiziere empfanden das mit Schmerz. »Uns ist, als wäre ein Pestkordon um uns gezogen«, klagte mir einmal einer.

Fast jedes Wochenende verbrachte ich mit dem Vetter in

Pfalzburg oder in den Vogesen wandernd und jagend. Einmal gelang es mir sogar, dem Offizierskorps auf seiner Jagd den einzigen damals vorhandenen Rehbock wegzuschießen, worauf ich mit Helena klagen durfte: »Bewundert viel und viel gescholten.« Aber schließlich wurde es doch noch eine sehr vergnügte Kneipe im Offizierskasino. In der gehobenen Stimmung fertigte ich sogar für das Gästebuch des Bataillons das einzige Gedicht meines Lebens an. Dem Genius loci angemessen war es halb deutsch, halb französisch. Nach dieser Talentprobe habe ich jeden weiteren Versuch aufgegeben, als Lyriker in das Konversationslexikon einzuziehen.

Studiert habe ich wenig in Straßburg, wenigstens auf der Universität, um so mehr Land und Leute. Nur die Vorlesungen Professor Labands über deutsches Staatsrecht fesselten mich. Juristische Pflichtvorlesungen dagegen, die mich langweilten, wie die über das römische Recht, schwänzte ich grundsätzlich. In ihnen erschien ich nur zum An- und Abtestieren.

Das vierte Semester sah mich in Leipzig. Dort lehrten damals die größten Leuchten des Jus: Windscheid römisches Recht, Wach und Binding Strafrecht und Strafprozeß. Mich lockte besonders der große Ruf des Nationalökonomen Roscher. Aber gerade das war ein Reinfall ersten Ranges. Der alte Roscher wußte offenbar alles, aber nichts wußte er seinen Hörern interessant zu machen. Er war von einer geradezu ertötenden Objektivität. Er trug alle Gründe vor, die für den Privatbetrieb des Versicherungswesens sprachen, dann alle Gegengründe. Des eigenen Urteils enthielt er sich peinlichst. Und dann saß man völlig »belämmert« da: war der Gelehrte da oben auf dem Katheder, der doch die Weisheit mit Löffeln zu sich genommen zu haben schien, nun eigentlich für oder gegen Verstaatlichung? Gerade der junge Mensch lechzt nach Willens- und Meinungsäußerungen der Respektspersonen. Roscher aber kam uns vor wie ein zur Sprechmaschine gewordenes wissenschaftliches Kompendium.

Auch Windscheid war eine große Enttäuschung. Er galt als erste Autorität auf dem Gebiet des römischen Rechts im allgemeinen und der Pandekten im besonderen. Seine Vortragsweise aber breitete eine Luft aus, die vom Staub der Jahrtausende gesättigt schien. Am ersten Tage war sein Hörsaal überfüllt. Bald aber gab es nur eine Parole: Rennet, rettet, flüchtet!

Der alte Windscheid hatte drei Töchter. Die beiden jüngsten, sehr niedlich, waren Zwillinge, einander so ähnlich, daß sie die

»Druffäppl« genannt wurden. Da sie bei den Bällen immer verwechselt wurden, war eine Petition ihrer Tänzer an die Mutter ergangen, sie möchte dafür sorgen, daß in Zukunft jede ein andersfarbiges Band um den Hals trage. Die älteste Tochter, mehr geistig als körperlich begünstigt, Käthe, wurde allgemein Pandektenkäthe genannt, weil die Sage ging, daß sie ihre Tischherren über die Bücher ihres Vaters zu examinieren pflege.

Präsident des Reichsgerichts war damals der alte Simson, erlauchter Vertreter des deutschen Parlaments und der deutschen Justiz. An ihn hatte ich von einem Onkel eine Empfehlung. Die gab ich mit meiner Visitenkarte zusammen ab, und war geradezu konsterniert, als drei Tage darauf der alte Herr die drei Stiegen zu meiner dürftigen Studentenbude hinaufkraxelte, um mir seinen Gegenbesuch zu machen.

Der höchste deutsche Richter bei einem blutjungen Studenten! Der alte Herr besaß jene politesse du cœur, die sonst in den höchsten Rangstufen am seltensten zu finden ist.

Ein paar Wochen darauf war ich zum Diner bei Simson geladen, mit lauter ehrwürdigen Herren und Damen zusammen, darunter auch die »Pandektenkäthe«. Um mich besonders zu erfreuen, hatte sie der Reichsgerichtspräsident für mich als Tischdame bestimmt. Himmel – wo ich alle Vorlesungen ihres Vaters geschwänzt hatte! Aber nun war nichts mehr zu machen. Das Unglück nahm seinen Lauf. Vergebens versuchte ich alle möglichen Themata anzuschlagen. Alle Wege führten sie zum römischen Recht, und da war ich renonce. Vergebens suchte ich wenigstens das Gespräch auf das mir einigermaßen geläufige römische Strafrecht abzulenken. Das wies sie mit der Mißachtung, die der normale Ziviljurist dem Kriminalisten entgegenzubringen pflegt, von vornherein zurück.

Eine nicht unerhebliche Rolle, allerdings besonders als Objekt, spielte in jenem Semester in Leipzig der letzte König von Sachsen. Frinz Friedrich August von Sachsen hatte nämlich die Universität mit seiner Immatrikulation beehrt.

Fast ebenso überrascht wie über den Besuch des Reichsgerichtspräsidenten war ich, als eines Tages ein ordensgeschmückter Major bei mir erschien. Er stellte sich als Adjutant des Prinzen vor und hielt mir etwa folgende Rede: »Königliche Hoheit hält sich studierenshalber hier auf. Es besteht der Wunsch, ihm standesgemäßen Umgang mit Altersgenossen zu verschaffen. Ich möchte Sie fragen, ob Sie bereit sind, von Zeit zu Zeit Einladungen an die Tafel des Prinzen Folge zu leisten.

Es geht ganz zwanglos zu, weil der Prinz das besonders liebt. Auf eins mache ich außerdem aufmerksam: Die Hofetikette schreibt sonst vor, daß man bei den Allerhöchsten Herrschaften keine Fragen stellt, sondern wartet, bis man angeredet wird. Königliche Hoheit legt jedoch keinen Wert auf diese Sitte. Es ist ihm sogar angenehm, wenn seine Gäste Gesprächsthemata anschlagen.«

Ich erklärte mich gern bereit. Warum denn nicht? Bei meinem schmalen Wechsel schienen mir die Einladungen zu der prinzlichen Tafel sogar recht verlockend. Als ich das erstemal bei dem »Geenig« war, begriff ich, warum Wert darauf gelegt wurde, daß die Gäste das Gespräch in Gang brachten. Der jugendliche Gastgeber war nämlich damals von einer fast märchenhaften Unbeholfenheit. Ein offenbar sehr guter Mensch, wollte er seinen Gästen Freundlichkeiten sagen, brachte aber alles so ungeschickt heraus, daß seine militärische Umgebung Blut schwitzte. Alles atmete erleichtert auf, als ich, der ich von des Prinzen Jagdpassion gehört hatte, das Gespräch auf die Jagd brachte. Nun war Friedrich August auf einem Gebiet, auf dem er etwas zu sagen hatte. Das Mahl verlief schließlich ganz vergnüglich.

Ich bin dann öfters mit dem Prinzen zusammengetroffen: bei der Eröffnung der Eisbahn, bei der er die horizontale Lage bevorzugte, bei Kommersen, wo er Bemerkenswertes leistete, und auch bei dem Reichsgerichtsball. Da freilich war es fürchterlich: Die Hofetikette schrieb vor, daß er mit der am meisten zu ehrenden Dame den ersten Rundtanz allein um den ganzen Saal herum zu absolvieren habe. Die Dame tanzte mäßig. Der Prinz tanzte mit derselben Begabung, mit der er Schlittschuh lief oder Konversation machte. Tausend Personen sahen zu, wie das Unglückspaar sich abquälte. Sein Kopf lief rot an; der Schweiß rann ihm herunter. Und als er seine Dame glücklich an ihrem Platz abgeliefert hatte, stöhnte er seinem Adjutanten zu: »Nu aber ä Glas Bier.« Man mußte ordentlich Mitleid mit dem Menschen haben, den der Zufall der Geburt an einen Platz gestellt hatte, der seiner Natur so zuwider war. Immer mußte er repräsentieren, und er war doch ausschließlich auf Skat und Bier und Jagd geeicht.

9. Kapitel
Treitschke und Adolf Wagner

Die letzten beiden Semester verbrachte ich in Berlin. Von den Vorlesungen, die ich hörte und nicht bloß belegte, sind mir nur zwei in lebendiger Erinnerung geblieben: die von Treitschke und von Adolf Wagner.

Zu Treitschke zu gehen, war für jeden rechtsstehenden Studenten eine Selbstverständlichkeit. Der taube Mann, der mit so ungeheurer Leidenschaft seine geschichtsphilosophischen Anschauungen herauspolterte, war schon ein Kerl, der einem imponieren konnte. Trotzdem muß ich bekennen, daß ich es nicht lange bei ihm ausgehalten habe. Ich hatte nämlich gerade Ranke gelesen, der mit seiner meisterhaften Abgeklärtheit einen überwältigenden Eindruck auf mich gemacht hatte. Nun mußte ich bei Treitschke täglich Urteile hören, die mir viel weniger auf Tatsachen als auf Sympathien und auf Antipathien gegründet schienen. Er, der geborene Sachse, war in einem Maße Preuße geworden, das auf mich, den geborenen Preußen, abstoßend wirkte. Er kam mir vor wie die verkörperte Ungerechtigkeit. Dazu bediente er sich einer Wildheit der Sprache, die mein Sprachgefühl verletzte.

Am allermeisten empörte mich eine Vorlesung, in der er August den Starken von Sachsen mit Friedrich Wilhelm I. von Preußen verglich. An Friedrich Wilhelm begeisterte er sich: an seiner Sparsamkeit, seiner Ordnungsliebe, seiner Schwärmerei für die Armee einschließlich der großen Kerls, seiner Familienzucht, seinem Tabakskollegium, seiner Abneigung gegen alles welsche Wesen. August der Starke dagegen wurde in Grund und Boden verdammt, dieser Wollüstling mit den ungezählten Mätressen, den 360 unehelichen Kindern, dieser Mann ohne Sinn für straffe Heereszucht, dieser Verschwender, der seine Untertanen auspreßte, um alle möglichen Luxusbauten zu errichten, dieser Charakterlump, der katholisch geworden war, um König von Polen sein zu können.

Ich aber, der ich Dresden über alles liebte, mußte an den

Zwinger und all die andern Kunstherrlichkeiten denken. Hatte August der Starke, mochte er noch so viel Angriffsflächen bieten, nicht dem deutschen Volke für die Dauer mehr gegeben, indem er Dresden zur schönsten Stadt Deutschlands machte, als der preußische Prügelkönig mit seinen langen Kerls und seiner Mißachtung von Kunst, Wissenschaft und Schönheit? Angewidert verließ ich die Vorlesung und kehrte nicht mehr zurück.

Um so uneingeschränkter aber genoß ich Adolf Wagner. Dieser konservative Christlichsoziale wurde damals mein Ideal.

Mit dem Wissen Roschers verband er ein herrliches Temperament. Immer ließ er auch dem wissenschaftlichen Gegner Gerechtigkeit widerfahren, sprach zum Beispiel mit höchster Achtung von der Bedeutung eines Karl Marx. Aber dann entwickelte er seine eigenen Ansichten, seine Idee von der sozialen Gerechtigkeit, seinen Staatssozialismus. Für das Tabaksmonopol begeisterte er sich, jedoch nur, um daraus ein »Patrimonium der Enterbten«, einen Fonds für die sozial schlechtest gestellten Klassen zu schaffen. Leidenschaftlich befürwortete er hohe Erbschaftssteuern als gerechten Ausgleich für übergroße Vermögensunterschiede. Mit musterhafter Vorurteilslosigkeit plädierte er, der Konservative, der Vizepräsident der Christlich Sozialen Partei, für die Theorien von Malthus. Leicht errötend fügte er hinzu: »Allerdings muß ich bekennen, daß ich in der Praxis selbst meinen Grundsätzen untreu geworden bin.« Er war nämlich Vater sehr vieler Kinder. Wenn er mit uns einmal nach seinem Seminar in ein Lokal ging und sich ein Münchener bestellte, sagte er fast verlegen: »Sie können mir glauben, das ist wirklich so ziemlich mein einziger Luxus.«

Den Menschen Adolf Wagner habe ich lieb gewonnen. Der Gelehrte Adolf Wagner hat viele Jahre hindurch mein soziales und wirtschaftliches Denken bestimmt. Um seinetwillen blieb ich länger bei den Konservativen, als ich eigentlich hätte verantworten können. Immer sagte ich mir: »Wenn Adolf Wagner mit seinen Anschauungen es bei den Konservativen aushält, warum sollst du es nicht auch?«

10. Kapitel
Abenteuer eines Referendars

Im Sommer 1887 hatte ich in Berlin mein Referendarexamen mit der Note »gut« bestanden. Was übrigens nicht für den Umfang meines juristischen Wissens, sondern für die Leichtigkeit der ersten juristischen Staatsprüfung von damals sprach. Ich hatte in den sechs Semestern meines Studiums zwar eine ganze Menge gelernt, aber sehr viel mehr Sprachen, Geschichte und Volkswirtschaft als Recht, von dem mich nur der strafrechtliche Teil interessierte. Meine Examenskenntnisse verdankte ich fast ausschließlich dem Einpauker des letzten Semesters, dem braven alten Quaritsch. Aber das genügte überreichlich. Schließlich wollte ich ja vor der Prüfungskommission nicht protzen, sondern nur durchkommen.

Nachdem ich mich auf der Hühnerjagd in Mönchmotschelnitz von den Examensstrapazen erholt hatte, fuhr ich nach Lübben, um bei dem dortigen Amtsgericht meine erste Station anzutreten.

Die Wahl im Familienrat war auf Lübben gefallen, weil ich gleichzeitig bei den dritten Jägern mein Jahr abdienen sollte. Die Jäger waren nämlich viel feiner als die Infanterie, aber nicht so teuer wie die Kavallerie.

Die militärärztliche Untersuchung durch meinen in jeder Beziehung sehr alten Stabsarzt ergab ein völlig überraschendes Resultat: Dienstuntauglich! Auf meinen Militärpaß wurde geschrieben: »Landsturm ersten Aufgebots.«

Was war passiert? Der alte Herr hatte eine »halbe Lähmung der linken Hand« konstatiert. Davon hatte ich bis dahin nicht das geringste gespürt. Aber er als Sachverständiger mußte es ja besser wissen. Richtig ist, daß ich als Primaner ein Malheur mit der linken Hand gehabt hatte. Beim Patronenmachen hatte es eine Explosion gegeben, die mich einigermaßen zerfleischte, so daß ich trotz der von der zuständigen Mönchmotschelnitzer Dorfhexe auf die Wunden applizierten Spinnweben beinahe verblutet wäre. Aber das war doch recht lange her! Alles war so gut verheilt, daß ich weder beim Schießen noch sonst bei einer körperlichen Hantierung irgendwie behindert war. Trotzdem wurde ich von der dazu berufenen Persönlichkeit zum königlich preußischen Staatskrüppel erklärt. Ich tröstete mich mit meinem Leib- und Magenspruch: das Unvermeidliche mit Würde tragen!

So konnte ich mich denn ganz und gar dem königlich preußischen Justizdienst widmen. Er ließ mir so viel Zeit, daß ich mich schleunigst in Berlin bei der Nikolaischen Leihbibliothek abonnierte und vierzehntätig sechs Bände erhielt, immer »Half om Half« ernste und Unterhaltungslektüre, etwa Karl Marx und Casanova in der einen Sendung und Ranke mit Boccaccio in der andern. Etwas braucht der Mensch in jungen Jahren eben auch fürs Herz und verwandte Gegenden.

Mit drei Richtern hatte ich es in Lübben zu tun. Da war zuerst der alte Amtsgerichtsrat Hartig, ein braver Bürokrat, dessen Leitsatz lautete: »Vor allem keine jüdische Hast!« Als er mich einmal dabei ertappte, daß ich alte Akten von einem Schrank herunterholte, war er sehr befremdet: »Aber, Herr Kollege, was wollen Sie mit den Akten? Die liegen doch sehr schön da oben. Sie wirbeln hier nur unnötig Staub auf!«

Ich erwiderte, daß ich die Akten heruntergeholt hätte, um sie zu erledigen, da ich Zeit genug hätte. Worauf er mit der abgeklärten Weisheit des Alters sagte: »Lieber junger Kollege, merken Sie sich vor allem eins für Ihre juristische Laufbahn: Akten sind keine Hasen! Sie laufen nicht fort. Greifen Sie zu den Akten, wenn Sie gemahnt werden. Sehr viele Akten erledigen sich am leichtesten durch Liegenlassen.« Der Mann war ein erfahrener Praktikus. In gewissem Sinne hatte er sogar recht. Auf meinen jugendlichen Idealismus, mit dem ich an die Gerichtspraxis gegangen war, wirkte seine Apologie der Faulheit aber etwas niederschlagend.

Ein ganz anderer Typ war der Amtsrichter von Podewils, auch nicht mehr jung, aber noch quicklebendig. Ungemütlich konnte er werden, wenn einmal eine Sitzung über 12 Uhr hinaus zu dauern drohte. Eine Verkürzung der täglichen Früh-Schoppenstunde wäre ihm nämlich wie eine Verkümmerung seines primitivsten Menschenrechts vorgekommen. Um 1 Uhr mußte er unbedingt zu Hause sein, da er sehr gründlich verheiratet war. Darum führte er die Verhandlungen ab 11 ½ Uhr im Stenographiertempo.

Seine Urteile riefen oftmals mein Staunen hervor. Einmal

war ein Spreewaldbauer angeklagt, einem andern Heu gestohlen zu haben. Der Bestohlene schwor, er habe das auf dem Hof des Angeklagten vorgefundene Heu als das seinige wiedererkannt. Weiter lag kein Beweis vor. Aber Podewils verknackte. Ich Unglücksrabe hatte die schriftlichen Urteile abzufassen und stellte Herrn von Podewils vor, daß doch eigentlich kein zwingender Beweis gegen den Verurteilten vorliege. Spreewaldheu zweier Nachbarn sei sich verdammt ähnlich.

Podewils sprudelte nur so los: »Kollege, wenn wir hier im Spreewald auf zwingende Beweise warten sollten, gingen uns fast alle Diebe durch die Lappen. Sie denken noch an Ihr Kolleg: In dubio pro reo! Damit kommt man in der Praxis nicht weit. Ich kenne die Leute hier. Der Bestohlene ist ein anständiger Kerl, dem Angeklagten war der Diebstahl zuzutrauen. Also...« Also mußte ich mein juristisches Gewissen totschlagen und ein Urteil absetzen, das mir viel strafwürdiger als ein kleiner Heudiebstahl schien.

Menschlich weitaus am nächsten kam mir der dritte Richter, der noch ziemlich jugendliche Herr von Winterfeld. Er stammte aus einer etwas freieren Sphäre, war, wie er scherzend sagte, eigentlich hinter den Theaterkulissen aufgewachsen. Sein Vater war nämlich ein in den 70er Jahren viel gespielter Dichter oder – wohl richtiger gesagt – Verfasser von Theaterstücken. Seine Spezialität waren Militärhumoresken gewesen. Der Sohn war deshalb literarisch interessiert. Er nannte sich konservativ, wie das jeder anständige Mensch in Lübben tun mußte, gestand mir aber in einer vertrauten Stunde, daß er mit dem Maß des in Lübben üblichen Konservativismus nicht mit könne.

Für mich interessierte er sich, weil ich als Christsozialer dem landesüblichen Konservativismus kritisch gegenüberstand, außerdem gern über Dinge sprach, die außerhalb des Gesprächskreises der Lübbener Stammtische lagen. Diese meine Untugend verschaffte mir einmal ganz überraschend seinen Besuch in meiner Junggesellenbude. Er erklärte, er müsse mich warnen. In der guten Gesellschaft und namentlich in den Reihen des Offizierkorps vermerke man es übel, daß ich über alle möglichen fernliegenden Gegenstände spräche, und offenbar mit meinen Kenntnissen protzen wolle. Nun sei auch noch das Gerücht aufgekommen, daß ich für das Kreisblatt Theaterkritiken schreibe. Das würde als eine Beschäftigung empfunden, die eines jungen Mannes unwürdig sei, der den Anspruch erhebe, in den besten Kreisen zu verkehren. Namentlich die Mütter wären peinlich von dem Gedanken berührt, daß jemand mit ihren Töchtern tanze, der durch seine Theaterkritiken doch voraussichtlich auch mit den Damen vom Theater in Beziehung getreten sei.

Das Gerücht hatte recht. Ich schrieb Kritiken für das »Lübbener Kreisblatt«. Auf diesen wilden Gedanken war ich gekommen, als eine sehr verhungert aussehende Theatergruppe ein paar Wochen Lübben beehrte und mir relativ Achtbares zu bieten schien. Das Kreisblatt schwieg sie tot, weil es keinen Referenten hatte. Ich hatte damals Mitleid mit den armen Leuten, auch steckte wohl der Drang zum Journalismus in mir. Kurz, ich war zu dem Verleger des Kreisblattes gegangen und hatte ihm regelmäßige Berichterstattung angeboten. Mit Kußhand nahm er an, als er sich vergewissert hatte, daß ihn die Sache nichts kosten würde.

Nun drohte mir gesellschaftlicher Boykott. Um nicht den letzten Boden unter den Füßen zu verlieren, gelobte ich dem mir wohlwollenden Amtsrichter Besserung: ich wolle mich bemühen, in meinen Unterhaltungen im Offizierskasino, auf den Gesellschaften und an den Stammtischen streng das Niveau innezuhalten, auf das die Lübbener gute Gesellschaft geeicht war. Und auf die Theaterkritik würde ich auch verzichten. – Ja, in Lübben war man wirklich konservativ und wahrhaft keusch. Wer mit Theaterdamen etwas zu tun haben wollte, sollte gefälligst nach Berlin fahren! – In das Offizierskorps hatte ich ohne weiteres Aufnahme gefunden, weil ich adelig war. Das war damals ein Passepartout. Unvergeßlich ist mir der erste Liebesabend (das war die Bezeichnung für die offiziellen Gästeabende). Ein mir wohlgesinnter Bekannter hatte mich darauf aufmerksam gemacht, daß es dabei eine Probe der Trinkfestigkeit geben werde. Wer zum erstenmal im Kasino sei, bekomme beim Nachtisch das große Trinkhorn gereicht, das anderthalb Flaschen Sekt fasse. Das habe man ohne Absetzen zu leeren. Wenn der Betreffende dann unter den Tisch falle, freue sich alles. Ich war auf meiner Hut. Mein Vater hatte mich nach dem Grundsatz erzogen: »Der anständige Mensch soll saufen können, darf sich aber nicht besaufen.« Er hatte mich gut trainiert, aber mir zugleich wertvolle Vorsichtsmaßregeln beigebracht. Das ist mir oft in meiner konservativen Jugend mit den zahllosen Anlässen zum Kneipzwang zustatten gekommen.

Im Lübbener Kasino ging das Liebesmahl in der üblichen

Weise vor sich. Von Anfang an wurde scharf gezecht. Ich hielt mich nach Möglichkeit zurück, hatte vielleicht drei Gläser Wein im Leibe, als der Nachtisch mit dem Trinkhorn kam. Haben Sie schon einmal aus einem Trinkhorn getrunken? Es ist ein Kunststück, das ich glücklicherweise als Student geübt hatte. So leerte ich denn, ohne mich allzu sehr zu besabbern, das Horn mit den anderthalb Flaschen und fiel nicht um, sondern trank nachher noch vergnügt einigen Leutnants zu.

Mit dieser Ouvertüre hatte ich den Befähigungsnachweis für das Kasino erbracht. Ich konnte kommen, so oft ich wollte, machte freilich von dieser Freiheit nur spärlichen Gebrauch. Vor allem stieß mich die Art und Weise ab, wie dort gezotet wurde. Ich bin kein Keuschheitsapostel und habe mich nie dafür ausgegeben, bin freilich manchmal in den Verdacht geraten, es zu sein. Einfach deshalb, weil es mir widerstrebt, Zoten zu erzählen, und weil ich sie auch nie gern gehört habe. Eine geistvolle Unanständigkeit – prachtvoll! Aber das Schweinigeln der Herrenabende – da wird mir übel. Im Lübbener Kasino war eine Strafkasse eingerichtet, die später gemeinsam vertrunken wurde: wer beim Essen ein unanständiges Wort sagte, mußte 10 Pfennig zahlen. Es war nun geradezu Sport geworden, möglichst viel Schweinereien zu erzählen. Wer den höchsten Strafzettel an einem Abend erzielte, war der Held. Ein Prinz Reuss brach jeden Rekord. Noch heute ist mir ein von ihm vorgetragene Lied in Erinnerung, bei dem jedes zweite Wort eine Viecherei war. Für Gemeinheiten hat man ja ein besonders gutes Gedächtnis.

Natürlich gab es auch ein paar höherstehende Persönlichkeiten unter den Lübbener Offizieren, namentlich unter den verheirateten. Im allgemeinen war jedoch meine intime Bekanntschaft mit dem ersten preußischen Offizierskorps nicht dazu angetan, die hohe Meinung von den Offizieren, in der ich erzogen war, zu befestigen. Wenn das der erste Stand war, wie die preußischen Könige zu sagen pflegten!

Meine amtliche Tätigkeit in Lübben hätte beinah ein unsanftes Ende gefunden! Das hing mit meiner Handschrift zusammen. Die ist allerdings so, daß, wie Frau Victor Basch einmal sagte, sie nur mit den Augen der Liebe zu lesen ist. Solche Augen hatte offenbar der mir vorgesetzte Landgerichtspräsident nicht. Als ihm unglücklicherweise einmal eins der von mir verfaßten Protokolle unter die Augen kam, sandte er ein in den geharnischsten Ausdrücken gehaltenes Schreiben an den aufsichtsführenden Amtsrichter in Lübben: Dem Referendar von Gerlach sei zu eröffnen, daß er sofort seine Handschrift lesbar zu gestalten habe, widrigenfalls mit seiner Entlassung aus dem vorbereitenden Justizdienst zu rechnen sei.

Bessern Sie einmal Ihre Handschrift! Namentlich wenn Sie von dem zappelnden und auf Innehaltung seiner Frühschoppenstunde bedachten Herrn von Podewils im Schnellzugstempo diktiert bekommen.

Es ging nicht! Dem preußischen Justizdienst drohte die Gefahr, eine unbezahlte Hilfskraft vorzeitig zu verlieren. Mit dem Landgerichtspräsidenten wurde hin- und hergeschrieben. Endlich erweichte ich ihn durch die feierliche Erklärung, sofort mit Ablauf meiner Lübbener Station in Berlin bei Else Rackow so lange Kurse im Schönschreiben zu nehmen, bis ich den berechtigten Anforderungen meiner hohen Vorgesetzten Genüge leiste. So ging auch dies Gewitter vorüber, ohne einzuschlagen.

Hinzufügen darf ich, daß ich in der Tat bei Else Rackow Unterricht genommen habe. Sie zwang mich zur Benutzung ganz spitzer Federn. Das Ergebnis war ein Brief meines Vaters: »Wenn Du nun nicht endlich mit den Schönschreibelektionen aufhörst, werde selbst ich Deine Briefe nicht mehr lesen können.«

Der Regierungsreferendar wurde im alten Preußen für etwas unvergleichlich Feineres gehalten, als es der Gerichtsreferendar war. Man erzählte sich in unseren Kreisen den Scherz, ein Landgerichtsrat sei größenwahnsinnig geworden, weil er sich einbildete, nachträglich zum Regierungsreferendar ernannt worden zu sein. Natürlich wollte auch ich Regierungsreferendar werden. Voraussetzung dafür war, daß man zunächst zwei Jahre als Gerichtsreferendar gearbeitet hatte und dann von irgendeiner Regierung zur Vorbereitung für den Verwaltungsdienst angenommen wurde. Die Entscheidung über die Annahme lag in der Hand der Regierungspräsidenten.

Als sich die Zeit meines Gerichtsreferendariats ihrem Ende näherte, reichte ich bei dem Präsidenten der mir erwünschtesten Regierung mein Bewerbungsschreiben ein. Ich bekam einen Korb: Keine Stelle frei! Ich schrieb an eine zweite Regierung. Dasselbe Ergebnis. Da ließ ich der Sicherheit halber gleich an drei Regierungen zugleich meine Meldung los. Alle drei bedauerten: Alles besetzt! Was war los?

Regierungsrefendar zu werden hatte man begründete Aussicht, wenn man dreierlei zugleich war: Adelig, alter Herr eines

Korps, Reserveoffizier. Von diesen drei Bedingungen fehlten bei mir zwei. Ergebnis siehe oben.

Als ich merkte, woran die Sache haperte, sagte ich mir: geht es nicht auf dem geraden Geschäftswege, dann muß es eben auf dem krummen Konnektionswege gehen. Wozu hat man denn Vettern und Freunde in den Ministerien sitzen?

Die wurden mobil gemacht. Georg Kreuzwendedich Freiherr von Rheinbaben zumal, der spätere Finanzminister, bemühte sich energisch und meldete mir in Kürze: Schleswig ist sturmreif! Dabei war eigentlich gerade dort ein locus maximae resistentiae. Regierungspräsident Zimmermann war nämlich nicht nur selbst Major der Landwehr, sondern hielt auch jeden Akademiker, der es nicht zum Reserveoffizier hatte bringen können, für minderwertig, mindestens körperlich. Deshalb beantwortete er – unter höherem Druck – meine Bewerbung zwar grundsätzlich zustimmend, knüpfte aber eine Bedingung daran. Ich sollte ein amtsärztliches Zeugnis beibringen, daß ich »einem anstrengenden Regierungsdienst körperlich in jeder Beziehung gewachsen sei«.

Dies Verlangen war ohne Präzedenzfall. Jeder Kundige wußte, daß bei den Gerichten sehr viel mehr gearbeitet werden mußte als im feudalen Regierungsdienst. Aber ich hatte mich zu fügen, wanderte zum zuständigen Berliner Bezirksphysikus und bekam, auf meine Kosten natürlich, das geforderte Attest von dem baß erstaunten Medizinalbeamten ausgestellt. Nun hatte Zimmermann keinen Vorwand mehr und mußte mich zum Regierungsreferendar ernennen. Es war erreicht! Ein Berg von Mißtrauen blieb bei ihm jedoch angehäuft. Als ich meinen Antrittsbesuch machte, fragte er mir die Seele aus dem Leibe. Von meiner Familie bis in längst entschwundene Generationen zurück wollte er beinahe so viel wissen wie Mussolinis Grenzkommissar, als ich vor einigen Jahren den Brenner zu überschreiten vergeblich unternahm. Immer blieb Zimmermanns Stirne gefurcht und seine Miene umdüstert, zumal auch mein Vater – wegen eines Herzfehlers – es nicht zum Reserveoffizier gebracht hatte. Erst als er erfuhr, daß einer meiner Großväter Regierungspräsident in Köln gewesen sei, wurde er zugänglicher: »Na, da haben Sie ja wenigstens ein gutes Vorbild in Ihrer Familie.«

11. Kapitel
Zusammenstöße

Bei der Schleswiger Regierung gab es damals, um 1890 herum, zwei streng getrennte Kategorien von Beamten: die alten Dänen und die jungen Preußen.

Die jungen Preußen waren fleißig, schneidig, streberhaft, kaltschnäuzig. Die Gesetze und den Mechanismus der Verwaltung beherrschten sie ausgezeichnet. In die Eigenart der Landesbevölkerung – sie stammten samt und sonders nicht aus Schleswig-Holstein – einzudringen, gaben sie sich nicht die geringste Mühe. Für sie war der »Untertan« nur Objekt. Im Lande hörte man harte Urteile über sie. Ich wenigstens hörte sie, da ich als geborener Frondeur nicht nur bei den 54 Familien, die auf der offiziellen Besuchsliste standen, meine Karte abgegeben hatte, sondern auch noch in ein Dutzend Häuser kam, die entweder als standesunwürdig oder als politisch nicht stubenrein galten.

Die alten Geheimräte, aus der dänischen Zeit übernommen, waren prachtvolle Kerle, nicht am laufenden Band fabriziertes Verwaltungsmaterial, sondern Individualitäten. Sie arbeiteten, aber sie überarbeiteten sich nicht. Dafür kannten sie Land und Leute und gingen auf sicherem Grund und Boden. Sie waren, der Not gehorchend, preußische Beamte geworden, aber sie waren nicht Preußen im Sinne des Herrn Zimmermann, sondern Deutsche schlechthin mit ausgeprägter schleswig-holsteinischer Eigenart. Mit ihnen kam ich glänzend aus.

In besonders hellem Licht erscheint mir noch heute der alte Geheimrat Petersen, wegen seines Bartes allgemein der »schwarze Peter« genannt. Wenn man in sein Arbeitszimmer kam, sah man wenig Akten, dafür um so mehr originelle Tonfiguren, alle von ihm selbst modelliert. Kein Fischer vom »Holm« entging der Verewigung durch ihn. Die Stadt Schleswig verdankt ihm einen ihrer Hauptreize. Wie ein langer Darm windet sich durch sie der Lollfuß, eine an sich sehr nüchterne Straße. Der schwarze Peter hatte einen großen Teil ihrer Bewohner dazu gebracht, ihre Vorgärten mit Rosen zu bepflanzen. Ein Gang im Juni durch den Lollfuß, da schwelgte man in Duft und Farbe. Seine Akten erledigte Petersen natürlich auch, wenn auch nur in Eile mit Weile. Er wollte nichts werden. Ihm schien es reizvoller, in Schönheit zu leben und Schönheit zu verbreiten.

Mit Zimmermann hatte ich bald meinen ersten Krach, der nicht der letzte bleiben sollte. Für eine Sitzung des Regierungskollegiums hatte ich eine Katastersache zum Vortrag zugeschrieben erhalten. Ich entledigte mich meines Auftrages schlecht und recht, jedenfalls nach meiner Auffassung vollkommen korrekt. Aber der Regierungspräsident schnauzte mich vor versammeltem Regierungspublikum an: »Falsch! Wenn Sie eine Sache nicht verstehen, erkundigen Sie sich vorher.« Ich verteidigte mich nicht, da ich als Beamter immer den Grundsatz vertreten habe, daß es keinen Zweck hat, einem Mann mit höherem Gehalt zu widersprechen.

Die Sache erregte in dem kleinen Klatschnest beträchtliches Aufsehen. Sogar Regierungsdamen interpellierten mich spöttisch, was ich denn ausgefressen hätte. Da natürlich über den Gegenstand selbst niemand ein Urteil haben konnte, wäre ich mit einem erheblichen Makel aus der Affäre hervorgegangen, wenn sich der Oberregierungsrat von Bischoffshausen nicht der Sache angenommen hätte. Bischoffshausen, aus Kurhessen stammend, war ein Mann mit ausgeprägtem Gerechtigkeitssinn, dazu an Wissen wie an Geist seinem Chef turmhoch überlegen. Da er Zimmermann allzuoft bei verwaltungsrechtlichen Fehlgriffen ertappt hatte, witterte er auch hier Unrat, ließ mich kommen und sich von mir die Sache vortragen. »Ich werde die Sache selbst prüfen«, damit entließ er mich.

Ein paar Wochen hörte ich nichts. Dann wurden mir eines Tages Akten mit dem Vermerk Bischoffshausens überbracht: »Herrn Regierungsreferendar von Gerlach zur Kenntnisnahme vorzulegen!«

Ich studierte die Akten. Aus ihnen ergab sich, daß der Regierungspräsident und sein Oberregierungsrat, die ihre Amtszimmer nebeneinander hatten, sehr eifrig über meinen Fall korrespondiert hatten. Die Schlußäußerung des Regierungspräsidenten lautete:

»I. Unter diesen Umständen kann ich den gegen Herrn Regierungsreferendar von Gerlach in der Sitzung des Regierungskollegiums erhobenen Vorwurf nicht aufrechterhalten.

II. Zu den Akten!«

Dieser Major der Landwehr, der als Regierungspräsident fungierte, war nicht nur unwissend, sondern auch feige. Öffentlich hatte er mich zu Unrecht angegriffen. Im Dunkeln der Akten nahm er gezwungenermaßen den Vorwurf zurück. Aber ich sollte das nicht erfahren. Darum hatte er »zu den Akten« verfügt. Er ahnte ja nicht, daß ein Gentleman wie Herr von Bischoffshausen seine Heimtücke durchkreuzen würde. Dieses war der erste Streich, doch der zweite folgt sogleich.

In einer öffentlichen sozialdemokratischen Versammlung in Schleswig war ich dem Referenten mit ziemlich starkem Erfolg entgegengetreten. Es handelte sich um ein agrarisches Thema, über das ich als Landkind besser Bescheid wußte als der Städter. Die »Schleswiger Nachrichten«, das Regierungsorgan, brachten einen sicherlich übertrieben enthusiastischen Bericht über mein Eingreifen. Als ich mittags zum Regierungs-Frühschoppen kam, sprang der schwarze Peter auf und beglückwünschte mich mit den Worten: »Das hätte keiner von uns andern fertig gebracht!« Ich kam mir sehr gehoben vor.

Mäuse, die morgens tanzen, holt abends die Katze. Ich bekam eine Vorladung vor den Regierungspräsidenten. Mit finsterer Meine stellte er mich zur Rede, wieso ich dazu gekommen sei, in einer sozialdemokratischen Versammlung zu sprechen.

Ich erwiderte: »Seine Majestät der Kaiser hat gewünscht, daß der Kampf gegen die Sozialdemokratie mit geistigen Waffen aufgenommen werde. Ich hörte, daß der Sozialdemokrat mit unrichtigen Argumenten und mit falschen Zahlen die Regierungspolitik angriff. Da hielt ich es für meine Pflicht als Regierungsbeamter, ihm sachlich entgegenzutreten. Meine Erwiderung hat sich durchaus auf dem Boden der kaiserlichen Februar-Erlasse bewegt.«

Was macht ein königlich preußischer Regierungspräsident, wenn man ihm mit dem Kaiser in die Parade fährt? Er gerät in Verlegenheit. Das tat denn auch Herr Zimmermann. Er stotterte nur noch: »Haben Sie gar nicht bedacht, daß, wenn Sie sich in einer solchen Versammlung blamieren, Sie nicht bloß sich, sondern die ganze Regierung bloßstellen?«

Ich entgegnete: »Herr Präsident, wenn ich meiner Sache nicht sicher gewesen wäre, hätte ich nicht das Wort genommen. Ich wußte, daß ich den Gegenstand beherrschte, und öffentlich gesprochen habe ich als Student und als Gerichtsreferendar schon oft genug. Übrigens hat doch in den ›Schleswiger Nachrichten‹ selbst ein Ohrenzeuge von dem Erfolg meines Auftretens berichtet.«

Der Präsident murmelte unverständliche Worte vor sich hin. Dann verkündete er im Kommandoton des Majors: »Einerlei! Ich habe infolge Ihrer Rede sämtlichen Mitgliedern der Regierung ein für allemal untersagt, in öffentlichen politischen Versammlungen das Wort zu nehmen. Wonach zu richten!« Das Reden hatte also ein Ende. Um so mehr konnte ich mich dem Schreiben widmen, da der »anstrengende Regierungsdienst« mir viel freie Zeit ließ. Bis auch beim Schreiben die Bombe platzte.

Es spielte sich damals gerade der große Kampf um die Miquelsche Steuerreform ab. Minister von Miquel schlug eine Einkommenssteuer von 3% vor. Das Abgeordnetenhaus hatte eine Progression des Steuersatzes eingefügt, indem es für die Einkommen über 100000 Mark den Satz auf 4% erhöhte. Die feudalen Granden des Herrenhauses brachten die 4%, die sie zum Teil selbst zu bezahlen gehabt hätten, wieder zu Fall.

Das empörte mich. In der Stöckerschen Zeitung »Das Volk« schrieb ich mit der Überschrift »Noblesse oblige« einen flammenden Appell an meine Standesgenossen. Dieser Appell war ganz im Sinne meiner damaligen sozialkonservativen Mentalität gehalten. Ich glaubte noch an den Führerberuf des Adels, aber nur unter der Voraussetzung, daß er wie der englische Adel mit den Erfordernissen der Zeit mitgehe.

Mein Artikel, in dem ich meinen Standesgenossen das »Noblesse oblige« vorhielt, wirbelte einigen Staub auf. Graf von der Schulenburg und Fürst Hatzfeld denunzierten mich im Herrenhaus, der eine als sozialdemokratisch, der andere als anarchistisch. Das Herrenhaus selbst freilich wurde umgestimmt und schluckte die vier Prozent. Der Minister des Innern aber tobte. So etwas kannte die Geschichte Preußens doch noch nicht: Ein Regierungsreferendar, der sich beikommen ließ, die Entschließungen des Herrenhauses beeinflussen zu wollen! Das mußte gerochen werden. Es wurde gerochen.

Der Regierungspräsident stellte mir ein amtliches Schreiben zu, das nur drei Sätze enthielt. Aber diese drei Sätze hatten Schwergewicht. Es wurde mir eröffnet, daß der Herr Minister mit höchstem Mißfallen davon Kenntnis genommen habe, daß ein Regierungsbeamter in beleidigender Weise eine verfassungsmäßige Institution wie das Herrenhaus angegriffen habe.

Falls ich mir je wieder beikommen ließe, ähnliches von mir zu geben, sei es mit meiner Beamtentätigkeit zu Ende. Auf alle Fälle wurde mir untersagt, noch eine Zeile für die Tagespresse zu schreiben.

So war mir nicht nur der Mund, sondern auch das Tintenfaß versiegelt. Um die Zeit totzuschlagen, betrieb ich das Krabbenessen engros. Wenn ich in der Schleihalle zwei Stunden lang die kleinen Biester ausgepolkt hatte, hatte ich das beruhigende Gefühl: Da lauert keine Maßregelung im Hintergrunde. Mit Nichtstun kann man sich seine Karriere nicht verderben.

Nur noch ein einziges Mal kam in Schleswig die Versuchung zum öffentlichen Heraustreten an mich heran. Eines Tages fand ich eine Einladung des schleswig-holsteinischen Provinzialvereins für innere Mission vor. Man bat mich, für die Generalversammlung ein Referat zu übernehmen. Unterzeichnet war die Einladung von dem aktiven Generalsuperintendenten und dem Regierungspräsidenten a. D. von Rosen, also zwei authentisch regierungsfrommen Persönlichkeiten.

Ich aber war vorsichtig geworden. Vorzensur bewahrt vor späterer Beschlagnahme. Mit der Einladung begab ich mich zum Regierungspräsidenten und richtete an ihn die Frage, ob ich ihr stattgeben dürfe. Mir sei von ihm zwar nur das Auftreten in öffentlichen politischen Versammlungen verboten, und hier handle es sich um eine religiöse Veranstaltung eines bekanntlich von der Kaiserin besonders patronisierten Vereins. Aber ich wolle doch sichergehen und ihn deshalb fragen, wie er darüber denke.

Jede Frage, die sich auf Denken bezog, war ihm von vornherein peinlich. Diese besonders, da sie mit meiner Person zusammenhing, die ihm schon so viel amtliche Beschwer verursacht hatte. Er ersuchte mich, ihm die Einladung dazulassen, da er sich die Sache reiflich überlegen müsse.

»Reiflich überlegen«, das hieß bei ihm immer: sich bei dem Oberpräsidenten von Steinmann Rat holen. Dann fühlte er sich nämlich gedeckt.

Nach acht Tagen wurde ich also beschieden: »Ich habe mir die Sache überlegt, auch mit dem Herrn Oberpräsidenten Rücksprache genommen. Er ist wie ich der Meinung, daß Sie die Aufforderung abzulehnen haben. Der Herr Minister darf Ihren Namen nicht mehr in der Zeitung lesen.« Ich besaß die Perfidie, zur Motivierung meiner Ablehnung die Begründung durch den Regierungspräsidenten dem Provinzialverein für innere Mission wörtlich mitzuteilen. Die Schützlinge der Kaiserin sollen befremdet gewesen sein.

Aber das Wesentliche war erreicht: der Minister las meinen Namen nicht mehr in der Zeitung, wenigstens vorläufig nicht, bis ich aus einem königlich preußischen Regierungsbeamten ein freier Mann geworden war.

12. Kapitel
Wie Bismarck Geld sparte

Im Kreise (Herzogtum) Lauenburg sollte ich »Landrat lernen«. Eine der ersten Instruktionen, die mir mein Lehrherr, Landrat von Dolega-Kozierowski, erteilte, bezog sich auf Bismarck: »Gebrauchen Sie niemals im amtlichen Verkehr mit Bismarck den Titel Herzog von Lauenburg! Briefe mit dieser Aufschrift nimmt er grundsätzlich nicht an. Ihr bloßer Anblick aber genügt schon, ihn vor Wut krank zu machen. Die amtlichen Schreiben aus den Ministerien in Berlin, die wir zur Weitergabe nach Friedrichsruh erhalten, sind natürlich alle ›An den Herzog von Lauenburg‹ adressiert. Die werden hier neu kuvertiert, um den ominösen Titel auszumerzen.« Wenn das Wilhelm II. geahnt hätte! In dem Verhalten des Landrats lag natürlich eine Art Unterstützung der Bismarckschen Fronde. Aber – »der Alte«, unser notabelster und zugleich weitaus unbequemster Kreisbewohner war uns nah, der Kaiser aber war weit. Der wußte nichts von der Umadressierung auf unserm Landratsamt; der wußte nicht, daß Bismarck bei dem Postamt in Friedrichsruh erklärt hatte, alle Postsendungen mit der Aufschrift »Herzog von Lauenburg« sollten grundsätzlich mit dem Vermerk »Annahme verweigert« an den Absender zurückgehen; der wußte auch nicht, daß in keinem Hause Deutschlands soviel Majestätsbeleidigungen produziert wurden wie in Schloß Friedrichsruh. Allerdings etwas mehr noch von der Fürstin als vom Fürsten selbst.

Über den Tatbestand der Majestätsbeleidigungen kann ich nicht aus eigener Kenntnis aussagen. Er wurde mir nur von dem Oberförster Lange berichtet. Aber Lange war ja der Mann, der den Fürsten am häufigsten sah. Es verging kein Tag, an dem ihn nicht der Fürst oder die Fürstin rufen ließen. Er war nämlich, im nobelsten Sinne des Wortes, das Faktotum des Hauses. Jede Einzelheit der riesigen Friedrichsruher Verwaltung erörterte der Fürst mit ihm.

Über große Politik sprach Bismarck nie mit Lange. Er

machte nur immer seinem Groll über Berlin ihm gegenüber Luft. Und in die Intima des fürstlichen Haushalts wie des täglichen Lebens in Friedrichsruh war niemand so eingeweiht wie der Oberförster. Darum hatte es für mich einen eigenen Reiz, viele Monate hindurch fast allsonntäglich Gast im Langeschen Hause zu sein. Als mein Vater erfuhr, daß ich nach Ratzeburg kommen solle, hatte er mir wärmste Grüße an seinen einstigen Kollegen von der Eberswalder Forstakademie her aufgetragen. Die beiden Männer hatten sich seitdem nicht wiedergesehen. Aber Lange übertrug sofort die Freundschaft auf mich.

Lange war königlich preußischer Oberförster gewesen und hatte durch seine besondere Tüchtigkeit die Aufmerksamkeit Bismarcks erregt. Darum hatte dieser ihn gebeten, aus dem Staatsdienst auszuscheiden und die Verwaltung des Sachsenwaldes zu übernehmen. Lange hatte zugesagt unter der Bedingung, daß seine Bezüge dieselben blieben, wie wenn er im Staatsdienst verharrt hätte. Oberförster Lange war nicht bloß ein eminent tüchtiger Forstmann, sondern ein geschäftliches und Verwaltungstalent hohen Ranges. Binnen wenigen Jahren verdoppelte er die Einkünfte aus dem Sachsenwalde: Da wurde ein Stück Land den Rottweiler Pulverfabriken für eine hohe Summe verpachtet, da wurde in Außenbezirken die Jagd an reiche Hamburger abgetreten, die aus Snobismus gern Sachsenwalder Hirschgeweihe an ihre Wände hängen wollten; da wurden die Bäche durch Einsetzen von Forellen ertragreich gemacht; da wurde ein Sägewerk mit besonderem Imprägnierungsverfahren gegründet, aus dem die Städte, die sich bei Bismarck anschustern wollten, ihr Holzpflaster bezogen. Der Fürst freute sich, wie seine Einnahmen wuchsen und schenkte Lange immer größeres Vertrauen. Nur an eine Aufbesserung des kärglichen Gehalts des Oberförsten mit seinen fünf Kindern dachte er nicht.

Ein einziges Mal hat mir Lange sein Herz ausgeschüttet. Wir hatten wieder einmal in seinem gastfreien Heim gemütlich ein paar Flaschen Wein – er war Rheinländer – zusammen geleert. Da brach es aus ihm heraus: »Eigentlich ist es eine Sünde und eine Schande meinen Kindern gegenüber, daß ich für das Lumpengehalt nur andern die Einnahmen erhöhe. Wenn es nicht gerade Bismarck wäre!... Aber kann man sich von Bismarck trennen?«

Das Verhältnis zwischen Lange und dem Fürsten hat ja schließlich einen sehr unerfreulichen Abschluß gefunden. Als

Lange wegen Alters und Arbeitserschöpfung um seine Pensionierung einkam, erklärte der Fürst, der ihm finanziell so Außerordentliches zu verdanken hatte: »Entlassung – ja, Pension – nein!« Dabei blieb es, und Lange mußte klagen. Der Prozeß wurde durch den Tod des Fürsten unterbrochen, worauf Herbert Bismarck einen Vergleich schloß, um den Skandal aus der Welt zu schaffen.

Lange führte mich nicht nur durch die herrlichen dunklen Dome des Sachsenwaldes, er zeigte mir auch das Schloß von oben bis unten. Am Schlafzimmer des Fürsten frappierte mich die spartanische Einfachheit. Ein einziges Bild zierte es, das Professor Schweningers, den der Fürst als seinen Lebensretter ansah. Besonders interessant waren die Keller. Sie strotzten geradezu von Eß- und Trinkwaren. Wer weiß, wie viele Kisten waren überhaupt noch nicht ausgepackt. Die herrlichsten Weise und Liköre in Flaschen und Fässern mußten selbst einen Abstinenten in Versuchung führen.

»Alles Geburtstagsgeschenke!« erläuterte Lange. »Es läuft so viel ein, daß wir Getränke überhaupt nicht mehr zu kaufen brauchen. Und mit Schinken und Käse sind wir auf Jahre eingedeckt.«

»Revanchiert sich denn der Fürst manchmal?« fragte ich naiv.

»Da kennen Sie den Alten schlecht. Den Menschen soll man erst einmal auftreiben, der sich rühmen kann, von ihm ein Geschenk erhalten zu haben. Vor kurzem sagte er mir einmal, es kämen so viele Deputationen mit Ehrengaben, die ihn dann immer bäten, ihnen ein Andenken an Friedrichsruh mitzugeben. Was er da machen solle? Er könne, ohne sich zu ruinieren, doch nicht all den Deputationen Geschenke machen. Ich riet ihm, jeder Deputation eine Eiche aus dem Sachsenwalde übergeben zu lassen, natürlich eine ganz kleine. Da, wo die Eichenjugend zu dicht stehe, müsse ja doch durchforstet werden. Das koste ihn gar nichts und mache dabei einen sehr guten Eindruck. Die mitgenommenen Eichen würden überall in Deutschland als Bismarckeichen eingepflanzt werden und so das Andenken an den Sachsenwald und seinen Herrn verewigen.«

Das war so recht ein Vorschlag nach dem Herzen des Alten: kostete nichts und machte doch Freude! Da fanden sich der Realpolitiker Bismarck und der Realist Lange wieder einmal zusammen. Von nun an ging keine Deputation mehr leer nach

Hause. Der Sachsenwald wurde von überflüssigen Eichenjünglingen gereinigt, und die Bismarck-Eichen in Deutschland vermehrten sich rapide.

Durch Oberförster Lange wurde ich dem Fürsten auch einmal im Garten vorgestellt. Er war höflich, beschränkte sich aber während des zehn Minuten dauernden Gespräches auf nebensächliche Bemerkungen über die Familie von Gerlach, auf die er wegen seiner Feindschaft gegen den alten Legitimisten Ludwig von Gerlach ziemlich schlecht zu sprechen war. Übrigens sah er in mir als Verwaltungsbeamten den Vertreter einer Regierung, mit der er auf Kriegsfuß lebte.

Der Landrat selbst wurde nie von ihm eingeladen, sondern kam nur bei der offiziellen Gratulationscour am 1. April. Als er von ihr während meines Ratzeburger Aufenthaltes zurückkam, berichtete er mir schmunzelnd: »Ich habe den Fürsten überhaupt nicht zu Gesicht bekommen. Mit mir warteten eine Menge Leute auf den Empfang. Plötzlich erschien Schweninger und verkündete: Schluß für heute mit dem Gratulieren! Durchlaucht hat bereits drei Flaschen Sekt intus, da er jeder Deputation Bescheid tun wollte. Die Sache muß ein Ende haben! Beim Frühstück wird doch wieder getrunken!« Schweninger war ein gestrenger Leibarzt. Mehr als drei Flaschen Sekt am Vormittag schienen ihm vom Übel. Ihm fügte sich der Fürst. Ihm als einzigem Menschen auf der Erde.

In sehr unangenehme Situation geriet der Kreis oft durch die diktatorischen Eingriffe Bismarcks. Aus der Fülle von Fällen, die mir Erblandmarschall von Bülow-Gudow, das angesehenste Mitglied unseres Kreistages, zu berichten wußte, seien nur zwei erwähnt.

Das große Kreisvermögen wurde noch viele Jahre hindurch, nachdem das Land von Dänemark an den König von Preußen abgetreten worden war, durch die alte Standesvertretung der Großgrundbesitzer, Landschaft genannt, verwaltet. Vorsitzender der Landschaft waren die beiden Konservativen alten Stils, Erblandmarschall von Bülow-Gudow und Kammerherr von Witzendorff-Seedorf.

Zwischen dem Fürsten und dem Kreise hatte sich ein Konflikt entwickelt. Dem Kreise gehörte ein See, der an den Bismarckschen Besitz stieß. In dem See hatte sich eine Insel im Werte von 5000 Mark gebildet. Auf sie erhob Bismarck ganz unbegründeterweise Anspruch. Als der Kreis natürlich die Abtretung verweigerte, erschien im Auftrage Bismarcks ein damals häufig von ihm verwendeter Unterhändler namens Posselt bei den Herren von Witzendorff und von Bülow. Es entspann sich folgendes Gespräch:

Posselt: Erhebt die Landschaft Anspruch auf diese Insel?

von Witzendorff: Natürlich! Sie liegt ja in einem See, der ihr seit 200 Jahren gehört.

Posselt: Aber der Fürst will sie haben.

von W.: Das ist uns gleichgültig.

Posselt: Nun, dann dürfte Mölln seine Garnison verlieren!

In damaliger Zeit spielte die Garnison für die kleinen Städte ohne Industrie eine ausschlaggebende Rolle. Die Mehrzahl der Bürger lebte von ihr. Mölln, übrigens der Begräbnisort Till Eulenspiegels und die Stätte eines Till-Eulenspiegel-Museums, war entzückend gelegen, aber fast ohne andere Erwerbsmöglichkeit als die dort garnisonierende Artillerieabteilung. Die Ausführung der Drohung Bismarcks bedeutete seinen Ruin.

Das sah die Landschaft sofort ein. Schleunigst trat sie durch feierlichen Beschluß die Insel an Bismarck ab. Die Herren von Witzendorff und von Bülow wurden delegiert, um dem Fürsten das Geschenk zu überbringen. Er empfing sie höchst ungnädig ohne ein Wort des Dankes. Ihn ärgerte, daß er als Geschenk erhalten sollte, was er, wenn auch zu Unrecht, aus eigenem Recht in Anspruch nahm.

Auch in dem zweiten Fall spielte die Möllner Garnison die ausschlaggebende Rolle. Die Landschaft besaß von früher her inmitten der Bismarckschen Forsten ein Amtshaus, das Bismarck zu einem Forsthause für sein Personal geeignet schien. Wieder trat Herr Posselt in Aktion. Er erklärte, die Landschaft solle das Forsthaus dem Fürsten abtreten, der dafür den Pastoren wieder Brennholz aus dem Sachsenwald liefern werde. Dazu war er nämlich durch Herkommen verpflichtet. Er hatte aber plötzlich die Lieferung ohne Angabe von Gründen eingestellt. Die Landschaft sah nicht ein, was das ihr gehörige Amtshaus mit dem den Pastoren zu Unrecht vorenthaltenen Holz zu tun habe und weigerte sich, auf die ihr zugemutete Beraubung einzugehen. – Da erschien in einer Berliner Zeitung eine offensichtlich offiziös inspirierte Notiz, Mölln werde wohl demnächst seine Garnison verlieren.

Die Landschaft beschloß einmütig, dem Fürsten das Landhaus zu schenken. Übrigens hat später Mölln seine Garnison doch verloren. Aber nicht wegen mangelnder Gefügigkeit des Kreises gegenüber Bismarckschen Wünschen. Es hatte den

Verlust ganz allein sich selbst zuzuschreiben. Wiederholt hatte die Mehrheit seiner Bürger freisinnig gewählt. Die Garnisonen wurden aber damals nicht nur nach militärischen, sondern vor allem nach politischen Gesichtspunkten verteilt. Zuckerbrot und Peitsche!

Nicht nur die Kreisbehörden, auch die Staatsbehörden hatten es nicht leicht, wenn Bismarcks persönliche Interessen in Frage kamen. Auf Friedrichsruher Gebiet lag in Düneberg die Zweigniederlassung der Rottweiler Pulverfabriken, an deren Betriebsergebnis Bismarck laut Vertrag finanziell interessiert war. Die Fabrik bekam aus Schleswig eine Verfügung wegen Verbesserung des Arbeiterschutzes. Das hätte ihr natürlich Kosten verursacht. Sie wandte sich beschwerdeführend an Bismarck. Der intervenierte bei der Regierung, worauf die Verfügung aufgehoben, der Dezernent strafversetzt und der nur kommissarisch angestellte Techniker, auf den die Verfügung zurückging, kurzerhand entlassen wurde. So berichtete mir der Geheime Medizinalrat Dr. Bockendal von der Schleswiger Regierung, indem er hinzufügte, daß bald nach diesem Vorfall bei der Pulverfabrik Düneberg ein schweres Betriebsunglück passiert sei.

Als ich diese Geschichte einmal meinem alten Freunde, dem Oberverwaltungsgerichtsrat und konservativen Abgeordneten Hahn erzählte, unterbrach er mich lachend: »Ja, Bismarck, immer derselbe! Denken Sie, was ich mit ihm erlebt habe! Ich hatte an einem Erkenntnis des Oberverwaltungsgerichts mitgewirkt, das die Varziner Papierfabrik betraf. Sie steht ja auf Bismarckschem Boden. Wir hatten im öffentlichen Interesse der Fabrik gewisse Betriebsveränderungen auferlegt. Als ich zufällig in die Nähe von Varzin geriet, kam ich auf den Gedanken, mir einmal den nach den neuen Vorschriften eingerichteten Betrieb anzusehen. Ich gehe hin und – sehe, daß alles im alten Zustand geblieben war. Das Erkenntnis des Oberverwaltungsgerichts war einfach nicht ausgeführt worden. Ich erkundigte mich und erfahre: das ist auf Bismarcks direktes Eingreifen hin geschehen!«

Bismarck war groß, wenn er Subjekt der Gesetzgebung war. Wo er aber ihr Objekt wurde, da gaben seine persönlichen Interessen den Ausschlag. Der Riese war eben auch ein Riese an Egoismus.

13. Kapitel
Wie Bismarck Beamte vertrieb

Der Leutnant war das Rückgrat des Kaiserreichs, der Landrat das Rückgrat des Königtums Preußen. Oberste Amtspflicht war für ihn, Preußen konservativ zu erhalten. Darum bildete zwar nicht das Assessorexamen, wohl aber die konservative Gesinnung einen integrierenden Bestandteil des landrätlichen Befähigungsnachweises. Nur westlich der Elbe wurden ein paar nationalliberale Konzessionsschulzen zugelassen.

Die Karriere eines Landrats hing in der Hauptsache von der politischen Vertretung seines Kreises ab. Gelang es ihm, einen früher durch Zentrum oder gar durch Freisinn vertretenen Kreis für die Konservativen zu gewinnen, so war seine Tüchtigkeit erwiesen. Der Weg nach oben war für ihn frei. Mit welchen Mitteln der Wahlerfolg der Rechten errungen worden war, kümmerte die Regierung recht wenig. Nur öffentliche Skandale mußten vermieden werden. Raub am Wahlrecht galt als staatserhaltende Tat, falls der amtliche Räuber sich nicht erwischen ließ.

Im Kreise Herzogtum Lauenburg, den ich als Regierungsreferendar und auch kurze Zeit als Regierungsassessor amtlich mitbetreuen durfte, tat ich tiefe Einblicke in die Wahlmache hinter den Kulissen. Statt allgemeiner Betrachtungen ist vielleicht eindrucksvoll die gründliche Schilderung eines charakteristischen Spezialfalles.

Bis 1880 war Landrat in Ratzeburg, der Hauptstadt des Kreises, der königliche Kammerherr Graf Andreas Bernstorff, Schloßherr auf Stintenburg an dem bezaubernd schönen Schaalsee. Seine Geistesgaben und seine Fachkenntnisse waren bescheiden, um so überragender aber seine Leistungen in evangelischer Orthodoxie. Er hieß deshalb allgemein im Kreise wie in Berlin der heilige Andreas. Seine Stellung bei Hofe, wo man kirchliche Rechtgläubigkeit zu schätzen wußte, war stark.

Bismarck, dessen herzoglicher Besitz im Kreise Lauenburg lag, schätzte ihn weniger. Der heilige Andreas war nämlich ein überaus anständiger Mann, der aus religiösen Gewissensbedenken sich zu keiner unsauberen Wahlmache hergab.

Infolgedessen war der Wahlkreis in den siebziger Jahren durch einen Fortschrittler vertreten. Bismarck aber haßte bekanntlich die Fortschrittler noch mehr als die Soziamdemokraten. Die Mehrzahl der Wähler des Kreises war bürgerlich-demokratisch gesinnt. Und wählte dementsprechend als ihren Vertrauensmann den Großbauern Berling, der aus der dänischen Zeit her den Titel »Kammerrat« führte.

Berling, mit dem ich mich im Kreisausschuß und in den gemütlichen Nachsitzungen angefreundet hatte, war ein prachtvoller Kerl. Er war der Typus jenes niedersächsischen Bauern, die sehr viel gesunden Menschenverstand mit absoluter Unabhängigkeit des Charakters verbinden. Er sah im Junker nicht, wie man das leider so vielfach bei den Bauern des Ostens als Folge der einstigen Erbuntertänigkeit findet, den geborenen Führer, sondern einen Gleichgestellten, dem er sich noch dazu oft durch Sachkenntnis und Begabung überlegen fühlen durfte.

Als damaliger Christlichsozialer war ich politisch natürlich eine Art Gegenpol des Fortschrittlers. Trotzdem fühlten wir uns zueinander hingezogen durch gemeinsame Opposition gegen Bürokratismus und Gouvernementalismus. Er war der erste bürgerliche Demokrat, mit dem ich gesellschaftlich in Berührung kam. Manche der mir anerzogenen Vorurteile gegen die Fortschrittler gerieten damals ins Wanken.

Bismarck empfand es als persönliche Kränkung, daß der Wahlkreis, in dem er wohnte, von einem Fortschrittler vertreten war. Er führte das auf die mangelnde Wahlschneidigkeit des Grafen Bernstorff zurück. Und grollte: »Mit dem Heiligen werden wir den Berling nie los.«

Der »heilige Andreas«, der Lauenburger Landrat Graf Bernstorff, sollte nun durch ein geeigneteres Instrument preußischer Wahlmache ersetzt werden. Aber wie? Man konnte den braven Grafen doch nicht maßregeln, weil er die Gesetze zu peinlich beachtet hatte. Folglich mußte er die Treppe hinauf befördert werden.

Natürlich konnte für einen so frommen Mann nur das Ministerium der geistlichen, Schul- und Medizinalangelegenheiten (so hieß damals amtlich das Kultusministerium) in Frage kommen. Leider war gerade kein Posten frei. Aber über Zwirnsfäden ist Bismarck nie gestolpert: haben wir keinen Platz, so schaffen wir einen! Er ließ eine neue Stelle im Kultusministerium einrichten. Mit Arbeit war sie nicht überladen. Bernstorff erzählte mir selbst, daß er täglich nur zwei Stunden zu tun habe. Aber die Hauptsache war: Bismarck war den Mann mit den Gewissensbedenken los.

Die Bahn war frei für den »Tüchtigen«. Als solchen sah Bismarck einen Herrn von Bennigsen-Förder an. Der war als Rittergutsbesitzer pleite gegangen. Aber da er einen schönen Namen und dadurch angenehme Beziehungen hatte, so war er zum kommissarischen (das heißt bezahlten) Amtsvorsteher in der Nähe von Friedrichsruh gemacht worden. In dieser amtlichen Eigenschaft hatte er sich, unbeschwert durch verwaltungsrechtliche Kenntnisse, einen Geniestreich geleistet. Als ein Zug mit jüdischen Rückwanderern aus Amerika von Hamburg nach Preußen kam, hielt er ihn auf offener Strecke an und zwang ihn zur Rückkehr nach Hamburg. Kein Gesetz gab ihm das Recht zu solchem Vorgehen. Aber der Erfolg war auf seiner Seite. Bismarck sagte sich: Das ist mein Mann! Kaum war Herr von Bennigsen-Förder in Ratzeburg installiert, so begann eine eifrige Verschwörertätigkeit zwischen Ratzeburg und den hohen Regierungsstellen in Schleswig. Es handelte sich darum, bei den nahe bevorstehenden Reichstagswahlen von 1881 Berling aus dem Sattel zu heben.

Mitte Oktober 1881 traf ein Telegramm des Schleswiger Oberpräsidenten in Ratzeburg ein: »Schießen Sie los!« Herr von Bennigsen-Förder schoß. Und zwar eine Stinkbombe. Amtlich wurde vom Landratsamt nachstehendes Flugblatt verbreitet:

»Für alle diejenigen, welche im guten Glauben bisher der Führung des Herrn Berling zu Büchen und seiner Anhänger gefolgt sind, wird es von besonderem Wert sein,... daß Herr Berling nicht nur

1. in der Zeit vor dem Kriege 1848 in der öffentlichen Meinung des allerbedenklichsten Kredits genoß, namentlich vielfach verbrecherischer Handlungen bezichtigt wurde,
2. im Jahre 1848 und später als Spion der dänischen Regierung, von der er sich in charakteristischer Weise den Titel als Kammerrat zu verschaffen gewußt hatte, gegen seine Lauenburger Landsleute galt, –
3. sich des zweifelhaften Rufs erfreut, sich als Kassenbeamter bei dem Umtausch von Münzen in pflichtwidriger Weise bereichert zu haben, –

sondern auch geradezu belastet erscheint:

1. der Verübung einer Reihe von unredlichen und betrügerischen Handlungen als Fuhrunternehmer bezw. Beihilfe bei verschiedenen Betrügereien, welche von Koppelknechten in bezug auf Pferdetransporte in seinem Gasthause zu Büchen verübt wurden,

2. der Ausstellung unrichtiger Quittungen als Postmeister, durch welche Geldbeträge, welche seitens der Landesregierung für Unterbeamte gezahlt wurden, in seine Tasche flossen...
Ratzeburg, den 25. Oktober 1881.

Der königliche Landrat
von Bennigsen-Förder.«

Das Flugblatt war vom ersten bis letzten Wort erfunden und erlogen. Jeder im Kreise kannte Berling. Jeder, auch jeder politische Gegner wußte, daß er Ehrenmann vom Scheitel bis zur Sohle war. Deshalb zweifelte niemand auch nur eine Sekunde an ihm. Das manoeuvre de la dernière heure, wie die Franzosen solche Wahlinfamien der letzten Stunde zu nennen pflegen, wandte sich gegen seinen eigenen Urheber. Berling wurde mit glänzender Mehrheit wiedergewählt.

Natürlich wünschte er gerichtliche Sühne. Aber bei einem Prozeß wäre es nicht nur dem Landrat, sondern auch seinen Hintermännern schlecht gegangen. War nicht der Oberpräsident der Anstifter des verleumderischen Flugblattes? Gab es nicht Mitschuldige noch höher hinauf?

Der Prozeß mußte um jeden Preis vermieden werden. Der nationalliberale Führer Rudolf von Bennigsen legte sich ins Zeug. Und Berling war gutmütig genug, sich mit zwei Ehrenerklärungen zu begnügen. Der Landrat mußte im Kreisblatt bekanntgeben:

»Ich habe unter dem 25. Oktober v. J....« usw.

»Seitdem an mich herangetretene unwiderlegliche Beurkundungen haben mir aber die Überzeugung verschaffen müssen, daß alle diese Beschuldigungen im ganzen und im einzelnen vollständig unbegründet sind und in nichts zerfallen.« usw.

Als Landrat war Herr von Bennigsen-Förder selbst im alten Preußen unmöglich geworden. Bismarck soll jedoch dafür gesorgt haben, daß er durch den Posten eines Zuchthausdirektors entschädigt wurde. So konnte er seinen Lebensabend in einem ihm vielleicht adäquateren Milieu verbringen.

Die amtliche Wahlmache war im alten Preußen obligatorisch. Herr von Bennigsen-Förder hat es nur ein bißchen zu plump angefangen.

14. Kapitel
Bismarck als Steuerzahler

Auch die größten Männer pflegen ihre sehr kleinen Seiten zu haben. Bismarcks Bedeutung als Staatsmann wird nicht ein Atom vermindert, wenn in seinem Privatleben noch so unerfreuliche Sachen passiert sind. Aber gerade weil Bismarcks politische Größe unerschütterlich feststeht, unterliegt es keinem Bedenken, Dinge aus seinem Leben bekanntzugeben, die beweisen, daß es auch bei dem Heros menschelte. Gerade den Kreisen gegenüber, die am Kaiserreich alles gut und an der Republik alles schlecht finden, ist es sogar dringend nötig, darauf hinzuweisen, in wie peinlicher Weise Bismarck oft seinen amtlichen Einfluß in seinem Privatinteresse eingesetzt hat.

In dem Kreise Herzogtum Lauenburg, in dem Bismarcks Hauptwohnsitz Friedrichsruh lag, wußte man ein Lied davon zu singen. Der Kreis nahm eine Sonderstellung unter allen andern preußischen Kreisen ein. Als 1865 Schleswig-Holstein zwischen Preußen und Österreich aufgeteilt wurde, blieb das Herzogtum Lauenburg übrig. Es wurde deshalb dem König von Preußen als persönlicher Besitz überwiesen und blieb solcher bis 1876, wo der Kreis endlich in Preußen aufging.

Dank seiner Sonderstellung bis 1876 hatte der Kreis die Domänen und Forsten, die sonst in Preußen dem Fiskus gehören, als Kreiseigentum behalten. Allerdings hatte er dafür die Verzinsung und Amortisation der 2½ Millionen Taler, den Wilhelm I. als Kaufpreis für den Kreis zahlen mußte, übernehmen müssen. Der Kreis war also Großeigentümer und Großschuldner zugleich. Immerhin überwogen die Aktiva derart, daß die Kreisangehörigen, deren reichster Fürst Bismarck mit dem Sachsenwalde war, jahrzehntelang keine Kreissteuern zu bezahlen brauchten.

Dieser idyllische Zustand erreichte sein Ende, als gerade in Ratzeburg Herr von Dolega-Kozierowski als neuer Landrat sein Amt angetreten hatte. Er mußte deshalb vom Kreistag die Einführung einer Kreissteuer beschließen lassen. Die Kreisausgaben waren nämlich durch neue Gesetze erheblich gesteigert worden. Wenige Wochen nach dem Beschluß über die Kreissteuer bekam Landrat von Dolega-Kozierowski von seinem höchsten Vorgesetzten, dem Minister des Innern von Puttkamer, übrigens einem Vetter Bismarcks, ein Telegramm, er solle sofort nach Berlin kommen, um sich wegen eines Verstoßes gegen die Kreisordnung zu verantworten. Sehr beunruhigt dampfte er mitsamt der Kreisordnung nach Berlin. Aber auch das eifrigste Studium gab ihm noch keinen Schimmer, was er eigentlich ausgefressen haben sollte.

Puttkamer, unglaublich reaktionär, aber persönlich ein netter Kerl, empfing ihn lachend: »Na, was machen Sie für Geschichten? Bismarck hat sich über Sie beschwert. Sie sollen bei der Einführung der Kreissteuer die Kreisordnung falsch angewandt haben.« Nun gingen Kozierowski mit einem Mal die Augen auf. Er war noch nicht lange in Ratzeburg. Aber das hatte er schon in den ersten Wochen gelernt: Steuerzahlen war des großen Mannes schwächster Punkt. Daran hatte er bei der Einführung der Kreissteuer nicht gedacht! Aber der Knüppel hatte ja auch beim Hund gelegen: ohne Kreissteuer war ein Kreisdefizit unausweichlich. Und das durfte er als gewissenhafter Verwaltungsbeamter doch nicht zulassen.

Es lag kein Verstoß gegen die Kreisordnung, sondern lediglich ein Verstoß gegen Bismarcks Steuerwiderwillen vor. Das setzte er mit zwingender Logik seinem hohen Chef auseinander. Aber Puttkamer, dem viel weniger an den Gesetzen als an dem Wohlwollen seines allmächtigen Vetters lag, ließ sich auf keine sachlichen Auseinandersetzungen ein: »Es kommt nur auf eins an: Der Reichskanzler will keine neuen Steuern zahlen. Seiner Beschwerde muß stattgegeben werden. Er darf nie wieder etwas von dieser Steuer hören.«

Tiefbekümmert fuhr Kozierowski nach Ratzeburg zurück. Er hatte durchaus gesetz- und pflichtgemäß gehandelt. Trotzdem, seine amtliche Laufbahn war erledigt, wenn er keinen Ausweg fand. Kozierowski, mit dem ich solange zusammengearbeitet habe, war kein Genie. Aber damals durchzuckte ihn ein Genieblitz: das Defizit des Kreises ist ohne Steuer gedeckt, wenn wir die Amortisationsquote für die 2½-Millionen-Taler-Schuld herabsetzen! Also geschah es. Alle in Frage kommenden Instanzen stimmten dieser Lösung zu.

Kozierowski aber galt seitdem in den Regierungskreisen als besonders befähigter Verwaltungsbeamter. Diesem unverdienten Ruf verdankte er seine Beförderung zum Regierungspräsidenten in Schleswig. Als solcher blamierte er sich so heillos bei der politischen Maßregelung Lothar Schückings, des Bürgermeisters von Husum, daß seine amtliche Laufbahn ein jähes Ende fand.

Als ich, der ich sechs Monate als Regierungsreferendar den Kreis Herzogtum Lauenburg befruchtet hatte, als Regierungsassessor dorthin zurückkehrte, wurde mir der Vorsitz in der Steuerveranlagungskommission übertragen. Bei der Übergabe der Akten hielt mir der Landrat nachstehende kleine Rede: »Auf eins möchte ich Sie besonders aufmerksam machen. Zu unseren Zensiten gehört natürlich Bismarck. Sie werden sich vielleicht über die Kürze seiner Steuererklärung, vor allem aber über die Niedrigkeit seiner Selbsteinschätzung wundern. Trotzdem bitte ich dringend, ihn nicht mit Rückfragen zu belästigen oder gar seine Steuererklärung zu beanstanden. Das würde ihn entsetzlich aufregen. Sie wissen, wie er über Steuerzahlen denkt. Warum soll man auf einen Mann wie ihn nicht diese Rücksicht nehmen? ›Oben‹ ist man damit übrigens auch einverstanden. Natürlich glaubt jedermann, daß sein Einkommen höher ist. Aber ich habe gehört, daß er gewisse Kapitalien seinen Söhnen abgetreten habe. So können wir unser amtliches Einschätzungsgewissen beruhigen.«

Ich war also wohl vorbereitet. Trotzdem bekam ich einen Schrecken, als ich Bismarcks Steuererklärung in die Hand bekam. Sie enthielt nur ein paar nackte, dafür um so niedrigere Zahlen. Alle vom Gesetz vorgeschriebenen näheren Ausführungen fehlten. Über die Einkommensverhältnisse des Fürsten, der außer seiner Pension die riesigen Besitzungen in Varzin, in Schönhausen, in Friedrichsruh, im Kreise Stormarn, all die industriellen Anlagen und dazu das von Bleichröder verwaltete Mobiliarvermögen besaß, war ich durch meine Freundschaft mit seinem Oberförster Lange einigermaßen unterrichtet. Auf den ersten Blick sah ich den riesigen Abstand zwischen den Angaben der Steuererklärung und der Wirklichkeit.

Als ich die Steuererklärung meiner Kommission vorlegte, lächelten sich die Herren verständnisinnig zu. »Wünscht jemand das Wort?« »Nein!« »Sollen wir uns mit der Steuererklärung begnügen?« »Ja.« Damit war die Sache erledigt. Materiell natürlich rechtswidrig erledigt. Als Vorsitzender hätte ich Einspruch erheben müssen. Ich habe mich einer Pflichtverletzung schuldig gemacht, aber noch steckte mir der Kadavergehorsam des preußischen Verwaltungsbeamten seinen Vorgesetzten gegenüber zu tief in den Knochen.

Wie sehr sich alles, aber auch alles vor Bismarck beugte, wenn seine Steuerscheu in Frage kam, dafür erzählte mir einmal der fortschrittliche Reichs- und Landtagsabgeordnete Berling ein interessantes Beispiel: Bismarck hatte als Dotation für den Siebziger Krieg den Sachsenwald erhalten. Daraufhin bekam er 1872 von der Regierung in Schleswig die Aufforderung, jährlich 1500 Mark Grundsteuer zu bezahlen. Er beantwortete weder das Schreiben, noch bezahlte er einen Pfennig Steuer. Aber die Regierung beruhigte sich dabei! Sie traute sich einfach nicht, gegen den Mächtigen vorzugehen! Als im Jahre 1876 Lauenburg, das bis dahin mit Preußen nur durch Personalunion verbunden war, dem preußischen Staatsgebiet einverleibt wurde, da wurde eine allgemeine Regulierung der Grundsteuer vorgenommen. Von da an mußte auch Bismarck Grundsteuer bezahlen. Er erhielt jedoch, als Entschädigung dafür, daß er zu Unrecht seit 1872 keine Grundsteuer gezahlt hatte, die Summe von 18000 Mark ausgezahlt! Berling könnte wegen seiner politischen Gegnerschaft als nicht klassischer Zeuge angesehen werden. Aber abgesehen davon, daß ich den Mann, mit dem ich amtlich so viel zu tun hatte, niemals auf der kleinsten Unwahrheit ertappt habe, so wohnten der Erzählung der konservative Landrat, der konservative Erblandmarschall von Bülow und der Oberförster Lange bei. Hätte Berling sich nicht an die Wahrheit gehalten, so hätten die Herren widersprechen müssen und es auch bestimmt getan.

Als der preußische Finanzminister Scholz ein neues Einkommensteuergesetz ausgearbeitet hatte, ließ es Bismarck daraufhin prüfen, wie es sich auf seine eigenen Steuerpflichten auswirken würde. Und als das Ergebnis sich herausstellte: Bismarck müßte mehr als bisher zahlen, wies er es mit der Randbemerkung »Schweinerei« zurück.

Als aus dem fürstlichen Schloß ein Sofa zur Neuaufpolsterung nach Hamburg gegangen war, mußte dafür bei dem Rücktransport Zoll bezahlt werden. Bismarck, der die Haushaltsrechnungen persönlich kontrollierte, war empört. Er hatte bisher den Zollausschluß Hamburgs vertreten. Jetzt war er von dem Zollanschluß überzeugt.

Sogar persönliche Unbequemlichkeiten scheute er nicht, wenn es galt, sich neue Steuern zu ersparen. Als Schulpatron und Hausvater gehörte er der in der Nachbarschaft von Friedrichsruh gelegenen Schulgemeinde Aumühle an. Nach einem preußischen Gesetz, für das Bismarck als preußischer Ministerpräsident die Hauptverantwortung trug, war die Maximalzahl der Schüler für einen Lehrer auf 80 begrenzt. Aumühle war jedoch stark gewachsen, so daß dort über 100 Schüler auf einen einzigen Lehrer entfielen. Die Regierung verlangte deshalb die Anstellung eines zweiten Lehrers. Wegen der erhöhten Kosten weigerte sich die Schulgemeinde. Im Auftrage der Regierung beraumte der Landrat eine Schulvorstandssitzung an, um endlich dem Gesetz Respekt zu verschaffen.

Als der Landrat in Aumühle in der Schule eintraf, fand er dort zu seinem Erstaunen im Kreise der Aumühler Bauern den Fürsten Bismarck, der damals noch aktiver Reichskanzler und Ministerpräsident war. Nachdem der Landrat dargelegt hatte, daß es sich einfach um die Ausführung eines bestehenden Gesetzes handele, opponierte Bismarck als »Schulpatron und Hausvater« auf das energischste. Der zweite Lehrer koste unnötiges Geld. Wenn es bisher mit einem gegangen sei, werde es auch in Zukunft gehen. Es sei nicht nötig, daß die Kinder mehr als bisher lernten.

Das war Wasser auf die Mühle der Aumühler Bauern! Einstimmig wurde der zweite Lehrer abgelehnt. Bismarck als Schulpatron und Hausvater hatte sich eine kleine Ausgabe erspart. Daß er ein von ihm als Ministerpräsident auszuführendes preußisches Gesetz sabotiert hatte, genierte ihn nicht. Landrat und Regierung waren blamiert. Aber die Hauptsache war erreicht: Bismarck brauchte nicht mehr als bisher zu zahlen. Da mußten natürlich die Interessen der Volksbildung zurücktreten.

Wie Bismarck selbst seinem Haß gegen die Sozialdemokratie gewisse Zügel anzulegen wußte, wenn sein eigenes Geld dabei in Frage kam, berichtete mir der Geheime Regierungsrat Tetens von der Schleswiger Regierung eine sehr charakteristische Geschichte. Zur Zeit des Sozialistengesetzes gehörte Friedrichsruh zu dem Gebiet des über Hamburg verhängten Kleinen Belagerungszustandes. Das besagte, daß jeder Sozialdemokrat aus diesem Gebiet ohne weiteres ausgewiesen werden durfte. Nun arbeitete bei der Bismarckschen Holzschneiderei in Friedrichsruh ein Mann, der sich als sozialdemokratischer Agitator entpuppte. Die Regierung in Schleswig hatte nichts Eiligeres zu tun, als ihn auszuweisen, zumal sie damit dem Fürsten einen persönlichen Gefallen zu erweisen glaubte. Der Mann zog nach dem benachbarten Schwarzenbeck, das nicht mehr zum Bereich des Belagerungszustandes gehörte, fand dort aber keine Arbeit. Deshalb mußte die Gutsverwaltung von Friedrichsruh, wo er den Unterstützungswohnsitz hatte, für ihn Armengeld bezahlen.

Das entdeckte natürlich Bismarck, als er die vierteljährliche Gutsabrechnung prüfte. Er ließ sich den Oberförster Lange kommen und forderte Aufklärung. Als er sie erhalten hatte, polterte er los: »Was, für den Kerl soll ich bezahlen? Er muß zurück.«

»Aber, Durchlaucht, der Mann ist Sozialdemokrat; er kann Ihre Arbeiter verführen.«

»Ich zahle nicht, die Ausweisung muß rückgängig gemacht werden.«

Lange berichtete sofort in diesem Sinne nach Schleswig. Dort fügte man sich natürlich. Bismarcks Wunsch war Befehl. Die Ausweisung wurde rückgängig gemacht. Triumphierend hielt der sozialdemokratische Agitator seinen Einzug in Friedrichsruh. Jetzt konnte er in voller Gemütsruhe für die im Sozialistengesetz verfemte Partei unter den Augen des Vaters dieses Gesetzes werben.

15. Kapitel
Wie ich Antisemit wurde

Im Winter 1885 wohnte ich dem Reichsgründungskommers des V. d. St. (Vereins Deutscher Studenten) in Leipzig bei. Hofprediger Adolf Stöcker war der Festredner. Er begann: »Liebe junge Freunde! Wie Sie hören, bin ich stockheiser. Ich kann nur noch krächzen. Aber ich will krächzen wie die Raben vom Kyffhäuser von des Reiches Herrlichkeit!« Diese ersten Worte, die aus Stöckers Munde kamen, blieben eingemeißelt in mein junges Gehirn. Waren sie doch für mich das erste Zeugnis von einer Redegabe, wie sie seit Lassalle in Deutschland nicht wieder aufgetreten war. Wie unerhört bildhaft konnte dieser Mann sprechen! Als der Pfarrer an der Berliner Sophienkirche, Walter Burckhardt, im Alter von 27 Jahren gestorben war, hielt ihm Stöcker die Leichenrede. Burckhardt, schön wie ein junger Gott und hochbegabt, war der Lieblingsschüler des von ihm schwärmerisch verehrten Meisters gewesen. Stöcker, der kinderlose Mann, richtete den Blick auf den Sarg: »Er war mir wie ein Sohn, in meiner Arbeit meine rechte Hand. Die ist nun abgehauen.« Da brach dem harten Mann die Stimme. Der ganzen Versammlung stand das Herz still und gingen die Augen über. Redegabe ist bekanntlich selten in Deutschland. Stöcker besaß sie in ihrer wertvollsten Ausprägung: immer in der dem Milieu angepaßten Form sprechen zu können. Auf der Kanzel oder beim Festmahl, am Grabe oder am Taufbecken, in der Synode oder im Parlament, in der von Gegnern gefüllten Volksversammlung oder vor den getreuen Schäflein eines Missionsvereins – stets war seine Rede der Hörerschaft adäquat.

Vielfach wurde behauptet, Stöcker habe bei einem großen Schauspieler Unterricht in der Redekunst genommen. Bei ihm war nämlich in der Tat alles in Einklang: Inhalt der Rede, Haltung, Geste, Miene, Stimme. Aber das war kein Kunstprodukt. Dieser Mann brauchte keine rednerische Unterweisung. Alles war Natur, beherrschte Natur. Darum wirkte es überwältigend, daß selbst im skeptischen Parlament alles wie gebannt an seinem Munde hing.

Man konnte Stöcker hassen, man konnte ihn lieben, gleichgültig konnte ihm gegenüber niemand bleiben. Ein Jahrzehnt hindurch habe ich ihn geliebt. Immer, wenn ich wankend zu werden begann, schlug mich die Betörung seiner Rede wieder in Bann. Wenn ich noch so sehr an einer seiner politischen Kundgebungen Anstoß genommen hatte – saß ich dann am Sonntag unter seiner Kanzel in der Stadtmissionskirche, so wurden meine Sinne wie benebelt. Verzaubert blieb ich im Zauberberg.

Sonntag abend aber wußte Stöcker das Letzte, was sich an Zweifel im Laufe der Woche bei seinen Anhängern eingestellt hatte, zu zerstören. Er, der durch seine Heirat ein reicher Mann geworden war, hatte ein offenes Haus. Sonntag abend pflegte er an einer reich, wenn auch nicht üppig besetzten Tafel 20 bis 30 seiner Freunde um sich zu sammeln. Namentlich die Jugend war stark vertreten, dazu die Gesinnungsgenossen aus dem Reich, die gerade in Berlin weilten. Dann wurden die Tagesfragen durchgesprochen.

Stöcker war kein Causeur im Stil des Fürsten Bülow, aber ein Erzähler von faszinierendem Reiz, manchmal von drastischer Derbheit, immer von scheinbar grenzenloser Offenherzigkeit. Wir hatten das Gefühl, von ihm in alle möglichen Geheimnisse hinter den Kulissen eingeweiht zu werden. Nichts aber schmeichelt einem jungen Menschen mehr, als wenn er von einer Größe des öffentlichen Lebens ins Vertrauen gezogen zu werden glaubt. Als Redakteur seiner Tageszeitung »Das Volk«, als Vorsitzender der Christlich-Sozialen Partei des 6. Berliner Wahlkreises, als sein Wahlmacher in Siegen, hatte ich alle paar Tage mit Stöcker zu tun. Er hielt mich für ein brauchbares Werkzeug, wie ich oft von Freunden aus dem Lande hörte, die mir von schmeichelhaften Äußerungen Stöckers über mich berichteten. Meine Eitelkeit wurde bedenklich genährt, als ich von einer Unterhaltung mit meinem Großonkel Philipp Kühne in Wanzleben Kenntnis erhielt. Der hatte mich verspottet: »Das ist ein Weltbeglücker mit einem Vogel.« Worauf ihm Stöcker erwiderte: »Hat er einen Vogel, so ist es ein Adler.«

Mit grenzenloser Hingabe hing ich an Stöcker. Was mich noch besonders an ihn fesselte, war die Maßlosigkeit der Angriffe, die gegen ihn gerade in Fällen gerichtet wurden, wo er nach meiner Kenntnis der Dinge ganz im Recht war.

Da war die Affäre mit dem »Scheiterhaufenbrief«, der als Abgrund der Verworfenheit in der ganzen Linkspresse hingestellt worden war. Es war ein Brief, in dem Stöcker seinem Freunde von Hammerstein auseinandersetzte, wie er die »Kreuzzeitung« redigieren solle, um den jungen Kaiser von Bismarck und der 1887 inaugurierten Politik des konservativ-nationalliberalen Kartells abzubringen und für eine reine Rechtspolitik zu gewinnen. Gewiß, mit der Vorschrift der Bibel: »Deine Rede sei ja, ja, nein, nein, was darüber ist, ist vom Übel«, war der Brief nicht in Einklang zu bringen. Aber er war doch nur die Empfehlung einer bestimmten Taktik, und ohne Taktik ist Politik überhaupt nicht möglich. Ehrenrührig war der Brief bestimmt nicht.

Vor allem jedoch empörte mich, daß Stöcker als »Meineidspastor« beschimpft wurde, weil er in einem Prozeß geschworen hatte, einen Mann nie gesehen zu haben, von dem sich herausstellte, daß er einmal in einer Versammlung Stöcker entgegengetreten war. Natürlich war der Eid objektiv falsch. Aber subjektiv daraus Stöcker einen Strick zu drehen, schien mir infam. Wer selbst in Hunderten von Versammlungen gesprochen hat, weiß, wie leicht einem die Erinnerung an nebensächliche Diskussionsreden verlorengehen kann.

Was mich allmählich an Stöcker irremachte und später in offenen Gegensatz zu ihm trieb, waren ganz andere Dinge. Er war ein Demagoge, freilich ein Demagoge hohen Ranges, aber eben doch bereit, die agitatorische Wirkung über die Sache selbst zu stellen. Seine neue Partei hatte er unter dem Namen Christlichsoziale Arbeiterpartei ins Leben gerufen, um die Arbeiter der Sozialdemokratie zu entreißen. Bei den proletarischen Massen versagte seine Beredsamkeit, bei dem proletarisierten Mittelstand zündete sie. Und zwar zündeten bei diesen Handwerkern und Kleinkaufleuten besonders seine, erst nur beiläufigen kritischen Bemerkungen über das Judentum, während seine sozialen Ausführungen meist über die Köpfe hinweggingen.

Da stellte er sich um. Immer breiteren Raum nahm der Antisemitismus in seinen Reden ein, ohne daß er dabei je angeben konnte, was er eigentlich gegen die Juden getan wissen wollte.

Als orthodoxer Christ war er nämlich ein erklärter Gegner des Rassestandpunktes. Viele Jahre hindurch habe ich Stöcker für einen ehrlichen Sozialpolitiker gehalten. Das war es ja gerade, was mich innerlich mit ihm zusammenband. Aber allmählich wurde ich in diesem Punkte an ihm irre. Er war nicht dazu zu bringen, gegen das Sozialistengesetz Stellung zu nehmen, obwohl es doch schreiendste Ungerechtigkeit gegen die Arbeiter war. Er spielte mit dem Gedanken eines Ersatzes des allgemeinen Wahlrechts durch irgendein nebelhaftes Ständewahlrecht. Er weigerte sich, den Kampf gegen das Greuel der Dreiklassenwahl in Preußen aufzunehmen. Er lehnte es vor allem strikte ab, auch nur einen Schritt zugunsten der Landarbeiter zu tun. Für die Mäntelnäherinnen fand er stärkste Worte. Da konnte er ja so gut gleichzeitig die Instinkte der Zuhörer gegen die »jüdischen Konfektionäre« aufpeitschen. Aber die Landproletarier, die noch viel rechtloser und erbärmlicher dastanden – o rühret, rühret nicht daran! Das hätten doch die Junker übel vermerken müssen!

Immer schielte er nach oben. Der Traum seines Lebens war, »das eroberte Berlin den Hohenzollern zu Füßen zu legen«. Die Massen wollte er gewinnen, aber dabei die Gunst des Hofes und der Aristokratie um keinen Preis verlieren. Um seine Stellung als Hofprediger behalten zu können, machte er Kaiser und Kirchenbehörden würdelose Konzessionen. Die Spenden der frommen Edelfrauen brauchte er für seine Stadtmission. Darum durfte er ihre Männer nicht durch Eintreten für die Landarbeiter oder gegen das Sozialistengesetz verstimmen. – Er versuchte, auf jeder Schulter je eine Last zu tragen, die für beide zusammen fast zu schwer gewesen wäre. Das brachte selbst dieser Hüne mit der eisernen Gesundheit und der ehernen Stirn nicht zuwege.

Wo es nur ein Entweder-Oder gab, da erstrebte er ein Sowohl-Als-auch. Daran ist er gescheitert. »An unglücklicher Liebe zu den Mächtigen des Oben zerbrach dies Volkstribunat«, so faßt sein ihm mit stärkster Zuneigung gegenüberstehender Biograph Walter Frank Stöckers Lebensschicksal zusammen.

Vielleicht gerade, weil er von unten kam, als Sohn eines Wachtmeisters in einer Kaserne aufgewachsen, konnte er sich dem eigenartigen Reiz des Hofes nicht entziehen. Wenn ihn die jungen und alten Gräfinnen anbetend umschwärmten, wenn ihn die Prinzen zu Taufen oder Heiraten auf ihre Schlösser luden, wenn ihm der Regent von Braunschweig vertrauliche Briefe schrieb, wenn ihn gar die Kaiserin zu einem intimen Vortrag befahl, da war er ganz glücklich.

Glücklich war er natürlich auch, wenn ihn der Beifall der

Volksversammlung umbrauste. Wenn er aber vor die Entscheidung gestellt wurde: Oben oder Unten? Für die Herren oder für die Knechte? – dann wich er aus.

Unvereinbares suchte er zu vereinbaren, bis ihm schließlich fast niemand mehr traute. Sein Biograph nimmt ihn gegen den Vorwurf der Doppelzüngigkeit in Schutz. Was so geschienen habe, sei nur die Folge seiner zwei Seelen gewesen. Das eine ergab jedoch das andere.

Als mir im Sommer 1896 von dem Verlag des »Volk« gekündigt wurde, schrieb ich einen sehr bestürzten Brief an Stöcker. Er antwortete mir mit der alten Herzlichkeit, daß er zwar in einigen Punkten mit meiner Redaktionsführung nicht einverstanden gewesen sei, aber an meiner Kündigung keine Schuld trage und sie aufs tiefste bedaure.

Ein paar Monate nach der Kündigung erzählte mir ein Herr Ebert vom Stadtmissionskomitee in aller Unschuld, daß Stökker schon im März dem Komitee versprochen habe, für meine Entfernung aus der Redaktion zu sorgen und mich durch eine konservative Persönlichkeit zu ersetzen. Als ich nunmehr der Sache nachging, wurde mir das von verschiedenen Seiten bestätigt. Stöcker hatte mich belogen.

Hätte er mir geschrieben, daß er wegen sachlicher Differenzen sich von mir trennen müsse, so wäre ich sehr traurig gewesen, hätte mich aber in das Unabänderliche gefügt und ihm ein warmes Andenken an zahllose Stunden erhebender Gemeinschaftsarbeit bewahrt. So aber fiel Dunkel auf sein Bild. Er hatte mich als Redakteur loswerden, aber als Anhänger behalten wollen. Darum schob er als schuldig an dem Bruch den ihm blind ergebenen Eigentümer des »Volk« vor und diskreditierte damit diesen mir befreundeten Mann, einen Regierungsassessor Bresges, in meinen Augen. Er selbst hatte nicht den Mut, die Verantwortung für etwas zu übernehmen, wofür er allein verantwortlich war.

Im Januar 1896 hatte er unter dem Einfluß von uns Jungen die offizielle Trennung von den Konservativen vollzogen. Im Sommer 1896 gab er meinem Nachfolger von Örtzen die Instruktion für die Redaktion des »Volk«: »Schreiben Sie konservativer als konservativ und rechtser als rechts.«

16. Kapitel
Beginn der Verwandlung

Oft habe ich im Geiste Stöcker und Naumann, die mir beide gleich nahegestanden haben, miteinander verglichen. Beide waren überzeugte Christen. Aber Stöcker hatte die ganze Unduldsamkeit des starren Orthodoxen, Naumann die allumfassende Liebe des Nazareners.

Beide waren von stärksten sozialen Impulsen getrieben. Aber für Stöcker waren die Massen nur Objekt, Naumann wollte sie zum Subjekt machen. Beide waren Politiker mit Leib und Seele. Aber für Stöcker war die Politik nur das Mittel, ihn an die Macht zu bringen, für Naumann das Mittel, der Demokratie zur Macht zu verhelfen.

Beide wollten Hohes. Aber während Naumann sein Leben lang nach der Wahrheit suchte, glaubte Stöcker in ihrem Besitz zu sein. Naumann blieb bis zu seinem Tode ein Werdender, Stöcker fühlte sich schon in jungen Jahren als ein Fertiger.

Naumann rang mit Zweifeln, Stöcker sagte einem von religiösen Gewissensqualen gepeinigten jungen Theologen: »Lieber Bruder, Zweifel kommt vom Teufel. Gewisse Gedanken muß man totschlagen können.«

Naumann hat Samen ausgestreut, der noch in hundert Jahren Früchte tragen kann. Stöckers Werk war schon vor seinem Tode fast zu nichts zerronnen.

Stöcker war der größere Redner. Naumann war der größere Mensch.

Bis zu meinem dreißigsten Lebensjahr bin ich Antisemit gewesen; erst instinktiv, dann aus Überzeugung, dann von kritischen Zweifeln geplagt.

Jeder Mensch ist zunächst das Produkt seiner Umgebung und Erziehung. Wer in einem stockkonservativen Schloß des konservativsten Wahlkreises Preußens aufwuchs, von dem konnte nicht gut die Mentalität des Vereins zur Abwehr des Antisemitismus erwartet werden. Als Kind bekam ich Juden nur in Gestalt von Fell- und Bündel-Juden zu Gesicht, die auf unseren

Hof zum Kaufen und Verkaufen kamen. Das waren arme Teufel von peinlicher Unterwürfigkeit, jener Typ, der, vorne hinausgeworfen, hinten wieder hineinkommt. Niemand haßte sie, aber man verachtete sie. Minderwertige Rasse!

Das war überhaupt die Vorstellung, in der ich erzogen wurde: Die Juden sind anders als wir, und stehen tiefer als wir. Arbeiten wollen sie nicht, nur schachern. Sie kennen keine andere Moral als die des Geldverdienens um jeden Preis. Darum soll man sich vor ihnen in acht nehmen. Am besten tut man, wenn man ihnen aus dem Wege geht. Denn: Qui mange du juif en meurt.

Nach diesem Rezept verfuhr ich auf dem Gymnasium. Wir hatten höchstens ein halbes Dutzend jüdischer Mitschüler. Wir verprügelten sie nicht. Die »rauhen Kämpfer« sind erst das Erzeugnis Hitlerscher Geistigkeit. Aber wir schnitten sie. Die paar harmlosen jüdischen Kameraden wurden von uns gewissermaßen in ein geistig-gesellschaftliches Ghetto eingesperrt. Verstandesmäßiger Antisemit, falls man diesen Ausdruck gebrauchen kann, bin ich erst durch die Erziehung im Verein deutscher Studenten geworden. Diesem Verein trat ich bei, um schon auf der Universität Gelegenheit zu politischer Betätigung zu finden. »Politik, dir leb' ich, Politik, dir sterb' ich«, schrieb ich damals in einem Brief an meine Mutter, den sie sorgfältig aufgehoben hat. Die einzigen studentischen Verbindungen, die sich in den achtziger Jahren mit Politik abgaben, waren der Verein deutscher Studenten rechts und die Freie wissenschaftliche Vereinigung links. Für mich als Junker kam natürlich die Rechtsorganisation in Frage.

Besonders lockte mich zum »V. d. St.«, daß man dort Ausbildung im Reden genoß. Die Passion an der freien Rede hatte in mir der Cours d'Improvisation in Genf geweckt. Nun fand ich im »V. d. St.« die »Redehalle« vor. Jede Woche hielt er einen freien Diskussionsabend ab. An ihm beteiligte ich mich mit einem solchen Eifer, daß ich schon im zweiten Semester zum Leiter der Redehalle gewählt wurde. Da wir alle so ziemlich derselben politischen Ansicht waren, hätten die Debatten bald sehr eintönig werden müssen. Ich bestimmte deshalb jedesmal einen Korreferenten, der als Advocatus Diaboli die Argumente der Gegner als eigene Überzeugung vorzutragen und sie zu verteidigen hatte. Das belebte unsere Abende außerordentlich.

Der »V. d. St.« war antisemitisch, weil man das Judentum für undeutsch – Rassentheorie –, für unpatriotisch – die Juden standen fast ausnahmslos im Lager der Opposition – und für unsozial – sie galten als Säulen des Manchestertums – hielt. Hofprediger Stöcker und Professor von Treitschke waren die beiden Götter des V. d. St. Durch meine rednerische Betätigung im V. d. St. kam ich schon als ganz junger Mensch in persönliche Berührung mit den führenden Antisemiten. Besonders auch mit einem, der heute völlig vergessen ist, aber in den achtziger Jahren eine gewaltige Rolle spielte, mit Otto Glagau. Er war Handelsredakteur an liberalen Blättern wie der »Nationalzeitung« gewesen. Er hatte sich ein paar tausend Mark erspart. Als nach 1871 der Segen der französischen Tributzahlungen die Gründerzeit entfesselte, verfiel auch Glagau dem allgemeinen Taumel. Er kaufte sich Aktien des oberfaulen Linden-Bau-Vereins und war damit seine Ersparnisse los. Aber wenn so sein Gold zu Wasser geworden war, so wußte er aus diesem schmutzigen Wasser wieder Gold zu gewinnen. Er schrieb ein Buch »Der Börsen- und Gründungsschwindel in Deutschland«, das ungeheures Aufsehen erregte. Diesem Buch ließ er weitere folgen. Der pekuniäre Erfolg gestattete ihm, eine eigene Zeitschrift herauszugeben, die er den »Kulturkämpfer« nannte. Sie war in blendendem Stil geschrieben und enthielt so viel interessantes Material, besonders in Personalfragen, wie später etwa Hardens »Zukunft«.

Aus rein persönlichen Gründen war Glagau Antisemit geworden: An den faulen Gründungen, durch die er mühelos hatte reich werden wollen, waren Juden hervorragend beteiligt. In anderen, mindestens ebenso faulen Gründungen hatten hohe Aristokraten (wie der Fürst Putbus) und hochkonservative Germanen (wie der Geheimrat Hermann Wagener) an der Spitze gestanden. Aber mit beneidenswerter Einseitigkeit sah Glagau hinter allem nur den Juden. Für ihn waren die Juden die Verführer, die Arier die Verführten. So schuf er die Plattform für eine populäre und finanziell einträgliche Position. Sein Schlagwort lautete: »Die soziale Frage ist die Judenfrage.« – Die soziale Frage stand für mich im Vordergrund des Interesses. Glagau hatte eine Patentmedizin zu ihrer Lösung erfunden: Los von den Juden, und die soziale Frage ist gelöst! Also ging ich zu ihm, um die soziale Weisheit an der Quelle einzunehmen.

Überhaupt – darüber bin ich mir später klar geworden – blieb ich nur deshalb beinahe 30 Jahre im Bann des Antisemitismus, weil alle hervorragenden Antisemiten mich mit Vertrauen und

Freundschaft beehrten. »Unser Kronprinz« hörte ich immer wieder. Liebermann von Sonnenberg, damals unbestritten der Führer der Antisemiten, widmete mir einen Band seiner Gedichte und bot mir, als ich gerade 26 geworden war, einen freigewordenen antisemitischen Reichstagssitz an. Liebermann von Sonnenberg, wegen Schulden entlassener Rittmeister, wußte nichts, konnte aber viel. Er war einer der wirkungsvollsten Versammlungsredner, der mir in meinem Leben vorgekommen ist. Mit blendendem Witz verband er jenes hohe Pathos, hinter dessen Hohlheit der junge Mensch nicht ohne weiteres kommt. Dazu war er ein Organisator und ein Gesellschafter von hohen Graden. Jeder Wahlkreis, den er in Spezialbearbeitung nahm, konnte von vornherein als erobert gelten. Und jede Nachversammlung, die er arrangierte, war ein Gaudium ohnegleichen. Dichten, singen und saufen konnte er gleich gut. Wenn er seine selbstgefertigten antijüdischen Schnadahüpfeln vortrug: »Schlaf, Jüdchen, schlaf« oder »Im Parlament sitzt Eugen Ri-Ra-Richter«, so schwamm alles in Wonne. Auch ich konnte mich jahrelang dem Zauber dieser urwüchsigen Persönlichkeit nicht entziehen.

Mein Antisemitismus bekam gerade durch Liebermann von Sonnenberg den ersten starken Stoß. Nach irgendeinem Wahlsieg saßen wir zusammen. Ich war in einer Versammlung peinlich davon berührt gewesen, daß ich auf die Frage eines Diskussionsredners, was eigentlich das wissenschaftliche Programm der Antisemiten sei, mich nur mit faulen Redensarten über das Fehlen eines solchen Programms hatte herausreden können. Von meinen Gewissensschmerzen gab ich Liebermann Kunde.

Er aber mit seiner Unbekümmertheit rief lachend: »Lieber Freund, darüber lassen Sie sich keine grauen Haare wachsen. Erst wollen wir eine politische Macht werden. Dann wollen wir uns die wissenschaftliche Grundlage für den Antisemitismus suchen.«

Ich war erschüttert. Die Wissenschaft war mir immer als das höchste erschienen. Mit heißem Bemühen hatte ich Karl Marx und Rodbertus und Adam Smith und Schopenhauer und Darwin und Dühring studiert, war von Zweifelsqualen geplagt. Nun aber sagte mir unser Führer: Erst Macht, dann Wissenschaft! Meine Augen begannen sich zu öffnen. Bald sah ich ringsum im antisemitischen Lager die grauenhafte wissenschaftliche Öde. Man eroberte einen Wahlkreis nach dem andern und wußte doch eigentlich nicht, wofür. Bei den Reichstagswahlen von 1893 hatten die Antisemiten 16 Sitze davongetragen. Aber als sie nur in Fraktionsstärke im Reichstag saßen und ich von ihnen Taten erwartete, da erlebte ich nur persönliche Zänkereien und Eifersüchteleien. Jeder von ihnen, Liebermann von Sonnenberg, Zimmermann, Dr. Böckel, Paul Förster, Ahlwardt, Köhler usw. war eigentlich eine Partei für sich. Der eine war Mittelständler, der andere Arbeiterfreund, der eine Aristokrat, der andere Demokrat. Der eine rief zum Kampf gegen Juden und Junker auf, der andere ging mit den Großagrariern durch dick und dünn. Bei jeder Abstimmung fiel die Fraktion auseinander. Kein einziger wesentlicher Antrag wurde eingebracht, vor allem keiner auf dem Gebiet, das die Grundlage der Agitation gebildet hatte: in der Judenfrage. Es stellte sich nämlich in der Fraktion heraus, daß man kein Antijudengesetz vorlegen konnte, weil man sich über den Begriff »Jude« zu einigen nicht imstande war. Alle stimmten darüber überein:

»Was er glaubt, ist einerlei,
In der Rasse liegt die Schweinerei.«

Auf die Konfession kam es also nicht an, nur auf die Rasse. Aber wie den Begriff Rasse gesetzgeberisch fassen? Dies Pentagramm hat schon den größten Geistern Pein gemacht. Und in der antisemitischen Fraktion saßen nur ganz kleine Geister. Weil man sich nicht darüber einigen konnte, was ein Jude sei, schimpfte man zwar weiter auf die Juden, brachte aber kein Gesetz gegen sie ein.

Ebenso groß wie meine intellektuelle Enttäuschung an den Antisemiten war meine ethische. In den Volksversammlungen wetterten die Herren gegen die »jüdische Unmoral«. Die Verführer der germanischen Jungfrauen, die Zerstörer der deutschen Familie, die Träger der orientalischen Lüsternheit wurden unter dem Jubel der Versammelten an den Pranger gestellt. War die Versammlung aus, so zog man zum deutschen Männertrunk in die antisemitische Weiberkneipe des Herrn Rieprich. Bald hatte jeder der deutschen Tugendwächter eine oder noch lieber zwei Kellnerinnen um sich oder auf sich, wozu dann, mit leichter Variante, das Westfalen-Lied angestimmt wurde:

»Glückselig, wessen Arm umspannt,
Zwei Mägdlein aus Westfalenland.«

Als ich erst angefangen hatte, kritisch dem Antisemitismus gegenüber zu werden, entdeckte ich auf Schritt und Tritt faule Stellen in seinem Fleische.

Einer seiner lautesten Rufer war Dr. Paul Liman, erst Leitartikler der »Dresdner Nachrichten«, dann der »Leipziger Neuesten Nachrichten«. Mein damaliger Freund Wolf von Dallwitz stellte aus dem Kirchenbuch fest, daß erst Limans Vater vom Judentum zum Christentum übergetreten war. Als Liman daraufhin vorgehalten wurde, daß er eigentlich nicht gerade zum Vorkämpfer des Rassenantisemitismus qualifiziert sei, suchte er sich herauszulügen: »Sein Vater habe ihm erzählt, er sei italienischen Ursprungs und deshalb so schwarz und wollig.«

Ahlwardt war Jahre hindurch der gefeiertste Redner der Antisemiten. In Neustettin, im dunkelsten Hinterpommern, war er in den Reichstag gewählt worden, gegen einen Konservativen. Mit seinem Sekretär hatte er systematisch die Bauernhöfe besucht und jeden Bauern gefragt, wieviel Morgen Landes er habe und wieviel Vieh. Dann wandte er sich zu dem Sekretär, der ein Riesennotizbuch zückte, und diktierte ihm: »Notieren Sie! Gussow hat 30 Morgen, 5 Kühe, 4 Schweine, müßte haben: 60 Morgen, 12 Kühe, 10 Schweine.« In ganz Deutschland berühmt geworden war er durch seine Bücher »Judenflinten« und »Eid eines Juden«. Die Grundlagen dieser Bücher schienen meinem Freund Dallwitz und mir sehr unsicher, deshalb ging Dallwitz, selbst feurigster Antisemit, zu ihm, um die Beweise einzusehen. Ahlwardt wies einen Haufen Akten vor, fand sich in ihnen aber nicht zurecht. Als Dallwitz dringender wurde, brach Ahlwardt die Unterhaltung mit den Worten ab: »Wenn ich etwas nicht beweisen kann, behaupte ich es eben.«

Unter den antisemitischen Führern habe ich nur wenig wirklich anständige Leute kennengelernt, und die, deren Charakter ohne Makel war, waren wissenschaftlich so ungebildet, daß mich jungen Menschen die Empörung packte, als ich Gelegenheit hatte, sie aus der Nähe zu beobachten. Demagogen waren sie alle, die einen wider besseres Wissen, die andern infolge mangelnden Wissens.

Vom Antisemitismus haben mich weniger die Juden als die Antisemiten abgebracht.

Als ich 1903 mit Liebermann von Sonnenberg wieder im Reichstag zusammentraf, benutzte er eine Rede, um mich, seinen verlorenen »Kronprinzen«, zu vermöbeln. Ich beschränkte mich auf eine kurze, persönliche Bemerkung mit dem Zitat:

»Die durch Irrtum zur Wahrheit reisen,
das sind die Weisen.
Die im Irrtum beharren,
das sind die Narren.«

Da ich bei den letzten Worten eine Geste zu Liebermann hin machte, ergriff der Präsident die Glocke, um mich zur Ordnung zu rufen. Er setzte sich wieder hin, weil ihm doch Bedenken kamen, ob er den alten Rückert zur Ordnung rufen dürfe.

Durch meine praktischen Erfahrungen bin ich gründlich vom Antisemitismus abgekommen. Vielleicht ist nur der ganz immun gegen ihn, der diese Kinderkrankheit selber durchgemacht hat!

Der Antisemitismus meiner ersten 30 Lebensjahre war in erster Linie darin begründet: Ich kannte kaum einen einzigen Juden. Was sollte ich mich mit den Vertretern einer minderwertigen Rasse abgeben? Zumal diese Leute zwar moralisch unter pari, intellektuell aber leider über pari notierten, so daß man beim Verkehr mit ihnen leicht unter den Schlitten kommen konnte. Beruhte nicht die ganze Macht des ziffernmäßig so unbeträchtlichen Fremdvolkes auf dieser Kombination von Gerissenheit und moralischer Unbedenklichkeit?

So hörte ich es täglich im »Verein Deutscher Studenten« und bei meinen Standesgenossen und in den antisemitischen Versammlungen. So las ich es vor allem in den Rechtszeitungen – »Judenblätter« nahm ich natürlich nicht in die Hand. Dazu kam die in unsern Kreisen verbreitete Literatur.

Für mich, der ich sozusagen keinen Juden kannte, stand das Bild des Judentums um so sicherer fest: ein Volk des krassen Materialismus, nur auf Geldverdienen aus, harte Arbeit scheuend, unproduktiv, weil nur dem Handel ergeben, vorurteilslos in seinen Mitteln und darum besonders stark in der Kriminal-Statistik vertreten, destruktiv, nicht konstruktiv veranlagt, zynisch, lüstern, im ganzen so ein Volk gewordener Mephisto.

Freilich kamen mir ziemlich bald Zweifel. Zwar trug ich in meiner Jugend die Scheuklappen des Milieus, aber diese Scheuklappen waren mir doch nicht angewachsen.

Ich schwärmte für Heinrich Heine, in dessen Ironie ich Wonnebäder nahm, während mir die von meinen Gesinnungsgenossen angepriesenen deutschen Dichter entsetzlich ledern vorkamen. Ich staunte über das Lebenswerk von Karl Marx, das mir in höchstem Maße konstruktiv erschien. Ich begeisterte mich für die Reden von Lassalle, in denen mir Gipfel der deutschen Sprache erklommen schienen. Ich bewunderte den Idealismus von Eduard Bernstein, der lieber das harte Brot des Exils als den süßen Kuchen der Unterwerfung aß. Ich sah, daß Leute, die gar nicht genug über die Juden zu schimpfen wußten, doch unfehlbar den Weg zur jüdischen Kapazität fanden, wenn es ihnen ums Leben ging.

Und dann hatte ich das Glück, mit klugen konservativen Männern, die nicht antisemitisch fühlten, in enge persönliche Beziehung zu treten. Adolph Wagner und der Hofprediger Frommel und der Klosterpropst Freiherr von Liliencron erzählten mir aus ihren Erfahrungen heraus von großen Juden, die sie als große Menschen und große Deutsche kennengelernt hätten.

Ich begann, mich mit der Geschichte des Judentums über den Antisemiten-Katechismus hinaus zu beschäftigen.

Warum wurden die Anwälte nur Anwälte und fast nie Richter? Doch nur, weil die paar Juden, die überhaupt in den Richterstand hineinkommen konnten, unfehlbar auf den untersten Stufen steckenblieben.

Warum waren die Juden so unkriegerisch? Weil ihnen in Preußen nicht nur die Offizierslaufbahn verschlossen war, sondern sie nicht einmal Reserveoffizier werden konnten.

Warum waren so wenig Juden Handwerker? Weil sie bis zur Judenemanzipation von den Zünften ausgeschlossen waren.

Warum waren sie nicht Ackerbauer? Weil sie bis 1812 keinen Landbesitz erwerben durften.

Warum befaßten sich so viele von ihnen mit Geldgeschäften? Weil unter der Geltung des kanonischen Rechtes nur sie Geldgeschäfte betreiben dürfen.

Alles dies hätte ich natürlich wissen können und wissen sollen, ehe ich zur Judenfrage Stellung nahm. Aber weiß es heute etwa Adolf Hitler?

Das Studium der Judenfrage machte in mir natürlich den Wunsch rege, endlich einige Juden selbst kennenzulernen. Von entscheidender Bedeutung wurde für mich die Bekanntschaft mit Charles L. Hallgarten in Frankfurt a. M. Hallgarten hatte als Bankier in New York ein sehr großes Vermögen erworben und war amerikanischer Staatsbürger geworden. Noch in den besten Mannesjahren kehrte er nach seiner Vaterstadt Frankfurt zurück, weil ihm das Geldverdienen nicht Selbstzweck, sondern nur Mittel zum Zweck war. Die zweite Hälfte seines

Lebens wollte er ausschließlich der Nutzbarmachung seines Vermögens für Werke der Humanität widmen.

Nach seinem Tode erzählte mir ein Bekannter, in Frankfurt sei die Steuerbehörde sehr überrascht gewesen, statt der von ihr erwarteten Erbschaftsmasse von 80 Millionen nur 8 Millionen vorzufinden. Mich hätte das gar nicht überrascht. Hatte mir doch einst Hallgarten gesagt: »Jeder Vater soll für seine Kinder sorgen, so weit er das kann. Ist er reich, soll er ihnen so viel hinterlassen, daß sie auch nach ihm ein sorgenfreies Leben führen können. Aber er handelt ihnen gegenüber unrecht, wenn er ihnen einen Überfluß sichert, der sie zum Drohnendasein verführt. Unsere Gesellschaftsordnung gestattet die unbegrenzte Anhäufung von Millionen. Unsere Ethik sollte gebieten, das zuviel erworbene Geld, das schließlich aus der Allgemeinheit stammt, wieder der Allgemeinheit zuzuführen. Darum habe ich mir vorgenommen, jedem meiner Kinder eine Million zu hinterlassen. Was ich mehr habe, will ich bei Lebzeiten für die Zwecke ausgeben, die mir am menschenwürdigsten scheinen.«

So sprach er. So handelte er. Seine Hand war weit geöffnet für alle menschenfreundlichen Ziele überkonfessioneller Art. Sogar für Streiks gab er große Summen, wenn ihm die Arbeiter im Recht zu sein schienen.

Manchen seiner Verhandlungen habe ich selbst beigewohnt. Er war unendlich freigebig; aber er gab nie Geld, ohne sich vorher genau über die geschäftliche Grundlage unterrichtet zu haben. Kam jemand für einen noch so guten Zweck, aber nur mit allgemeinen Plänen und Redensarten, so wies er ihn ab. Legte ihm ein anderer einen genauen Rentabilitäts- und Kostenanschlag vor, so prüfte er ihn ins einzelne; schien ihm die Sache Hand und Fuß zu haben, so zog er sein Scheckbuch und sagte: »Ihre Berechnung scheint mir zu stimmen. Es fehlt Ihnen danach noch 30000 Mark. Hier haben Sie sie.«

Natürlich wurde ein solcher Mann von zahllosen Vereinen und Anstalten als Vorsitzender gewünscht. Um allen solchen Wünschen ein begründetes Nein entgegenzusetzen, erwarb er absichtlich die deutsche Reichsangehörigkeit nicht wieder. Immer hatte ich gehört, die Juden drängten sich in den Vordergrund. Hallgarten drängte sich in den Hintergrund.

Zu gleicher Zeit mit Herrn Hallgarten trat ein anderer Frankfurter Jude, Herr Merton, mit riesenhaften Stiftungen für gemeinnützige Zwecke in die Erscheinung. Hatte je einer unserer Schwerindustriellen mit ihren Dutzenden von Millionen, hatte je einer unserer Magnaten mit ihren Zehntausenden Hektaren Landes von seinem Überflusse eine irgendwie erhebliche Stiftung zum Nutzen des Gemeinwohls gemacht? Wie Schnee vor der Sonne schwand mein Irrglaube von dem Idealismus als Monopol der Arier und dem Materialismus als Stigma der Semiten. Noch 1892 hatte ich auf dem Tivoli-Parteitage der Konservativen dem Redner zugejubelt, der in den Saal rief: »Lieber zehn Ahlwardts als ein Freisinniger!« Wenige Jahre später stand für mich fest: Lieber zehn Juden als ein Antisemit!

17. Kapitel
Ungarn in den neunziger Jahren

Mitte vorigen Jahrhunderts renommierte einmal in London dem ungarischen Fürsten Esterhazy gegenüber ein englischer Lord mit der Riesenzahl seiner Schafe. Esterhazy erwiderte: »Ich wette tausend Pfund, daß ich mehr Schafhirten habe als Sie Schafe.« Fürst Esterhazy gewann die Wette. Er besaß ja auch 800000 Kastraljoch Landes.

Ungarn war das gelobte Land der Latifundienbesitzer. Sie hatten die wirtschaftliche und darum auch die politische Macht. Ein paar Dutzend Grafenfamilien verfügten über das Reich des Heiligen Stefan. Sie waren es, die die wirtschaftlichen Voraussetzungen für den Weltkrieg schufen. Um ihre Schweine vor unbequemer Konkurrenz zu schützen, provozierten sie den jahrelangen Zollkrieg mit Serbien. Er erzeugte die Atmosphäre, aus der das Attentat von Sarajewo aufsprang.

Ich fuhr 1896 zum erstenmal nach Budapest, um mir die Millenniums-Ausstellung anzusehen. Sie war dem Gedenken daran gewidmet, daß vor tausend Jahren die Magyaren von Asien her das Land erobert hatten.

Als ich in Budapest eintraf, erfuhr ich, daß dort ein internationaler Journalistenkongreß tagte. Aus Neugier begab ich mich hin. Er war spärlich besucht. Um so freudiger wurde ich von dem ungarischen Empfangskomitee begrüßt. Man händigte mir sofort eine Delegiertenkarte ein, die mir Zutritt zu allen offiziellen Veranstaltungen und Banketten verschaffte. Diese Bankette waren nicht »ohne«. Noch heute habe ich in meiner Nase die Blume des uralten Tokaier-Ausbruchs, den uns die Stadt Budapest bei ihrem Diner vorsetzte. Das Aroma war so stark, daß man es schon spürte, als die Diener mit den eingeschenkten Gläsern zur Tür hereinkamen.

Die allerangenehmste Beigabe der Delegiertenkarte war jedoch ein Freifahrschein erster Klasse für alle ungarischen Bahnen und für die Dauer des Jahres 1896. Da so außerordentlich wenig Ausländer Ungarn als Reiseland ansahen, wollte man durch diese praktische Reklame die fremden Zeitungsmänner die Reize des Landes kennen lehren.

Sofort beschloß ich, von dieser nie wiederkehrenden Gelegenheit zum Studium Ungarns ausgiebigsten Gebrauch zu machen. Auf dem Ministerium des Innern stellte man mir jede Empfehlung für die Behörden der Städte zur Verfügung, die ich besuchen wollte.

Die Wirkung war fabelhaft. Als ich z. B. nach Temesvar kam, das die Ungarn gern das ungarische Manchester nennen hörten, fand ich am nächsten Morgen in allen dortigen Zeitungen an der Spitze des lokalen Teils folgende Notiz: »Wie wir hören, ist gestern ein prominenter reichsdeutscher Gast in unserer Stadt eingetroffen und im Grand Hotel abgestiegen. Es ist der Berliner Redakteur Hellmut von Gerlach. Er kommt mit glänzenden Empfehlungen der Regierung aus Budapest und beabsichtigt, die Anlagen und Einrichtungen unserer Stadt und des Komitats zu studieren. Wir ersuchen unsere Mitbürger, ihm dabei in jeder Weise behilflich zu sein.« Von da an war es mir kaum noch möglich, in Temesvar auch nur einen Gulden loszuwerden, was mir übrigens nicht besonders unangenehm war. Mit Einladungen zu Besichtigungsfahrten und daran sich anschließenden Festmählern wurde ich überhäuft. Ich bekam wirklich alles zu Gesicht, was es in Temesvar und Umgegend an wichtigen Industrieanlagen zu sehen gab. Vor allem wurde mir mit Stolz die vom Staat subventionierte Schuhfabrik gezeigt. Sie hieß Turul wie der sagenhafte Vogel, der dem König Arpad bei seinem Zuge zur Eroberung Ungarns als Wegweiser vorangeflogen sein soll, und wies nur den einen Übelstand auf, daß sie ohne gewaltige Staatszuschüsse nicht bestehen konnte. Ein Los übrigens, das sie mit fast allen größeren ungarischen Industrieunternehmungen teilte.

Die ungarische Gastlichkeit war einfach erdrückend. Im Handumdrehen hatte ich in den verschiedensten Landesteilen eine Fülle guter Freunde sitzen. Alle wollten mich als Logiergast haben, und nahm man eine Einladung an, so war die größte Schwierigkeit, nach einer Woche wieder fortgelassen zu werden. Wiederholt ist es mir passiert, daß zufällige Eisenbahn-Bekanntschaften mich aufforderten, am Ziel ihrer Reise mit ihnen auszusteigen und bei ihnen zu wohnen. Das war, wie ich ausprobieren konnte, keine bloße Redensart, sondern ehrlich gemeint. Einmal saßen wir in Herkulesbad, das so herrlich in den Bergen dicht am Eisernen Tor gelegen ist, im Freundeskreis beisammen und delektierten uns an größeren Quanten besten Ungarweins. Die Stimmung stieg immer höher. Plötzlich stimmte einer das Lied an: »Megis hunczut a Német« (Ja, der Deutsche ist ein Hundsfott). Begeistert fielen alle ein, nur ich machte ein etwas befremdetes Gesicht.

Das wurde natürlich bemerkt. Einer meiner ungarischen Freunde nahm mich beiseite und sagte betrübten Tones: »Lieber Freund Gerlach, seien Sie uns nicht böse, wir haben gar nicht daran gedacht, daß Sie das Lied auf sich beziehen könnten. Wir denken bei dem ›Német‹ nur an die Österreicher. Immer, wenn wir Ungarn besonders vergnügt sind, stimmen wir den alten Haßgesang gegen Österreich an.«

Um die ungarischen Wahlkämpfe an der Quelle zu studieren, habe ich sie praktisch mitgemacht. Ich begab mich in Temesvar auf das Büro des Regierungskandidaten und teilte ihm meine Absicht mit, seinem Feldzug beizuwohnen. Das wurde mit Jubel aufgenommen. Man ernannte mich sofort zum »Kortesch«, wie die offiziellen Wahlagenten genannt wurden, und heftete mir eine Kokarde mit den Farben der Regierungspartei an meine Mütze. Von nun an hatte ich nichts mehr für meinen Lebensunterhalt zu bezahlen. Wie alle Kortesche hatte ich Essen und Trinken und alle Verkehrsmittel frei.

In großer Kavalkade besuchten wir die einzelnen Dörfer. Immer an der Grenze einer neuen Gemeinde empfingen uns die Bauernsöhne zu Pferde. So sammelte sich ein stattlicher Festzug an, der schließlich in dem Ort der Wahlrede landete. Dort wurde, wenn es Sonntag war, zunächst die Kirche besucht. Oder vielmehr, da es in dem national-gemischten Banat immer mehrere Kirchen gab (meist eine serbische, eine rumänische und eine deutsche – nur Magyaren wohnten dort überhaupt nicht), so wurden alle Gottesdienste hintereinander »mitgenommen«, jeder lange genug, damit der Kandidat genügend Kreuze schlagen konnte. Nach der Kirchzeit wurde auf dem Dorfplatz die Wahlversammlung abgehalten. Der Kandidat hielt eine magyarische Rede von zehn Minuten, die fast niemand verstand. Dann ließ sein Oberkortesch die drei Übersetzungen folgen. Nach einer halben Stunde war der ganze Schmerz vorbei und die Hauptsache hub an, das große Schmausen und Trinken auf Kosten des Kandidaten. Das heißt, das war die Hauptsache für die Wähler. Für den Kandidaten war die Hauptsache die darauf folgende intime Aussprache mit dem

Ortsvorsteher über das Thema, wie die Wahl des Regierungskandidaten zu sichern sei. Sonst hätten am Ende all die Verzehrer des regierungsfreundlichen Wahlgulasch doch oppositionell gestimmt.

Die ausschlaggebende Rolle spielte der Wahlterror. Er konnte um so leichter entfaltet werden, weil die Abstimmung öffentlich war. Außerdem bestimmte das Wahlgesetz, daß alle Wähler der manchmal sehr großen Wahlkreise an demselben Orte abzustimmen hatten. In vielen Fällen war es gar nicht möglich, an einem Tage bis zum Wahlorte zu kommen.

Eines der beliebtesten Mittel der Regierung war, die Züge mit den Wählern, die aus oppositionellen Orten stammten, unterwegs auf ein totes Geleise fahren zu lassen. Dort ließ man sie so lange stehen, bis der Wahlakt vorbei war. Gab es ausnahmsweise einen Wahlprotest, so ließ die Regierung erklären, daß es sich um force majeure, um ein bedauerliches Mißgeschick im Eisenbahnbetrieb gehandelt habe.

Die Regierungswähler genossen natürlich bevorzugte Beförderung. Kamen im Lauf des Wahltages schließlich auch die Oppositionellen in größerer Zahl an, so trat die Gendarmerie in Aktion. Die war immer aus dem ganzen Bezirk im Wahlorte zusammengezogen und zernierte ihn. Im Augenblick des Anrückens geschlossener Züge von Oppositionswählern sperrte sie den Zugang zum Wahlort: im Interesse der öffentlichen Sicherheit und Ordnung!

Neben dem Terror war die Korruption damals gang und gäbe. Der Stimmenkauf wurde fast offen betrieben. Wie hätte sonst den Grafen Karassony seine Wahl 100000 Gulden kosten können? Die Technik des Stimmenkaufes hat mir imponiert. Der wunde Punkt ist doch immer der: wie kann die Zahlung bewirkt werden, ohne daß einer der beiden Vertragschließenden hereinfällt? Wird der Wähler vorher bestochen, so kann er so gemein sein, am Wahltage krank zu werden oder gar für den Gegner zu stimmen, der ihn höher honoriert hat. Soll die Zahlung erst nachher fällig werden, so könnte der gewählte Kandidat Lust bekommen, seine käuflichen Wähler unbezahlt zu lassen.

Ein Mittelweg mußte gefunden werden. Er wurde gefunden. Nach dem ungarischen Staatsbankgesetz wurden beschädigte Banknoten nur dann eingelöst, wenn etwas über die Hälfte präsentiert werden konnte. Darum wurden die für die Bestechung bestimmten Noten genau in der Mitte zerschnitten. Die eine

Hälfte behielt der Kandidat, die andere erhielt der Wähler. Stimmte er, wie er sollte, so erhielt er nach der Wahl die zweite ausgehändigt. So ging die Sache in Ordnung. Die Hälften waren für beide Teile wertlos. Also hatten beide ein Interesse daran, sie wieder zusammenzubringen.

Natürlich konnten viele Kandidaten die großen Bestechungssummen nicht aus eigenen Mitteln aufbringen. Da sprang die damalige ungarische Regierung bei ihren Kandidaten selber ein. Zu diesem Zweck hatte sie vor der Wahl einen Wahlfonds von vielen Millionen gesammelt. Das fiel ihr nicht schwer. Es gab immer eine Anzahl reicher Leute, die Wert darauf legten, baronisiert und ins Magnatenhaus berufen zu werden. Dafür hatten sie, je nach Zahlungsfähigkeit, eine viertel oder eine halbe Million Gulden zu opfern.

Nur wenige Ungarn habe ich kennengelernt, die nicht bloß im Privatleben, sondern auch als Politiker im westeuropäischen Sinne wirklich integer waren. Das war zumal der Kreis, der sich um die Soziologische Gesellschaft gruppierte, Männer wie Jaszi und Szende, die dem Ministerium des Grafen Michael Karolyi in den ersten Monaten nach der Revolution angehörten. Samt und sonders müssen sie das harte Brot des Exils essen. Im Vorkriegs-Ungarn waren sie machtlos. Das Nachkriegsungarn duldet sie nicht einmal in seinen Grenzen.

Sogar mit dem alten Grafen Albert Apponyi, den die Ungarn als ihren besten Europäer in Genf vorzuführen pflegen, habe ich eine schwere Enttäuschung erlebt. Einst als Kultusminister hatte er sich als Pazifist geriert und den 18. Mai als Eröffnungstag der Haager Friedenskonferenz zum Schulfeiertag erklärt. Als ich jedoch 1916 in Budapest war und in ihm einen Gesinnungsgenossen im Kampf um die baldige Beendigung des Krieges zu finden hoffte, wurde ich rasch eines Schlechteren belehrt. Alle Kriegsprobleme sprach ich mit ihm durch. Immer kam er darauf zurück, daß man um keinen Preis jetzt von Frieden reden dürfe, sondern erst noch die Italiener aus Valona herauswerfen und alle andern militärischen Erfolge erzielen müsse. Auch er wollte, genau wie unsere Alldeutschen, keinen Verständigungs-, sondern einen Siegfrieden.

Als ich ihn nach dem ungarischen Kriegsziel fragte, erklärte er: »Wir wollen keine Vergrößerung Ungarns. In unserem nationalen Interesse liegt es, die Zahl unserer nationalen Minderheiten nicht zu vermehren. Serbien soll bleiben, wie es war. Nur Belgrad müssen wir natürlich aus strategischen Gründen als

Brückenkopf dauernd behalten.« Das war magyarischer »Pazifismus«! Sollte einmal wider Erwarten ganz Europa sich zum Pazifismus bekehren, so werden die Magnaten Ungarns als letzte Säulen von der verschwundenen Pracht des Militarismus zeugen.

18. Kapitel
Auf dem Balkan

Bekümmert saß ich im Frühsommer 1896 in Herkulesbad, in der äußersten Südostecke Ungarns. Der Verlag der Stöckerschen Zeitung »Das Volk« hatte mir ganz überraschend gekündigt. Ich war ohne jedes Einkommen, da mir mein Vater den Monatswechsel aufgesagt hatte, als ich wider seinen Willen vom standesgemäßen Regierungsassessor zum standesunwürdigen Redakteur hinübergewechselt war.

Nach allen Richtungen, wo sich mir eine Anstellungsmöglichkeit zu bieten schien, bewarb ich mich. Sogar mit der Kleinstadt Mölln verhandelte ich wegen Übernahme des dortigen Bürgermeisterpostens. Von der Zeit meiner Verwaltungstätigkeit in Ratzeburg her hatte ich in Mölln noch mancherlei Freunde. Aber die Sache zerschlug sich, als mir mitgeteilt wurde, ich müsse in schwarzem Rock und Zylinder bei jedem Stadtverordneten einen Bewerbungsbesuch machen. Das ging mir wider die Natur. In meine Herkulesbader Sorgen flog plötzlich eine Freudenbotschaft hinein. Meine gute Großmutter in Dresden, die nichts für meine Politik, aber alles für ihren Enkel übrig hatte, schrieb mir, sie habe von meinem redaktionellen Mißgeschick gehört. Deshalb schicke sie mir 500 Taler, damit ich nach Konstantinopel fahren könne. Immer hätte ich ihr doch gesagt, daß Konstantinopel der Traum meines Lebens sei.

Nun hing mir auf einmal der Himmel voll Geigen. Mit 1500 Mark konnte ich bei meinen geringen Ansprüchen nicht bloß die Türkei, sondern noch manches andere besuchen. Sofort entstand in mir der Plan einer großen Balkanreise.

Mit Rumänien begann ich, fuhr dort kreuz und quer, um das Land kennenzulernen. Obwohl ich die Landessprache nicht kannte, kam ich bequem durch. Selbst im kleinsten Dorf fand ich einen oder zwei Menschen, die etwas Französisch verstanden. Wer ein bißchen was sein wollte, mußte Französisch können. Das ganze Volk, von der grauen Bauernmasse natürlich abgesehen, starrte wie verzückt nach Paris. Hatte man ein paar

Jahrzehnte vorher doch sogar ernsthaft erwogen, die französische Sprache als Amtssprache Rumäniens einzuführen. Furchtbar war die Armut auf dem Lande. Die Bojaren besaßen nicht so riesige Latifundien wie die ungarischen Magnaten, aber dafür beuteten sie die Pächter und Landarbeiter noch gründlicher aus. Sie selbst kümmerten sich nicht um ihre Güter, sondern lebten zumeist in Frankreich. Die fast unvorstellbare Armut führte zu einem fast unvorstellbaren Aberglauben. In einem Dorf besuchte ich den Kirchhof (eine von mir in fremden Ländern immer geübte Gewohnheit, weil man auf den Friedhöfen oft den tiefsten Einblick in die Mentalität eines Volkes tun kann). Da sah ich auf vielen Gräbern Schüsseln und Töpfe mit allen möglichen Speisen stehen. Das waren die Lieblingsgerichte der Verstorbenen, die ihnen ihre pietätvollen Angehörigen hinbrachten! Wenn dann Katzen und Vögel in Stellvertretung der Verstorbenen die Gefäße geleert hatten, so waren die Hinterbliebenen fest davon überzeugt, ihren teuren Toten im Jenseits zu einem Festmahl verholfen zu haben.

Nur in einem einzigen Punkt fand ich die rumänische Landbevölkerung den Bauern des übrigen Europa voraus: ihre Frauen schminkten sich! Das fiel mir besonders auf, als ich einem großen Jahrmarkt in Giurgiu beiwohnte. Die jungen Bauernmädchen, teilweise sogar die Bauernfrauen, gepudert und reichlich mit Rouge verziert. Der deutsche Apotheker in Giurgiu – alle Apotheker Rumäniens waren damals Deutsche – sagte mir später: »Gott sei Dank, daß die Bäuerinnen sich schminken! Sonst wären wir Apotheker übel daran. Kosmetika sind unsere Haupteinnahme. Für die Gesundheit ist den armen Bauern ihr Geld zu schade, aber für die Schönheit ihrer Frauen und Töchter wird es ausgegeben.« Die Anschauungen darüber, was schön ist, gehen auseinander. Aber ich gebe zu, daß der Schönheitsbegriff der rumänischen Bäuerinnen vorteilhaft für die Apotheker war.

Von Rumänien ging es nach Bulgarien, wo ich mich in Sofia, Rustschuk und Varna längere Zeit aufhielt. Die Bulgaren wurden damals die Preußen des Balkans genannt. Diese Bezeichnung fand ich zutreffend. Aber da ich selbst Preuße war, war ich von ihnen minder sympathisch berührt. Was ich sah, waren arbeitsame, sparsame, harte Männer, dem Kult der Waffen und Uniform ergeben, durchdrungen von dem Gedanken an die historische Mission ihres Volkes, die Hegemonie auf dem Balkan zu erringen. In Rumänien hatte ich immer das Gefühl gehabt, es mit denaturierten Franzosen zu tun zu haben, während mir Bulgarien wie ein primitives Preußen vorkam. Diese Leute hatten entschieden das Zeug dazu, sich groß zu hungern. Aber groß wollten sie werden, um jeden Preis.

Nachdem ich später auf meiner Rückreise auch in Belgrad haltgemacht hatte, habe ich immer wieder Serbien und Bulgarien miteinander vergleichen müssen. Dieser Vergleich fiel ganz überwiegend zugunsten der Serben aus.

Von Varna fuhr ich mit dem Dampfer nach Konstantinopel. Aber das war eine Reise mit Hindernissen. Niemand konnte mir nämlich sagen, wann der nächste Dampfer gehen werde.

Wozu hat man einen deutschen Konsul? Zu ihm ging ich. Er war augenscheinlich peinlich berührt, in seiner idyllischen Ruhe durch eine Geschäftsfrage gestört zu werden. Der Sekretär wurde beordert, den Dampferfahrplan zu bringen. Es stellte sich heraus, daß es der von 1895 war. Der von 1896 existierte auf dem Konsulat nicht. Als ich abends am Stammtische der deutschen Kaufleute Varnas von meinem Mißgeschick berichtete, lachte alles: »Das hätten wir Ihnen vorher sagen können! Unsern Konsul kriegen wir nur bei Essen an Kaisers Geburtstag zu sehen. Sonst spielt er den ganzen Tag Klavier. Er ist ein begabter Musiker. Das Geschäftliche interessiert ihn nicht.«

Ähnliche Erfahrungen mit deutschen Konsuln habe ich in jenen Jahren auf meinen vielen Auslandsreisen oft machen müssen. Die meisten schienen jede geschäftliche Erkundigung als einen unberechtigten Eingriff in ihre berechtigte Ruhe zu empfinden. Wenn der deutsche Handel sich trotzdem gerade damals glänzend entwickelte, so war das das Verdienst der deutschen Kaufleute, nicht das der kaiserlichen Außenbürokratie.

Ehe ich mit dem Dampfer abdampfte, den ich endlich ohne Konsul doch ergründet hatte, passierte mir noch ein Abenteuer, das übel hätte ablaufen können. Neugierig spazierte ich in dem Varnaer Türkenviertel auf und ab. Zu sehen gab es wenig, da Mohammedaner die Gewohnheit haben, ihre Besitztümer mit hohen Mauern abzuschließen, von wegen ihrer Frauen. Zu meiner Überraschung sah ich ein Hoftor offenstehen. Ich trat in den Eingang und musterte das anscheinend menschenleere Innere, um zu sehen, wodurch sich ein türkisches Anwesen von dem der Bulgaren unterscheidet.

Plötzlich stürzte aus der Haustür ein mächtiger Türke mit geschwungenem Yatagan auf mich los. Ich riß aus wie Schafleder, er hinterher. Aber ich war schnellfüßiger. Auf Duelle habe ich nie Wert gelegt, zumal nicht, wenn ich unbewaffnet bin!

Die Einfahrt in das Goldene Horn vom Schwarzen Meer her ist der größte Natureindruck, den ich in meinem Leben gehabt habe. Von Jugend an hatte ich mich nach Konstantinopel gesehnt. Nun lag es noch viel herrlicher vor mir, als ich zu träumen gewagt hatte. Die Tränen kamen mir: Gute Großmutter, was hab' ich dir zu danken!

So leuchtend die Stadt Konstantinopel von außen, so schauerlich sah es gerade damals in ihrem Innern aus. Durch Zufall kam ich nämlich am Tage nach dem ersten großen Armeniermassaker an. Sultan Abdul Hamid, der Massenschlächter genannt, lebte, übrigens bekanntermaßen unbegründet, in ewiger Furcht vor Attentaten. Die Armenier als besonders tüchtige Kaufleute wurden von ihren levantinischen, griechischen und türkischen Konkurrenten mit scheelen Augen angesehen. Irgendwie war es den Armenierfeinden gelungen, dem Sultan einzureden, daß eine armenische Verschwörung sein Leben bedrohe. Er entschloß sich zu einer Präventivmaßnahme von gigantischem Ausmaß: auf 48 Stunden wurden alle armenischen Männer für vogelfrei erklärt.

In der Nacht vor Beginn des Gemetzels durchwanderten die Nachtwächter die Christenviertel und malten ein weißes Kreuz an die Häuser, in denen Armenier wohnten. Als dann die Sonne aufging und die 48stündige Freifrist begann, zogen die Hamals, die gewaltigen türkischen Lastträger und Hafenarbeiter, über die Brücke, die von Stambul nach Pera, Galata, Kadikö und den andern Christenvierteln führt. Sie drangen in die gekennzeichneten Häuser und erschlugen mit dikken Knüppeln oder Keulen jeden erwachsenen Armenier. Das Morden dauerte ununterbrochen die zwei Tage hindurch, die freigegeben waren. Dann freilich war Schluß. Einige Hamals, die sich verspätet hatten und erst in der 49. Stunde zum Morden über die Brücke kamen, wurden von dort postierten Polizisten ohne weiteres erschossen. Übrigens hätten die getöteten Hamals kaum noch Arbeit gefunden. Das Ausrottungswerk war gründlich geschehen. Die armenischen Männer, die in Konstantinopel am Leben geblieben waren, konnte man an den Fingern herzählen. Einen von ihnen sprach ich, einen prominenten Arzt. Den hatte ein Pascha, dem er einmal das Leben gerettet hatte, rechtzeitig benachrichtigt und ihn unter Gefahr des eigenen Lebens in seinem Palast verborgen.

Sofort nach meiner Ankunft eilte ich in die Armenierviertel. Man sah die zertrümmerten Haustüren und großen Blutlachen auf den Straßen. Die Leichen selbst waren in Massentransporten bereits in das Meer geworfen worden.

Schauerlich sah es in den armenischen Kirchen und Schulen aus. Dort drängten sich seit drei Tagen Tausende von armenischen Frauen und Kindern zusammen, so dicht, daß kaum jemand sitzen oder gar liegen konnte. Immerfort brachen Kinder ohnmächtig oder tot wegen Nahrungs- oder vor allem Milchmangels zusammen. Die Frauen wußten ja nicht, daß nur die Männer umgebracht werden sollten. Nur in ihren Kirchen und Schulen hielten sie sich einigermaßen für gesichert. Keinen Türken habe ich gesprochen, der nicht damals die Massenabschlachtung verteidigt hätte. »Notwehr«, sagten sie alle. Diese »Notwehr« war der Vorläufer derselben Notwehr, die 1916 zur Ausrottung der Armenier in Kleinasien führte – vielleicht der grauenhaftesten Abschlachtung eines ganzen Volkes, die die Weltgeschichte kennt.

Jahre später habe ich noch wundervolle, unvergeßliche Tage in Konstantinopel erlebt, 1904, als ich meine Hochzeitsreise dorthin machte. Wie Selige, befreit von jeder Erdenschwere, kamen wir uns vor, wenn uns die elegante »Mouche« des Direktors Zander von den Anatolischen Bahnen nach den entzückenden Prinzeninseln brachte, während uns die rätselhaften Vögel umflogen, die nie jemand hat sitzen sehen, weshalb sie »Ames en peine« genannt werden. Oder wenn uns der Salonwagen, der einst für Wilhelm II. gebaut worden war, in dem durch die Güte Zanders gestellten Extrazuge zur Seidenfabrik des Sultans nach Hereke führte, und die türkischen Offiziere meine Frau mit leuchtenden Blumensträußen erwarteten.

Nichts als Schönheit und Freundschaft bekamen wir zu sehen. Und doch blieb für mich Konstantinopel die unheimliche Stätte des Massenmordes. Bei jedem Türken mußte ich an Abdul Hamid und seine Hamals denken.

Bis endlich 1930 auf der ersten Balkankonferenz in Athen ich in der türkischen Delegation die glänzenden Vertreter einer neuen, menschlich gewordenen Türkei kennenlernte. Die Türkei als Vorkämpferin einer Balkanföderation! An Stelle der blutigen Unterdrückung der Giaurs soll die gleichberechtigte Zusammenarbeit der Balkanvölker treten. Die Türken geben ihren 500jährigen Anspruch auf, das Herrenvolk zu sein. Sie wollen nur noch Volk unter Völkern sein.

Es geht vorwärts, selbst auf dem Balkan.

19. Kapitel
Ein genialer Verbrecher

Zwischen dem 20. und 25. Lebensjahr nannte ich mich mit Vorliebe einen Tory-Demokraten. Lord Randolph Churchill war mein politisches Ideal. Nach seinem Vorbild wollte ich in Deutschland eine konservative Volkspartei schaffen oder wenigstens schaffen helfen. Die Deutschkonservative Partei hatte sich in den achtziger Jahren zwar von ihrem tiefen Niedergang ziffernmäßig erholt, aber das verdankte sie ausschließlich der wiedergewonnenen Gunst Bismarcks. Der allmächtige Kanzler, der von 1867 bis 1877 mit den Nationalliberalen regierte, hatte die widerstrebenden Konservativen so zerschmettert, daß ihr nun verbleibender Abgeordnetenrestbestand in zwei Droschken nach dem Reichstag fahren konnte. Dann aber, als er seine Politik umstellte, drückte er die Nationalliberalen an die Wand, daß sie quietschten, und ließ wieder konservative Wahlen machen. Eine konservative Partei im Sinne einer durch das Land reichenden festen Organisation mit Vereinen und Sekretären gab es überhaupt nicht. Es gab nur einen konservativen Verwaltungsapparat und lose Komitees von konservativen Notabeln, fast ausschließlich aus Adeligen bestehend. Der jeweilige Regierungswind bestimmte Kurs und Stärke der Partei. Im Grunde war sie nicht konservativ, sondern gouvernemental.

Das schien mir ein unwürdiger Zustand. Ich wünschte eine auf dem Vertrauen des Volkes beruhende Partei, die selbst Politik machte, statt daß man mit ihr Politik machte. Die Partei sollte christlich, monarchisch, agrarisch, militärisch, sozial, aber sie sollte vor allem selbständig sein, keine Partei Bismarcks.

In diesem Sinne arbeitete ich innerhalb der deutschen Adelsgenossenschaft mit dem jungen Freiherrn von Broich und einigen anderen Gesinnungsgenossen zusammen. Von dem Führerberuf des Adels war ich damals fest überzeugt. In diesem Sinne bearbeitete ich die konservativen Bürgervereine Berlins, in denen ich trotz meiner Jugend immer mehr Einfluß gewann.

In einer ganz stumpfen Gesellschaft hat eben jede politische Aktivität Erfolg.

Meine Tätigkeit führte mich mit einem Manne zusammen, von dem ich mir die Verwirklichung meines parteipolitischen Ideals versprach: mit dem Freiherrn Wilhelm von Hammerstein, Chefredakteur der »Kreuzzeitung«, konservativem Reichstags- und Landtagsabgeordneten. Hammerstein entstammte einem alten rheinischen Dynastengeschlecht, das die Wildheit seiner Raubritterinstinkte bis ins 19. Jahrhundert hinübergerettet hatte. Ein mecklenburgischer Hammerstein hatte noch um 1850 herum einer seinem Rittergut benachbarten Stadt Fehde angesagt, weil die städtische Polizei einen seiner Knechte eingesperrt hatte. Daraufhin hatte er sein gesamtes Hofgesinde bewaffnet, war mit ihm und zwei alten Kanonen vor die Stadt gezogen und hatte die Freilassung des Knechtes erzwungen.

Wilhelm von Hammerstein selbst, nach dem Ausdruck Wilhelms II. der »Mann mit dem Bullengenick«, sah weniger aus wie ein germanischer Siegfried als wie ein muskelstarker jüdischer Pferdehändler aus dem Osten, weshalb der Antisemit Pasch ihn auch nur »Chammerstein« zu benennen pflegte. Er war 1838 in Mecklenburg geboren und hatte sein pommersches Gut Schwartow ziemlich unglücklich bewirtschaftet, aber sich schon jung in die Politik gestürzt und parlamentarische Mandate errungen. Seine große Zeit fing an, als er 1881 zum Chefredakteur der »Kreuzzeitung« ernannt wurde.

Die »Kreuzzeitung« hatte in den fünfziger Jahren, als Bismarck ihr Leitartikler, Ludwig von Gerlach ihr Rundschauer und Hermann Wagener ihr Herausgeber war, die preußische Politik bestimmt. Sie war dann tief gesunken, wurde eigentlich nur noch von ein paar tausend Junkern wegen der zynisch »Sprungzettel« genannten Familienanzeigen gehalten. Ein Nobody namens Niebelschütz redigierte sie schließlich.

Hammerstein machte aus ihr binnen wenigen Jahren das wichtigste Organ der deutschen Politik. Mit dem baltischen Baron von Ungern-Sternberg zusammen hob er sie auf die Höhe des Journalismus. Daß er auch mir jungem Menschen manchen Artikel verstattete, erfüllte mich mit überheblichem Selbstbewußtsein. Hammersteins eigene Artikel ließen manchmal die Welt aufhorchen. Bismarck las sie, je nachdem, mit Liebe oder Haß. Sein Schicksal in den kritischen Jahren zwischen 1888 und 1890 hing zu einem wesentlichen Teil von der

Haltung der »Kreuzzeitung« ab. Der junge Kaiser nahm einmal im »Reichsanzeiger« in eigener Person gegen die »Kreuzzeitung« Stellung. Für Hammerstein war die »Kreuzzeitung« nur Mittel zu dem Zweck, sich zum Herrn der konservativen Partei zu machen, und diese Partei unabhängig von Krone und Kanzler zum ersten Machtfaktor in Preußen-Deutschland zu erheben. Diesem Ziele ist er ganz nahe gekommen.

Hammerstein hatte jene beharrende Energie, die das Hauptstück des Staatsmannes ausmacht. Wenn ihn der allmächtige Bismarck in den Bann tat, wenn ihm der Kaiser Krieg ansagte, so wich er nur scheinbar zurück. Seine Linie wurde innegehalten. Und weil er fest blieb, kristallisierten sich alle Schwankenden um ihn.

Als am 8. Dezember 1892 nach Jahrzehnten wieder ein konservativer Parteitag abgehalten wurde, der berüchtigte Tivoli-Parteitag, da war Hammerstein auf der Höhe seiner Macht angelangt. Sein gouvernementaler Gegner von Helldorf-Bedra sank in das Nichts zurück. Die konservative Partei gab sich ein volkstümliches Programm und schuf sich eine Organisation im Lande. Hammerstein war ihr anerkannter Führer, nicht formell, aber faktisch. Wie allen wahrhaft Starken lag ihm mehr daran, Kingsmaker zu sein als King.

Auf diesem Parteitag gab es einen charakteristischen Zwischenfall. Als der Programmentwurf jedem Eintretenden überreicht wurde, sah ich, daß das 1890 abgeschaffte Sozialistengesetz wieder eingeschmuggelt werden sollte. Im Artikel 14 hieß es nämlich, daß »die Anhänger der Sozialdemokratie als Feinde der staatlichen Ordnung durch die Gesetzgebung zu kennzeichnen und demgemäß mit den Machtmitteln des Staates zu bekämpfen seien«. Als Todfeind von Ausnahmegesetzen begab ich mich sofort mit einigen Freunden zu Freiherr von Manteuffel, dem Vorsitzenden der Partei, und erklärte ihm: »Herr Baron, wenn dieser Passus stehenbleibt, erheben wir hier auf dem Parteitag die Fahne der Rebellion. Wir wollen kein neues Sozialistengesetz, auch nicht in verschleierter Form. Ich melde mich schon jetzt zum Wort, um den Antrag auf Streichung zu stellen, wenn die Parteileitung nicht selbst zurückzieht.« Nach einigem Hin und Her fügte sich Herr von Manteuffel dem Druck von uns Jungen.

Bei diesen Verhandlungen gab es eine Episode, von der ich erst sehr viel später Kenntnis erhalten habe. Hans Leuß, früher Redakteur an Stöckers »Volk«, suchte Herrn von Hammerstein zum Eingehen auf die Forderung der Jungen zu bewegen. Dabei sagte ihm Hammerstein: »Was wollen Sie, es gibt kein anderes Mittel gegen die Sozialdemokratie, als daß man die Arbeiter provoziert und auf sie schießen läßt.« Hätte ich eine Ahnung von dieser Äußerung gehabt, so hätte ich schon damals Front gegen Hammerstein gemacht. Dann wären mir ja die Hintergedanken der Hammersteinschen Politik klar gewesen: er wollte gar keine konservative Volkspartei, sondern eine Konservative Antivolkspartei.

So aber sind mir die Augen über ihn erst zwei Jahre später aufgegangen. Daß ich so spät hinter das wirkliche Wesen Hammersteins gekommen bin, wird man mir mit Recht als einen gewissen Mangel an Psychologie ankreiden.

Ende 1894 neigten sich die Kanzlertage des Generals von Caprivi ihrem Ende zu. Der Kaiser war wütend, daß trotz seiner sogenannten Arbeiterfreundlichkeit die Arbeiter ihm nicht trauten und ständig die Sozialdemokratie verstärkten. Er machte dafür natürlich nicht sich, sondern seinen Kanzler verantwortlich, wie er ja immer einen Sündenbock brauchte. Zwischen Caprivi und den Konservativen hatte es wegen der Handelsverträge einen Bruch gegeben. Die antigouvernemental gewordenen Konservativen waren völlig unter den Einfluß Hammersteins geraten. Der Kaiser war auf der Suche nach einem neuen Kanzler. Der Augenblick schien Hammerstein günstig, mit einem Schlage den Kaiser und die Macht zu gewinnen, indem mit dem Kanzlerwechsel ein Kurswechsel extremer Natur verbunden wurde. Mit meinem Redaktionskollegen Heinrich Oberwinder vom »Volk« bekam ich eine Einladung Hammersteins in eine Weinstube in der Nähe des Anhalter Bahnhofs in Berlin. Als wir eintraten, sahen wir uns einer Versammlung einer Reihe uns persönlich bekannter konservativer Notabeln mit Ungern-Sternberg, Stöcker, Gerold usw. gegenüber. Hammerstein selbst erschien ein paar Minuten später und begann sofort: »Ich komme gerade vom Grafen Eulenburg (damals preußischer Ministerpräsident). Ihm ist das Reichskanzleramt angeboten worden. Er ist zur Annahme bereit, aber nur, wenn alle Konservativen ihn bei seiner Absicht unterstützen, sofort das allgemeine Wahlrecht durch den Bundesrat außer Kraft setzen zu lassen.« Das war der Staatsstreich, das war die Gelegenheit, auf die Arbeiter schießen zu lassen, wie sich Hammerstein 1892 gewünscht hatte! Alles schwieg zunächst unter dem Druck der ungeheuerlichen Enthüllung. Dann nahm Stöcker das

Wort, um seine kaum verklausulierte Zustimmung auszusprechen: er sei ja immer für den Ersatz des demokratischen Wahlrechts durch ein berufsständisches gewesen. Die andern nickten zustimmend. Da brach ich los, der weitaus jüngste im Kreise, getragen von der moralischen Entrüstung eines aus allen Himmeln gerissenen Hans Naivus. Ich kündigte an, daß ich sofort die konservativen Bürgervereine Berlins gegen den Raub des wichtigsten Volksrechts mobilisieren würde.

Oberwinder schloß sich mir an. Worauf Hammerstein, bleich vor Zorn, erklärte: »Die Sache ist gescheitert. Wenn wir nicht absolut einig sind, geht es nicht. Der Widerstand wird sonst schon groß genug sein. Für mich ist die Sache erledigt. Ich fahre sofort zu Eulenburg, um es ihm zu sagen.«

An Stelle des zu jeder politischen Gewalttat bereiten Grafen Eulenburg wurde der milde Fürst Hohenlohe Reichskanzler. Die Gefahr des Umsturzes von oben war abgewehrt.

Natürlich steckte hinter dem ganzen volksverräterischen Plan Wilhelm II. Nie hätte Eulenburg es wagen können, mit dem Staatsstreich zu liebäugeln, wenn er sich nicht vorher des kaiserlichen Einverständnisses vergewissert hätte. Ob allerdings der Plan vom Kaiser oder von Eulenburg ausgegangen ist, ist noch nicht geklärt. Eigentlich traue ich nur Hammerstein die ernsthafte Initiative für das große Staatsverbrechen zu.

Daß, mindestens im Unterbewußtsein, Hammerstein von seinem Staatsstreichgedanken auch die Sanierung seiner persönlichen Verhältnisse erhoffte, ist meine feste Überzeugung. Wenige Monate danach zerplatzte nämlich das leuchtende Gestirn Hammersteins in einer personellen Skandalaffäre mit höllischem Gestank. Hammerstein hatte ein Doppelleben geführt. Trotz seines sehr hohen Einkommens hatte er weit über seine Verhältnisse gelebt. Seine Reden trieften von Christentum und Moral. Aber während er von der Parlamentstribüne gegen die Weiberkneipen und die zunehmende Unsittlichkeit donnerte, saß oben auf der Zuschauertribüne seine Geliebte Flora Gaß, ein Schweizer Fräulein von nicht einmal besonders anziehendem Äußern. Trafen sie sich dann nach der Sitzung in der von Hammerstein für Flora elegant eingerichteten Wohnung, so sagte sie ihm: »Ihr seid halt alle die reinsten Komödianten.« Worauf er lachend erwiderte: »Ja, was soll ich tun, das ist nun mal mein Beruf!« In der Kurfürstenstraße hatte er seine Frau und seine Töchter, am Rheine trug er Fräulein Gaß als seine Frau in die Hotelbücher ein.

Ungezügelt wie sein Machtbestreben war seine Genußsucht. Die Mittel zu ihrer Befriedigung verschaffte er sich durch Betrug und Urkundenfälschung, was ihn 1895 ins Zuchthaus brachte. Seine kriminellen Verfehlungen waren längst in gewissen konservativen Kreisen bekannt. Niemand traute sich, ihn deswegen zu stellen, weil er als ausgezeichneter Pistolenschütze bekannt war. Nur hintenherum wurde der Angriff gewagt, indem Herr Jordan von Kröcher, konservativer Präsident des Abgeordnetenhauses, eine Notiz über Hammersteins Verbrechen in die »Kleine Presse«, den Ableger der »Frankfurter Zeitung« lancieren ließ.

Die Kröchers sind die richtigen märkischen Krautjunker. Sie sind so fromm, daß der älteste Sohn immer Jordan heißt und mit Jordanwasser getauft sein muß. Herr Jordan von Kröcher nannte sich einen Freund Hammersteins. Daß er, statt offen mit ihm zu sprechen, sich aus Mangel an Mut auf die Hintertreppe begab, muß selbst den empören, der ohne Gnade über Hammerstein urteilt.

Richtet nicht, damit ihr nicht gerichtet werdet! Auch für die schwersten Verfehlungen auf persönlichem Gebiet kann der menschlich Denkende Hammerstein mildernde Umstände zuerkennen. Wofür es kein Verzeihen geben darf, das war seine Absicht, Deutschland mitten in Friedenszeiten unter Verfassungsbruch dem Bürgerkrieg auszusetzen. Hammerstein war eine italienische Renaissance-Natur, verschlagen in demokratischen Zeiten und in die flachen Gefilde nüchternen Nordlandes. Elend ging der geniale Verbrecher zugrunde. Daß er rechtzeitig zugrunde ging, war ein Glück für Deutschland.

20. Kapitel
Englische Demokratie

Mit 28 Jahren fuhr ich zum erstenmal nach England, und zwar auf zwei Monate. Ich war mit einer Unmenge von Empfehlungsschreiben ausgestattet; sie reichten vom kleinen City-Clerk bis zu Friedrich Engels, der damals noch unvermählten Mrs. Sidney Webb und zu einigen Lords. So war dafür gesorgt, daß ich in Familien aller Art hineinkam, was dem nicht eingeführten Ausländer sonst in England nicht ganz leichtfällt.

Der erste Sozialdemokrat, mit dem ich in Berührung kam, war auch gleich der berühmteste. Es war im Jahre 1894, als ich im Begriff stand, meine erste Studienreise nach England anzutreten. Ich saß in unserm Sozialkonservativen Klub mit Freiherr v. Ungern-Sternberg von der Kreuzzeitung, Rudolf v. Mosch vom Deutschen Adelsblatt, Rudolf Stratz, J. E. Freiherrn v. Grotthusz und einigen andern Herren unsrer Abendrunde zusammen und berichtete von meinen Plänen. Da erklärte der Major Wachs aus dem großen Generalstab, damals die strategisch-literarische Autorität für die ganze Rechtspresse: »Wenn Sie nach London kommen, müssen Sie unbedingt meinen Freund Friedrich Engels aufsuchen.« Ich horchte überrascht auf: Wie, der einzige noch lebende Heroe der internationalen Sozialdemokratie wurde von dem konservativen Generalstabsmajor und Spezialisten für die strategische Bedeutung des Hafens von Biserta als sein Freund bezeichnet! Aber Wachs explizierte sich mit steigender Begeisterung. Die parteipolitische Gesinnung von Engels interessierte ihn gar nicht. Aber als militärpolitischer Schriftsteller müsse er sagen, daß er keinen Kollegen wegen seiner Kenntnis, seiner Sachlichkeit und seines klaren Urteils höher schätze als Engels. Er stehe deshalb in freundschaftlicher Korrespondenz mit ihm, und Engels werde mich gewiß herzlichst aufnehmen, wenn ich mit einem Empfehlungsbrief von ihm komme.

Also geschah es. Engels sprach nicht ganz so enthusiastisch über Wachs, wie dieser über ihn geurteilt hatte. Aber er empfing mich jungen Menschen sehr freundschaftlich und lud mich wiederholt in sein Haus, obwohl ich ihm selbstverständlich von Beginn an erklärt hatte, ich sei nicht Sozialdemokrat, sondern christlichsozial. Ich war ganz bezaubert davon, wie vollendet sachlich mir Engels, unter dem ich mir einen engen Parteifanatiker vorgestellt hatte, seinen Standpunkt darlegte. Er erklärte: »Sehen Sie, was sich hier in England sozialdemokratisch nennt, das ist eine kleine Sekte, aus der nie etwas werden wird. Die Leute hassen und meiden mich, weil ich zwar an die englische Arbeiterbewegung, aber nicht an die Zukunft der sogenannten sozialdemokratischen Föderation glaube...«

Engels hat auf mich einen unauslöschlichen Eindruck gemacht. Dieser wahrhaft internationale Mensch sprach mit innigster Wärme von Deutschland, hatte allerdings eine gründliche Abneigung gegen das Preußentum, für das ihm das Dreiklassenwahlrecht typisch schien. Er, der tiefgründige Gelehrte, der am liebsten in seiner Bibliothek empfing, war in der Unterhaltung ganz der fröhliche Rheinländer. Das trat besonders zutage bei einem Bierabend, zu dem er mich eingeladen hatte. Es geschah nach irgendeinem Sieg der Sozialdemokratie bei einer deutschen Nachwahl. Jedesmal pflegte er bei einem so erfreulichen Anlaß seine engsten internationalen Freunde in London zu einer Tonne Bier zu entbieten. »Die Sache wird mir nachgerade etwas teuer. Die Sozialdemokratie siegt jetzt zu oft bei den Nachwahlen«, sagte er lächelnd, als ich eintrat. Einer nach dem andern kamen sie, Deutsche, Tschechen, Ungarn, Russen, im ganzen etwa ein Dutzend Personen. Es wurde ein sehr vergnügter Abend, und ich, der Nichtsozialdemokrat, hatte keinen Augenblick den Eindruck, als Eindringling dazusitzen. Der sozialdemokratische Gastgeber war eben ein so natürlicher Mensch und ein so prachtvoller Kerl, daß jeder sich in seiner Gesellschaft wohl fühlen mußte.

Mein erster Eindruck in England, wie wohl der jedes unvoreingenommenen Deutschen, war: Hier ist ein Land ohne Militarismus und Bürokratie, in dem doch vollendete Ordnung herrscht. Dies Volk brauchte anscheinend nicht regiert zu werden. Es regierte sich selbst. Es ging also auch mit anderen als mit den mir bis dahin als allein gültig gepriesenen preußischen Methoden! Dabei handelte es sich nicht, wie bei der Schweiz, um ein kleines Land, sondern um ein Weltreich.

Man sah in Gesellschaften keine Uniformen. Der englische Offizier hält es für unpassend, mit seinem Dienstgewand das

Privatleben zu verunzieren. Auf der Straße erwies sich der Bobby, der riesige Schutzmann, als Vertrauensmann und Liebling des Publikums. Er schnauzte nicht, er half. Er war ja auch nicht, wie bei uns, aus dem Unteroffizierstande hervorgegangen. Darum gab es den berüchtigten Blaukoller des Publikums nicht. Die Zollbeamten durchwühlten nicht die Sachen, sondern begnügten sich mit der Frage, ob man Alkohol oder Tabak bei sich habe. Ein einfaches »Nein« befriedigte sie. Sie erblickten nicht, wie das bei uns und in den meisten andern Ländern der Fall war, in dem Reisenden von vornherein einen Betrüger, sondern bis zum Beweis des Gegenteils einen Gentleman. Auf der Bahn bekam man für sein aufgegebenes Gepäck keinen Gepäckschein, sondern ließ sich am Ankunftsort einfach seinen Koffer aus dem Gepäckwagen herausgeben. Polizeiliche Anmeldung existierte nicht. Wozu die Leute schikanieren? Wer Grund hatte, sich verborgen zu halten, wird sich ohnehin der Anmeldung entziehen. Man sah keine Verbotstafeln, man hörte keine Befehle.

Besonders eindrucksvoll war mir ein Erlebnis im Londoner Verkehrswesen. In dem Gewirr der Eisenbahnen fand ich mich zunächst nicht zurecht. Es passierte mir, daß ich an einer Kreuzung in eine ganz falsche Richtung einstieg. Als ich meinen Irrtum gewahrte, stieg ich an einer ziemlich entfernten Station aus und wandte mich als korrekter Preuße sofort an den Bahnhofsvorsteher, um ihm mein Mißgeschick zu melden und ihn zu fragen, was ich an Nachgebühr zu zahlen hätte. Der Mann verstand mich gar nicht. Erst allmählich ging ihm die ihm so fernliegende preußische Mentalität auf. Lachend rief er: »Aber, mein Herr, es ist doch ärgerlich genug für Sie, daß Sie die Zeit verloren haben. Dafür brauchen Sie doch nichts zu bezahlen. Steigen Sie einfach in den Zug da drüben, da werden Sie wieder auf Ihre richtige Strecke kommen.« Ich staunte Bauklötzer, wie der Berliner zu sagen pflegt. Das war also ein Land, wo der Staat sich so wenig wie möglich in die Angelegenheiten seiner Bürger einmischte, sich sozusagen unsichtbar zu machen verstand. Hier schien das preußische Verhältnis von Beamten und Publikum vom Subjekt und Objekt geradezu auf den Kopf gestellt. Der Staat vertraute seinen Angehörigen, und sie erwiderten dieses Vertrauen.

Sonntag für Sonntag wanderte ich in den Hydepark. Da fanden zahllose Versammlungen statt. Die Redner und Rednerinnen brachten sich ein Stühlchen oder sonst einen zu ihrer Erhöhung geeigneten Gegenstand mit. Vielleicht auch eine Trompete, um den Beginn ihrer Vorstellung anzukündigen. Der eine predigte für die Abstinenz, der andere für die irische Freiheit, der dritte für eine neue Religion, der vierte für die welterlösende Aufgabe des Anarchismus. Keine Versammlung war angemeldet oder auch nur polizeilich überwacht, während bei uns damals eine Versammlung unter freiem Himmel kaum zustande zu bringen war, soviel Fußangeln enthielt das preußische Vereinsgesetz, das noch aus der finsteren Reaktionszeit von 1853 stammte. Hier redete jeder öffentlich, wann er wollte und was er wollte.

Einen irischen Redner hörte ich Majestätsbeleidigungen über Majestätsbeleidigungen ausstoßen.

Die Königin Victoria nannte er eine dem Alkohol ergebene alte Hexe, die längst nicht mehr klar im Kopfe sei, und den Prinzen von Wales bezeichnete er als Spieler und Kinderschänder, der nicht auf den Thron, sondern ins Zuchthaus gehöre. Ganz erschrocken drehte ich mich um. Wurde der Redner nicht sofort abgeführt? Da sah ich einen Schutzmann, wie er gemütlich grinsend sich das alles mitanhörte.

Als ich in meinem Boardinghouse von dem mir ungeheuerlich erscheinenden Vorfall erzählte, machte man mich darauf aufmerksam, daß es in England keinen Majestätsbeleidigungsparagraphen und auch keinen Staatsanwalt gäbe. Gewiß, die Mitglieder der königlichen Familie können Strafantrag stellen wie jeder andere Staatsbürger auch. Aber sie tun es nicht. Wozu die Beleidiger interessant machen?

Damals führten meine ererbten Vorstellungen und die englischen Erfahrungen einen bunten Wirbel in meinem Kopfe auf. Wo war die Wahrheit? Ich kam zu keinem klaren Schluß. Erst erheblich später wurde mir bewußt, daß die englische Monarchie voraussichtlich als letzte auf der Welt bestehen wird, weil sie längst eingesehen hat, daß sie nur von Volkes Gnaden bestehen kann und sich entsprechend zu verhalten hat.

So oft wie möglich ging ich in England natürlich ins Parlament. Da frappierte mich am meisten der mir zunächst unbegreiflich scheinende Widerspruch zwischen Form und Inhalt. Alles Äußerliche war antiquiert. Das Haus hatte weniger Plätze als Abgeordnete, so daß bei großen Tagen Hunderte stehen mußten. Die Sitze ohne Schreibgelegenheit waren denkbar unbequem. Die Abgeordneten, die sämtlich Zylinder trugen, mußten sich ihre Kopfbedeckung mit in den Plenarsaal bringen und sie beim Reden aufsetzen. Der Speaker als Vorsitzender thronte in denkbar unbequemem Traditionskostüm über dem Ganzen. Die weiblichen Zuhörer waren durch ein Gitter wie Haremsinsassen von dem übrigen Hause geschieden. Die Parlamentsdiener sahen wie Hellebardiere aus dem 30jährigen Kriege aus. Jede Sitzung wurde mit Gebet eröffnet. Die Geschäftsordnung wurde mit geheimnisvollen Formeln im ältesten Englisch gehandhabt. Das schien mir ein Mumienkabinett, dem gegenüber sich das preußische Herrenhaus mit seiner Ritterschau ordentlich modern ausnahm. Aber dann die Verhandlungen, das war nun wieder das Demokratischste vom Demokratischen. Da gab es auch äußerlich nicht den geringsten Unterschied zwischen Ministern und Abgeordneten. Bei uns schwebten die Regierungsmitglieder bis zum kleinsten Hilfsassessor hinab erhaben über dem Gewimmel der ganz gewöhnlichen Abgeordneten – gewissermaßen erste Rangloge über dem Parkett. Im House of Commons gab es nur eine äußerlich über allen andern stehende, gekennzeichnete Persönlichkeit: den Speaker, den freigewählten, diktatorisch fungierenden Präsidenten des Hauses. Nur von ihm galt das Wort: Wer nicht pariert, fliegt! Die Minister dagegen saßen mitten unter den Abgeordneten, freilich auf den vordersten Bänken, vom Speaker aus gesehen, links. Auf den vorderen Bänken rechts hatten die Führer der Opposition ihren Platz, schon durch die Placierung den Ministern ebenbürtig charakterisiert.

Bei uns war es eine Gnade, wenn ein Minister bei den Verhandlungen zugegen zu sein oder gar das Wort zu nehmen beliebte. Wenn Eugen Richter das Wort bekam, nahm Bismarck immer sofort Reißaus, um dem Redner seine Mißachtung zu bekunden. Ob ein Minister auf Fragen antwortete oder nicht, hing ganz von seinem Gutdünken ab. Schwatzbude nannte das Volk den Reichstag. Weil es wußte, daß die deutsche Politik nicht im Reichstag, sondern ganz woanders gemacht wurde.

Im Unterhaus aber hatte man sofort das Gefühl: Hier wird nicht bloß geredet, hier ist die Werkstatt der Politik des Riesenreichs. Die Minister wissen: wenn sie heute versagen, findet morgen ein Chassez-croisez statt. Sie selber wandern zu den Oppositionsbänken hinüber, die Oppositionsführer dagegen ihrerseits nehmen auf den Ministerbänken Platz. Das wissen natürlich auch die Oppositionsmitglieder. Darum müssen sie auf jede Demagogie verzichten. Wer morgen vielleicht selbst die ganze Verantwortung zu tragen hat, wird sich hüten, heute unerfüllbare Forderungen zu stellen. Der englische Politiker ist zumeist kein geborener, um so mehr aber ein geschulter Redner. Bei uns hatte ich immer gesehen, daß die Parlamentssitzungen sich wie eine Art Festvorstellung mit vorher festgesetztem Programm abrollten. Die Redner mit ihren sorgsam ausgearbeiteten »Schreiben« kamen je nach Fraktionsstärke und Anciennität der Wortmeldung dran. Manchmal konnte man schon drei Tage vorher die Reihenfolge wissen. Im Unterhause dagegen wirkte alles wie improvisiert. Es gab keine schriftliche Wortmeldung. Wer seinem Vorredner zu antworten wünschte, mußte versuchen, sich dem Präsidenten bemerkbar zu machen, »to catch the Speaker's eye«. Dadurch wurde die Sache lebendig. Es wurde wirklich debattiert. Und man ödete sich nicht, auch wenn, was vorkam, die Sitzung bis tief in die Nacht sich hinzog. Bis dahin hatte ich von den Parlamenten als Einrichtung eine sehr geringe Meinung gehabt. Jetzt begann eine andere Vorstellung in mir heraufzuziehen.

Welche Bedeutung der Engländer, auch der reaktionärste, dem Volkswillen und dem Unterhause als seinem sichtbaren Ausdruck beilegte, das wurde mir allerdings erst bei einem späteren Besuche klar: Ich war mit dem sozialdemokratischen Abgeordneten Ludwig Frank zusammen nach England gefahren, um einen englischen Wahlkampf an der Quelle zu studieren. Die Wahlbewegung drehte sich ausschließlich um das vom Oberhaus abgelehnte Budget Lloyd Georges, »The People's Budget« genannt, weil es sehr hohe Steuern für die großen Einkommen und Erbschaften forderte. Ich wohnte unter anderem einer konservativen Wahlversammlung in Windsor bei. Es referierte der Herzog von Marlborough, der auf dem äußersten rechten Flügel seiner Partei stand. Nachdem er Lloyd George und seine Steuern nach Noten zerpflückt hatte, erklärte er: »Ich halte diese Steuern für ein Unglück für England. Sie hindern die Kapitalbildung und zerstören unsere politische Tradition. Sollte jedoch wider Erwarten die Wahl den Liberalen die Mehrheit geben, so daß das neue Haus die Steuern annimmt, so werde auch ich als Mitglied des Oberhauses ihnen meine Zustimmung geben. Des Volkes Wille allein hat zu entscheiden. Ihm hat sich jeder zu fügen. Das muß das letzte Wort jedes Engländers und jeder englischen Politik sein.« Nachdem ich das gehört hatte, war mir klar, warum der Adel in dem demokratischen England noch immer eine so einflußreiche Rolle spielt.

21. Kapitel
Der Schritt von Rechts nach Links

Bei meinem ersten Besuch in England widmete ich mich, meinen damaligen Neigungen entsprechend, in erster Linie sozialen Studien. Ich ging zu den christlichen Sozialisten, zu den Bodenreformern, zum People's Palace, zu den Settlements in den Arbeitervierteln, zu der Church Army und vor allem zu den verschiedenen Einrichtungen der Heilsarmee.

Von der Heilsarmee hatte ich bis dahin eine ganz falsche Vorstellung gehabt, sie wegen ihres äußeren Gehabens komisch gefunden. Aber schon die Generalversammlung im Kristallpalast, der ich bald nach meiner Ankunft in London beiwohnte, nötigte mich zu einer Revision meines oberflächlichen Urteils. Ich sah nicht nur, daß ein Minister im Namen der Regierung die Tagung offiziell begrüßte, ich hörte Reden von so erschütterndem sozialem Inhalt, daß ich mir vornahm, der Sache auf den Grund zu gehen.

Zunächst bat ich den Gründer der Heilsarmee, den ehrwürdigen General Booth mit dem langen Patriarchenbart, um ein Interview. Sein Sekretär erwiderte mir: »Der General wird am 7. Juli von 10.20 Uhr bis 10.40 Uhr zu Ihrer Verfügung stehen. Bitte, Ihre Fragen schriftlich mitzubringen.« Aha, times are money! In England muß man immer auf die Minute pünktlich sein, während in Rußland der pünktliche Mensch als unhöflich gilt.

General Booth gab mir auf meine knappen Fragen ebenso knappe und immer goldklare Antworten. Von den 20 Minuten nahm ich nicht nur die Überzeugung mit heim, einen der genialsten Organisatoren der Welt kennengelernt zu haben, sondern auch einen ganzen Sack voll Tatsachen und vor allem ein Schreiben, das mir alle Türen aller Heilsarmeeeinrichtungen erschloß. Davon machte ich ausgiebigsten Gebrauch, fuhr auch auf die Farmkolonie der Heilsarmee weit draußen auf dem Lande.

Erst bei diesem praktischen Studium wurde mir klar, wie es

die Heilsarmee fertigbringt, nicht nur an die Verlorensten der Verlorenen heranzukommen, sondern auch einen erheblichen Prozentsatz von ihnen der menschlichen Gesellschaft wiederzugewinnen. Sie hatte ein wundervolles Stufensystem aufgebaut: erst Nahrung und Unterkunft für die Neuankömmlinge, die dabei mit leichten Hilfsarbeiten beschäftigt wurden, dann Eingliederung dieser Menschen in die Fabrikbetriebe der Heilsarmee (z. B. in eine ziemlich bedeutende Zündholzfabrik), dann Verpflanzung auf das Land, wo zugleich die körperliche Ertüchtigung erfolgte. Wer sich auch dort bewährte, wurde für immer nach einer englischen Kolonie als freier Siedler gesandt. General Booth ging nämlich davon aus, daß diese Verbrecher, Säufer und Dirnen nur dann dauernd wieder als anständige Menschen leben würden, wenn sie in eine ganz neue Umgebung hineinkämen. Jede Begegnung mit alten Kameraden – die Gefahr des Rückfalls war riesengroß.

Dutzende ehemaliger Lumpenproletarier, die ich auf der Farmkolonie einzeln sprach, gaben mir die Gewißheit: Hier ist natürlich nicht etwa die soziale Frage gelöst, wohl aber ist hier in vorbildlicher Weise ein Stück praktischer Menschenliebe an dem sprödesten Material verwirklicht worden.

Sehr überrascht war ich als damals noch feuriger Antisemit, daß ich in England nicht nur keine Spur von Antisemitismus, sondern nicht einmal Verständnis dafür fand, wie ein Mensch überhaupt Antisemit sein könne. Stöckers Name war allgemein bekannt. Aber man bedauerte, daß ein so begabter Geistlicher so unchristlich sein und die Juden hassen könne. Ich wurde ganz verwirrt, begann aber über das Problem nachzudenken, ob es überhaupt einen christlichen Antisemitismus geben dürfe. Gerade die Engländer, die seine Möglichkeit leugneten, schienen mir besonders sympathische und gescheite Leute.

Im Jahre 1892, als ich noch ganz im Banne Stöckers stand, erlebte ich Friedrich Naumann zum erstenmal. Er, der damals Vereinsgeistlicher in Frankfurt a. M. war, referierte auf dem evangelischsozialen Kongreß in Berlin über Christentum und Familie. Dabei formulierte er die These: »Zweck der Ehe ist die Erzeugung und Erziehung von Kindern.«

Der Kongreß, der noch fast ausschließlich aus orthodoxen Pastoren und älteren Jungfrauen adeligen Geblüts bestand, schauerte zusammen. Wie kommt Saul unter die Propheten? Wie kann man so rationalistisch, so brutal, so, mit Verlaub zu sagen, beinahe unkeusch sprechen? Die Ehe ist eine christliche Einrichtung, die die seelische Gemeinschaft der Gatten zum Inhalt hat. Natürlich spielt das Körperliche dabei eine gewisse Rolle. Aber davon spricht man in der guten Gesellschaft nicht! Stöcker, dessen Ehe nicht mit Kindern gesegnet war, war besonders entrüstet.

Ich aber fühlte mich mit einemmal aus orthodox-konservativem Muff in frische Luft versetzt. Da stand vor mir ein Mann, der, erst 32jährig, den Mut hatte, mit der Offenheit eines Luther über natürliche Dinge natürlich zu reden. Ich war leidenschaftlicher Christ, aber auch Rebellentum gegen das Überkommene steckte in mir. War nicht Naumann eine ähnliche Natur? Stand er mir nicht eigentlich näher als der starre Traditionalist Stöcker? Zwei Jahre später ließ Naumann durch einige seiner Anhänger auf dem evangelischsozialen Kongreß in Frankfurt a. M. die Landarbeiterfrage aufrollen und nahm sie dann selbst in seinen Publikationen auf.

Das Land der Masse! Bauerngut an Bauerngut bis an die russische Grenze! Mit diesen Parolen begab er sich auf ein Gebiet, das mir besonders am Herzen lag, aber von Stöcker ängstlich gemieden wurde. Cave canem! Stöcker wußte allzu genau, daß selbst die vorsichtigste Behandlung der Landarbeiterfrage Acht und Bann seitens der Großgrundbesitzer bedeutete. Deren Spenden aber brauchte er für seine Stadtmission.

In jenen Jahren, da Stöcker der Präsident der christlichsozialen Partei und Naumann der anerkannte Führer der »Jungen Christlichsozialen« war, schien die von mir ersehnte Zusammenfassung beider Strömungen noch möglich. Sie hätte mir gestattet, mit dem einen zu gehen, ohne den andern aufzugeben. Täglich fühlte ich mich mehr zu Naumann hingezogen. Aber noch konnte ich mich nicht von Stöcker lösen, an den mich tausend Bande intimster Zusammenarbeit fesselten.

Naumann wollte Zusammengehen, Stöcker lehnte ab. In seinem Unterbewußtsein spielte sicherlich die Eifersucht des alternden Mannes auf die junge kommende Größe eine gewisse Rolle. Ausschlaggebend war aber doch das sachliche Hindernis. Stöcker stand rechts, wollte rechts stehenbleiben, Naumann stand links, erwartete nichts von den Konservativen, alles von den Arbeitern.

Erst das Jahr 1896 brachte die Entscheidung. Zu Beginn des Jahres war die Trennung Stöckers von den Konservativen – allerdings gegen seinen Willen – erfolgt. Die christlichsoziale Partei mußte sich nunmehr selbständig organisieren. Da ich selbst an der Trennung beträchtlich mitgewirkt hatte, war ich glücklich. Blumen der Hoffnung blühten in mir auf. War jetzt nicht die antikonservative Partei da, die auf christlichem Boden radikale Sozialpolitik in Stadt und Land treiben konnte? Jetzt mußten sich doch Stöcker und Naumann zusammenfinden. Die erste Versammlung, die Stöcker nach seinem Austritt aus der konservativen Partei in Berlin abhielt, knickte alle meine Hoffnungen. Stöcker führte aus: »Ein schwerer Schritt. Er ist mir blutsauer geworden. Doch können wir auch in Eintracht nebeneinander kämpfen. Denn wenn ich die konservative Fraktion verlasse und nun in der organisierten Partei keine Unterkunft mehr suchen und finden werde, so bleiben wir doch selbstverständliche Teile, und zwar lebendige Teile der großen konservativen Bewegung in christlichsozialem Sinne. ... Ein großer Teil der Konservativen bleibt noch die wirkliche Aristokratie. Die gehört mit dem Volke zusammen, nicht mit der liberalen Bourgeoisherrschaft... Ich habe in den Zeitungen gelesen, die Konservativen gehen jetzt nach rechts, Stöcker nach links. Nein, meine Herren, das werden Sie nie erleben. Wir gehen noch rechtser!« Wenn Stöcker sagte: »Wir gehen noch rechtser!«, so war das keine Kampfansage gegen die Konservativen, sondern ein Bündnisangebot, oder schlimmer als das, ein Unterwerfungsangebot. Stöcker schlug den Konservativen ein Kämpfen nebeneinander vor, er gelobte ihnen, daß die Christlichsoziale Partei ein Bestandteil der konservativen Bewegung sein solle, er versprach, noch rechtser zu gehen.

Ich, der ich als Leiter der Versammlung das Schlußwort hatte, versuchte eine Retusche der Stöckerschen Rede, empfahl goldene Rücksichtslosigkeit im Kampf gegen die Konservativen und schloß mit der Parole: »Vorwärts, drauf!« Aber kann der Adjutant eine Armee nach links dirigieren, wenn der Feldherr sie nach rechts kommandiert? Wenige Wochen danach fand der erste Parteitag der Christlichsozialen Partei in Frankfurt a. M. statt. Naumann hatte daran teilnehmen wollen. Stökker hatte ihn wissen lassen, daß die Teilnahme der »Jungen« unerwünscht sei.

Zum Vorsitzenden des Parteitags machte Stöcker den Grafen Solms-Laubach, einen Magnaten aus Hessen. Mit diesem Grafen hatte ich bei der Beratung des neuen christlichsozialen Programms einen Zusammenstoß gehabt. Im Interesse der Einschränkung der Macht des Großgrundbesitzes hatte ich einen

Paragraphen empfohlen, der die Verstaatlichung des großen Forstbesitzes forderte. Graf Solms erhob sich und erklärte mit einer vor Erregung bebenden Stimme: »Wenn mir jemand meinen Wald nehmen will, hole ich meine Flinte und schieße.« Die Bestimmung des Grafen Solms zum Vorsitzenden deutete die Richtung an, in die Stöcker den Parteitag drücken wollte.

Ich selbst wohnte bei dem vom Parteitag ausgeschlossenen Naumann. In diesen Tagen trat ich ihm menschlich sehr nahe, zumal ich immer bei ihm gewissermaßen meinen Schmerz über den Verlauf des Parteitages ausweinen konnte. Alles, was ich bei Stöcker verneint sah, fand ich bei ihm bejaht.

Schließlich nahm der Parteitag auf Stöckers Veranlassung eine Resolution an, in der das »politische Zusammengehen mit der sogenannten jungen christlichsozialen Richtung für unmöglich erklärt wurde«. Unter den drei ablehnenden Stimmen war auch die meine.

Das hat mir Stöcker nie verziehen. Von nun an setzte seine Minierarbeit gegen mich ein. In die Redaktion des »Volk« berief er den jungen Balten Adolf Stein, der übrigens später unter dem Namen »Rumpelstilzchen« die Hugenberg-Presse befruchtete. Herr Stein hatte den Geheimauftrag, meine Korrespondenz zu durchschnüffeln und meine Redaktionsarbeit nicht nur zu kontrollieren, sondern auch zu sabotieren.

Der konservative Wahlkreis Ruppin-Templin wurde frei. Aus Templin bekam ich von angesehenen Christlichsozialen die Aufforderung, dort zu kandidieren. Kaum hatte Stöcker das erfahren, so hintertrieb er meine Reise und kündigte sich selbst als Redner an, um den Konservativen den Wahlkreis zu erhalten. Der unterirdische Kleinkampf fand seinen Abschluß mit meiner brüsken Entlassung aus der Redaktion des »Volk«. Mein Nachfolger wurde der Christlichkonservative Herr Dietrich von Oertzen, der von nun an in Gemeinschaft mit Rumpelstilzchen das Blatt »noch rechtser« dirigierte.

Als Naumann die Entwicklung der Dinge sah, entschloß er sich, eine eigene Tageszeitung ins Leben zu rufen, die »Zeit«. Das Angebot, in ihre Redaktion einzutreten, erhielt ich in Konstantinopel. Freudig sagte ich zu. Der Schritt von Stöckers »Volk« zu Naumanns »Zeit« war der entscheidende Schritt für mich von rechts nach links. Gewiß, ich hatte schon lange, als ich formell noch rechts stand, eine überaus kritische Haltung eingenommen. Und ich hatte auch jetzt, als ich mich mit Naumann bewußt der Linksfront einreihte, noch reichlich nationalistische und militaristische Eierschalen an mir. Aber maßgebend war doch: meine Hoffnung, die Konservativen reformieren zu können, hatte ich begraben. Nun wurde der offene Kampf zum Sturz der konservativen Macht meine Lebensaufgabe. Die Wasserscheide zwischen links und rechts war überschritten.

Zweiter Teil
Zwei Jahrzehnte Moralpolitik

22. Kapitel
Friedrich Naumann

An die vielen Jahre meiner intimen Zusammenarbeit mit Naumann denke ich mit bewegtem Dank zurück. Dieser Führer war zugleich ein prachtvoller Kamerad, der nie Alleinherrscher sein wollte, immer nur primus inter pares. Welch Gegensatz zu Stöcker! Der wollte paradieren und kommandieren, empfand jedes Wort der Kritik in einer Vorstandssitzung als unangenehme Störung seiner gottgewollten Diktatur. Er war ganz Hierarch. Naumann dagegen ging in der Redaktionskonferenz oder in der Vorstandssitzung auf jeden Einwurf, auch des bescheidensten Mitgliedes, sachlich ein. Er wollte weder blenden noch befehlen, nur überzeugen.

Daß die Gründung des Nationalsozialen Vereins, die er Ende 1896 in Erfurt vollzog, ein in seiner Grundlage verfehltes Unternehmen war, habe ich erst Jahre später eingesehen. In jenen Novembertagen war im Kaisersaal zu Erfurt, wo einst Napoleon seine Parade deutscher Fürsten abgehalten hatte, die politische Blüte deutschen Geistes versammelt. Eine Gemeinschaft, fast so erlaucht wie die in der Paulskirche von 1848. Das heißt, eigentlich war es keine Gemeinschaft, sondern nur die Personalgemeinde Naumanns. Seine überragende Persönlichkeit schien eine Brücke geschlagen zu haben, die von dem sozialistischen Pfarrer Paul Göhre bis zu dem konservativen Professor Rudolf Sohm reichte. Naumanns künstlerische Bilderhand verstand es, einen Programmbau leuchtender deutscher Zukunft zu errichten, in dem sie alle gemeinsam wohnen zu können glaubten. Doch hart im Raume stießen sich die Dinge.

Geistesarbeit höchsten Ranges wurde im Nationalsozialen Verein geleistet. Jeder Parteitag brachte ein neues, sorgsam durchgefeiltes Spezialprogramm: Schulprogramm, Agrarprogramm, Kolonialprogramm. Wir hatten eine Musterkarte bester Programme, wie sie nie eine andere Partei besessen hat. Nur leider fehlten die Wähler, die den Kandidaten dieser Musterkarte von Musterprogrammen die Stimme gaben.

Nicht einmal Naumann selbst kam in den Reichstag.

Die Nationalsoziale Partei hatte nämlich keine einzige breite Schicht, auf die sie sich stützen konnte. Ihr Kern war eine Reihe hochstehender Intellektueller. Aber diese Intellektuellen tendierten teils nach links um des Sozialen, teils nach rechts um des Nationalen willen. Jeder Streik bedeutete eine Krisis, jede Stichwahl eine Katastrophe. Nach rechts wie nach links gab es Absplitterungen. Der kleine Rest, soweit er nicht parteipolitisch heimatlos wurde, ließ sich 1903 von Naumann in das Lager der Freisinnigen Vereinigung führen.

Was mich, der ich allmählich auch die letzten Eierschalen meiner Vergangenheit abstreifte, sachlich mit Naumann auseinanderbrachte, war seine Stellung zum Internationalen und Militärischen.

Naumann hat fast jeden Urlaub zu weiten Reisen ins Ausland bis nach Asien und Afrika hin benutzt. Frucht dieser Reisen waren unvergängliche Bücher funkelnd wie Edelmetall und Edelgestein. Alles erschloß sich ihm, wenn er die heiligen Stätten Palästinas oder die Oasen Algeriens, die Dome Frankreichs oder die Moscheen der Türkei durchwanderte, Natur, Kunst und Geschichte des fremden Volkes. Nur eins blieb ihm verborgen: dessen Wesen und Fühlen. Das lag wohl daran, daß dieser sonst so begabte Mann gar keinen Sinn für fremde Sprachen hatte. Schon auf der Schule waren sie sein schwächstes Fach gewesen. Nie ist er deshalb mit Franzosen oder Engländern in wirklichen Kontakt gekommen. Er verstand sie nicht. Sein Blick reichte in die tiefsten sozialen und wirtschaftlichen Tiefen. Der Welthorizont blieb seinem Auge verschlossen.

Er hatte eine militaristische Seele. Das Duell bejahte er. Er konnte nur schwer davon abgehalten werden, den Oberstleutnant Moritz von Egidy zum Duell zu fordern. Mir selbst riet er einmal dringend zu einem Duell mit Franz Mehring, als dieser Sozialdemokrat mich öffentlich schwer beleidigt hatte.

Den Krieg bejahte er. In seinem nationalsozialen Katechismus machte er für den Erwerb von Kolonien Propaganda und schloß: »Bei welchen Gelegenheiten können solche Kolonien gewonnen werden? Bei Friedensschlüssen nach glücklichen Seekriegen.«

Wie das deutsche Flottenprogramm hatte er auch die berüchtigte Hunnenrede Wilhelms II. mit aller Entschiedenheit verteidigt. Und als es dann ernst wurde und der Weltkrieg ausbrach, unterlag er der Kriegspsychose genau wie fast das ganze deutsche Volk. Ende August 1914 war ich mit ihm zusammen. Ihn beschäftigte vor allem der Gedanke, wie man die Türkei zum Anschluß an Deutschland bringen könne. Die große Schwierigkeit lag darin, daß die türkische Flotte durch ihre englischen Instruktionsoffiziere gewissermaßen unter Kontrolle Englands stand. Mit etwas verlegenem Lächeln sagte Naumann zu mir: »Ich wünschte, daß die türkischen Matrosen einmal die Grundsätze der christlichen Ethik ignorierten.«

Seine eigene christliche Ethik hatte der Kriegsprobe nicht standgehalten. Während des Krieges schrieb er eins der geistvollsten und zugleich unheilvollsten Bücher, das je in deutscher Sprache erschienen ist: sein »Mitteleuropa«, mit der Empfehlung dauernder Schützengräben nach Osten und Westen. Noch heute wirkt bei der internationalen Beurteilung der deutsch-österreichischen Zollunion die Erinnerung an »Mitteleuropa« vernichtend nach. Die tiefen sachlichen Meinungsverschiedenheiten haben meine Liebe zu Naumann nicht überschatten können. Er war ein ganzer Mann. Wenn er den Krieg bejahte, so bejahte er auch alle wirklichen und vermeintlichen Kriegsnotwendigkeiten bis in die letzten seelischen und materiellen Konsequenzen hinein. Sein Riesenkörper brauchte Riesenportionen. Er aber hielt sich an die Kriegsrationen, verschmähte jedes Hintenherum. Es war erschreckend, seinen körperlichen Verfall mitanzusehen. Dazu der Schmerz über die Niederlage! Als er im August 1919 vorzeitig starb, war er ein Kriegsopfer in jedem Betracht.

Ob er als Politiker groß gewesen ist, darüber kann man verschiedener Meinung sein. Aber ein ganz Großer und ganz Reiner war er.

23. Kapitel
Wahlkampf im dunkelsten Holstein

Ich bin nicht etwa bei den Grafen Ostholsteins eingeladen gewesen. Ungeladen und natürlich unwillkommen war ich 1897 zum Wahlkampf, dem ersten des 1896 begründeten Nationalsozialen Vereins Friedrich Naumanns, in die »Grafenecke« der sonst so bäuerlichen Provinz Schleswig-Holstein gekommen. Nur par distance also kam ich mit den Grafen Rantzau, Reventlow, Bülow, Ahlefeldt e tutti quanti in Berührung. Wir versuchten, ihnen das Stimmvieh ihrer Landarbeiter wegzutreiben, und sie machten ihre Hofhunde gegen uns mobil.

Ein wunderherrliches Land, die Holsteinische Schweiz, mit den mächtigen Buchenwäldern und der Kette klarer Seen! Eine nächtliche Mondscheinfahrt auf dem geheimnisvollen Ukleisee, und das schönste Gedicht Paul Verlaines wurde einem lebendig. Aber so schön die Landschaft, so trübe sah es politisch aus: düsterstes Ostelbien, nach dem Nordwesten versetzt. Meilenweit erstreckten sich die Fideikommisse der Grafen, auf denen das »patriarchalische« Verhältnis von wenigen Herren und zahllosen Knechten mit eiserner Faust aufrechterhalten wurde. Kein Fremder kam an die Wohnungen der Landarbeiter heran! Die Grafen wußten ihr Hausrecht zu wahren. Der langjährige Reichstags-Vertreter des Wahlkreises Plön-Oldenburg, Graf Holstein-Waterneverstorff, hatte sogar auf seinen sämtlichen Gütern die Gastwirtschaften eingehen lassen, um seinen Arbeitern die Gelegenheit zum Zusammentreffen mit »Hetzern« zu rauben. Lieber verzichtete er auf gewisse Einnahmen, ehe er die Gefahr der »politischen Vergiftung« zuließ.

Die Wahlergebnisse fielen dementsprechend auf den Latifundien aus: 1893 hatten in Futterkamp von 158 Wählern 157 konservativ gestimmt, in Rantzau von 186 Wählern 184, in Neuhaus gar alle 253, ebenso in Kletkamp alle 199. Die Wahlen waren konservative Kontrollversammlungen.

In diese konservative Domäne brachen wir ein als ganz junge, ganz schwache Partei, die sich noch nicht einmal »Partei« zu nennen wagte. Allerdings, wir taten es gar nicht mit Absicht. Durch einen ganz kuriosen Zufall entstand die erste nationalsoziale Kandidatur.

Einer unserer Führer, der ausgezeichnete Bodenreformer Adolf Damaschke, sollte 1898 bei der allgemeinen Reichstagswahl in Kiel kandidieren, wo er früher mit größtem Erfolg die »Kieler Neuesten Nachrichten« redigiert hatte. Naumann fuhr mit ihm nach einem Ort des vermeintlichen Wahlkreises Kiel und proklamierte dort nach einer Kandidatenrede Damaschkes dessen Kandidatur.

Doch als Gott den Schaden besah, da gehörte der Ort gar nicht zum Wahlkreise Kiel, sondern zum Wahlkreise Plön-Oldenburg. Aus Gründen der Wahlgeometrie hatte die Regierung nämlich, um die konservative Wahl bombensicher zu machen, den unsicheren Teil zu Kiel geschlagen, dafür aber den Kreisen Plön und Oldenburg als besonders zuverlässig geltende Teile der Kreise Kiel, Segeberg und Stormarn angegliedert.

Nun fügte es das Geschick, daß im Wahlkreise Plön-Oldenburg gerade eine Reichstagsersatzwahl bevorstand, weil der bisherige Vertreter Graf Holstein gestorben war. Damaschke war also von Naumann, ohne daß einer von beiden es gewollt hatte, als Kandidat für die Ersatzwahl verkündet worden. Ein Geständnis des Irrtums war ausgeschlossen, ohne die neue Partei in ganz Deutschland der Lächerlichkeit preiszugeben. Wir mußten die Kandidatur wider Willen durchfechten, und zwar in einem Wahlkreis, in dem die Nationalsozialen und Bodenreformer zusammen ganze sieben Abonnenten ihrer Blätter hatten.

Aus der Not eine Tugend machend, gingen wir nun aber sofort mit unserer ganzen Armee in Kompagniestärke an die Arbeit. Ich fuhr mit Damaschke nach Kiel voraus. Am Abend im Hotel bekannte er mir, daß er noch nie Austern gegessen habe und deshalb auch nicht wisse, wie sie zu essen seien. Ob ich ihm nicht das Geheimnis entschleiern wolle, wenn er für uns beide bezahle! Mit sicherem Instinkt hatte er sich an die richtige Adresse gewandt. Austernessen hatte ich schon in Mönchmotschelnitz bei den Jagddiners gelernt. Deshalb konnte der erste Punkt auf der Tagesordnung unserer Wahlkampagne zur beiderseitigen Zufriedenheit erledigt werden.

Alsdann ging es nach Plön, das zum Hauptquartier erhoben wurde. Und zwar logierten wir allesamt in dem feinsten Hotel, weil Naumann davon ausging, eine neue Partei dürfe keinen pauveren Eindruck machen; das schrecke die Wähler ab. Sogar einen Wahlbarden hatte er mitgebracht: Erich Schlaikjer, den Feuilletonisten unseres Parteiorgans, Dichter im Nebenberuf. Der sollte schöne Feuilletons über die Wahlbewegung schreiben und so die Freunde im Reiche für Wahlkampf und Wahlkasse interessieren.

Ich selbst wurde zum Wahlchef ernannt, weil ich immerhin schon ein paar Wahlkämpfe mitgemacht hatte, während die andern Nationalsozialen in dem Punkte unbeschriebene Blätter waren.

Als Wahlchef machte ich alsbald den mir für den Wahlkampf unerläßlich scheinenden Wahlwitz, übrigens den einzigen meines Lebens. Leider habe ich ihn vergessen, ich weiß nur noch, daß er den Grog, das Nationalgetränk des Wahlkreises, zum Gegenstand hatte. Jedenfalls war er so wirkungsvoll, daß alle unsere Redner ihn adoptierten. Eine meiner Hauptaufgaben als Wahlleiter war die genaue Registrierung, wo er verwendet wurde. Denn selbstverständlich durfte er an jedem Orte nur einmal produziert werden. Andernfalls wäre vielleicht das nationalsoziale Programm in den Ruf der Geistesarmut gekommen.

Nun ging unser Feldzug los. Wir hatten als Gegner einen Kandidaten der Freisinnigen Vereinigung (Pastor Hoeck), einen Freisinnigen Volksvertreter (Landwirt Schmidt), einen Sozialdemokraten (Weinheber) und vor allem einen konservativen Gutspächter von Tungeln. Das war ein rührend gutmütiger, übrigens beinah tauber Mensch, der von Politik so wenig Ahnung hatte, daß seine Partei sehr rasch erkannte: die einzige Möglichkeit seiner Wahl bestehe darin, daß er nie mehr öffentlich gezeigt wird. Worauf man entsprechend verfuhr. Konservative Wahlen in Landkreisen gründeten sich ja ohnehin weder auf Persönlichkeit noch auf Programm, sondern auf Drill und Druck.

Wir Nationalsozialen, bis dahin im Wahlkreise völlig unbekannt, konnten natürlich nur dadurch etwas erreichen, daß wir uns möglichst in jedem der 182 Wahlorte rednerisch vorstellten. In jedem Wahlort! Das war leicht gesagt, aber in der Praxis unmöglich. In vielen Dutzenden von Orten gab es entweder überhaupt kein öffentliches Lokal, oder falls ein solches vorhanden war, wurde dem Wirt von dem Grafen verboten, es zu gegnerischen Wahlversammlungen herzugeben. Wir mußten uns auf die spärlichen freien Bauerndörfer oder auf die kleinen Städte beschränken. Da erlebten wir oft das rührende Schauspiel, daß innen im Saal die Bürger und die Gutsbeamten (diese zum Pfuirufen und sonstigen Störungen) versammelt waren. Draußen im Dunkeln vor den Fenstern aber drängten sich die Landproletarier, um ein paar Worte der neuen Heilsbotschaft zu erschnappen. In den Saal selbst, wo sie ihre Fronvögte wußten, trauten sie sich nicht.

In den Bauerndörfern war die große Schwierigkeit, unsere Versammlungen einigermaßen interessant zu machen. Unsere Reden waren natürlich interessant. Nur hatten wir nicht den Eindruck, daß unsere Zuhörer sich dessen so recht bewußt wurden. Diese an sich intelligenten und zum Teil überraschend gebildeten Bauern hörten sich alles so unbewegt an, als ob sie eine Predigt in der Kirche vorgesetzt bekämen. Man wurde nicht klug daraus, ob sie zustimmten oder ablehnten. Dort oben wohnt ein schwerfälliger Menschenschlag, dem das Herz nicht leicht auf die Zunge tritt.

Nach meinen Erfahrungen in andern ländlichen Wahlkreisen kam es darauf an, die Versammlungen etwas dramatisch zu gestalten. Kommt der Bauer aus der Versammlung mit dem Eindruck nach Hause: »Es war wie im Theater«, so hat man schon halb gewonnen. Also Diskussionsredner, Gegner oder wenigstens Scheingegner an die Front! Aber woher nehmen und nicht stehlen! Die Gegner zogen es vor, unsere Versammlung nicht durch Diskussionen interessant zu machen. Und die Wähler selbst waren meist um keinen Preis zur Wortmeldung zu bringen.

Da kam uns ein Gesinnungsgenosse aus Hamburg zu Hilfe, ein prächtiger Navigationslehrer, der zugleich ausgezeichneter Radler war. Der kam immer Sonnabend und Sonntag auf die Dörfer zu unseren Versammlungen geradelt und markierte dort die Opposition. Im adretten Sportkostüm meldete er sich nach dem Referat zum Wort und erklärte: »Ich komme gerade von Hamburg auf einer Radtour vorbei und bin in die Versammlung gegangen, weil mich Politik interessiert. Von der neuen Partei hört man ja so allerlei, was dafür und dagegen spricht. Mir hat die Rede ganz gut gefallen, aber manches ist mir noch nicht klargeworden. Ich möchte mich belehren und bitte deshalb, daß mir der Herr Kandidat ein paar Fragen beantwortet.« Dann legte er mit einer Reihe von Fragen los, die den Eindruck des ehrlichen Suchens und Zweifelns machten. Für Damaschke und uns andere waren das alles natürlich nur erwünschte Stichworte.

Der Navigationslehrer stellte Ergänzungsfragen. Das Publikum hörte sehr interessiert zu, griff nun sogar manchmal selbst in die Debatte ein. Das »Theater« war da! Viele Stimmen blieben bei uns hängen. Hinzufügen muß ich allerdings, daß gerade Damaschke für solche Versammlungen sich ganz hervorragend eignete. Er war schon damals ein Volkspädagoge allerersten Ranges. Die schwierigen Bodenprobleme, um die es sich für ihn vor allem drehte, wußte er mit praktischen Beispielen so anschaulich zu erläutern, daß er so manchen Hörer dauernd gewann. Er zündete nicht, weil er das Gegenteil eines Demagogen war. Aber er eroberte Herzen und Hirne.

Nach einigen Wochen Wahlkampf sah ich, daß trotz der vielfach überraschenden Versammlungserfolge an einen Sieg für uns gar nicht zu denken sei. Das sagte ich offen Damaschke, mit dem ich gerade im kleinen Boot nach der zum Wahlkreis gehörigen Insel Fehmarn hinüberfuhr. Das Meer war ein bißchen unruhig. »Die größte Reklame für die nationalsoziale Partei wäre, wenn wir beide jetzt umkippten und ertränken«, suchte ich Damaschke zu suggerieren. Er aber erklärte, daß er es für zweckmäßiger halte, für die Nationalsozialen zu leben, als für sie zu sterben.

Die größte Schwierigkeit war, die Stimmzettel in die Hände jedes Wählers zu bringen. Was nützt die schönste Stimmung, wenn am Wahltag kein Stimmzettel da ist! Damals war es ja so, daß nicht, wie heute, amtliche Stimmzettel in den Wahllokalen auslagen. Jeder Kandidat mußte vielmehr seine Stimmzettel selber drucken lassen. Wie er sie den Wählern zustellte, war seine Sache.

Wie sollten wir die Stimmzettel auf die großen Güter bringen? Die Gutshöfe waren hermetisch verschlossen. Scharfe Hunde bewachten die Eingänge. Jeder Fremde, der in der Nähe auftauchte, wurde unter Kontrolle genommen. Selbst wenn man den einen oder andern Arbeiter gewonnen hatte, traute er sich nicht an die Stimmzettelverteilung heran, um nicht alsbald auf die Straße zu fliegen. Es herrschte ein Terror, der nur hier und da von den Sozialdemokraten, dank ihrer alten unterirdischen Verbindungen, durchbrochen werden konnte. Für jede andere Partei war der Gutshof eine verbotene Stadt. Der Landarbeiter bekam bis zum Wahlkampf und am Wahltag selbst nur Stimmzettel für Herrn von Tungeln zu sehen. Sie waren einfach physisch außerstande, anders als konservativ zu wählen.

So war das Endergebnis nicht überraschend: Damaschke bekam mit 2148 Stimmen zwar mehr als jeder der beiden freisinnigen Kandidaten und beinahe so viel wie der Sozialdemokrat. Aber der nichtssagendste aller fünf Kandidaten, Herr von Tungeln, trug mit 8177 die Siegespalme schon im ersten Wahlgang davon. Die Grafenecke blieb konservativ. Die Städte und die Bauerndörfer hatten antikonservative Mehrheiten erbracht. Aber die Landproletarier hatten so funktioniert, wie sie von den drei Dutzend Großgrundbesitzern angekurbelt worden waren.

Wir Nationalsozialen atmeten übrigens erleichtert auf, als feststand, daß der Konservative auf Anhieb gesiegt habe. In der Wahlnacht saßen wir in unserem Plöner Hotel und rechneten die einlaufenden Stimmziffern zusammen. Immer sorgenvoller wurden unsere Gesichter. Zunächst schien es nämlich so, als müsse es Stichwahl zwischen Konservativen und Sozialdemokraten geben. Was sollten wir dann tun? Die Stichwahlparole konnte die junge Partei einfach töten. Wir alle, die wir in Plön saßen, hätten dann gern die Parole für die Sozialdemokraten ausgegeben. Aber was hätte der rechte Flügel unserer Zwergpartei, der unter Führung Professor Sohms stand, dazu gesagt? Dem stand das Nationale weit über dem Sozialen. Der Bruch wäre unvermeidlich gewesen.

Die Götter wandten es gnädig. Herr von Tungeln ging als Sieger mit einer Nasenlänge durch das Ziel. Der Reichstag war um eine Null und der Nationalsoziale Verein um eine Chance reicher.

24. Kapitel
Im Kampf gegen die Junker

Seit dem Jahre 1901 hatte ich die Redaktion der »Welt am Montag« übernommen.

In diesem Jahre hatte ich einen journalistischen Haupttreffer. Von einem vernünftigen Landwirt wurde mir eine amtliche Urkunde zugeleitet, die für die ländlichen Zustände um die Jahrhundertwende ein Belegstück von kaum zu überbietender Bedeutung war.

Immer wenn man, an der Hand von Beispielen, den Agrariern die menschenunwürdige Lage der Landarbeiter vorhielt, wandten sie ein: »Bedauerliche Einzelfälle!« Diesmal aber handelte es sich um ein Aktenstück der königlich preußischen Ansiedlungskommission für Posen und Westpreußen.

Diese Kommission hatte die Verwaltung der vielen Dutzende von Gütern, die in der Ostmark aus allgemeinen Steuermitteln vom Fiskus erworben wurden, um den polnischen Grundbesitz durch deutschen zu ersetzen. Zwischen Erwerb durch den Staat und Weitergabe an den Ansiedler lag ein Zwischenraum von einigen Jahren, währenddessen die Ansiedlungskommission die Güter zu bewirtschaften hatte.

Für die dabei beschäftigten Staatsarbeiter hatte der Präsident der Ansiedlungskommission im März 1900 einen Küchenzettel ausgearbeitet, der die Ernährungskosten pro Tag und Arbeiter auf 40 Pfennig festsetzte.

Als er den Verwaltern der einzelnen Güter diesen Ernährungsplan zuschickte, erhoben einige Widerspruch. Worauf ihnen der Präsident mit der Schneidigkeit des echten Preußen erwiderte: »Ich verlange, daß meine Verfügung strikt durchgeführt wird. Die Erfahrung hat gelehrt, daß es sehr wohl möglich ist, für den Durchschnittspreis von 40 Pfennigen leben zu können. Damit ist es möglich, einen erwachsenen Arbeiter gut und ausreichend zu beköstigen.«

Ob ein erwachsener Landarbeiter, der im Sommer manchmal 16 Stunden beschäftigt ist, »gut und ausreichend« von den für ihn ausgeworfenen 40 Pfennigen leben konnte, kann jeder selbst beurteilen, wenn er den amtlichen Küchenzettel (S. 152/153), datiert vom 26. März 1900, studiert.

An vier Tagen in der Woche gab es also überhaupt kein Fleisch, dafür an den andern drei Tagen aber jedesmal ganze 100 Gramm. Um meinen damaligen Lesern in der »Welt am Montag« eine Vorstellung von der Bedeutung dieses Quantums zu geben, ließ ich 100 Gramm schieres Hammelfleisch abkochen. Das Ergebnis war ein Kubus von 31 Kubikzentimeter Inhalt. Eine Streichholzschachtel hat eine Größe von 41 Kubikzentimetern.

Natürlich erregte der Küchenzettel ungeheures Aufsehen. Die gesamte Presse verurteilte ihn, sogar die konservative. Die Ansiedlungskommission brauchte sieben Wochen, um sich von ihrem Schrecken zu erholen. Dann ließ sie eine Verteidigungsschrift los, deren Hauptsatz folgendermaßen lautete: »Mit Rücksicht auf die privaten Nachbarbetriebe kann die Ansiedlungskommission keine bessere Nahrung gewähren, ohne der Schleuderkonkurrenz beschuldigt zu werden.«

Somit wurde amtlich festgestellt, daß auf den Staatsgütern nicht etwa eine besonders schlechte Beköstigung der Landarbeiter eingeführt worden war, sondern daß man dort die armen Teufel nur deshalb so schlecht ernährte, weil man fürchtete, sonst von den Agrariern des »unlauteren Wettbewerbs« bezichtigt zu werden.

In einem Prozeß im Jahre 1899 habe ich die gerichtliche Feststellung der Löhne auf dem Rittergut Cunern im Kreise Wohlau erzwungen. Es wurde bewiesen, daß Oberleutnant H. auf Cunern folgende Tagelöhne zahlte:

Erwachsene männliche Arbeiter	80 Pfennig	im Sommer
	60 Pfennig	im Winter
Frauen	40 Pfennig	im Sommer
	35 Pfennig	im Winter

Dazu außer ein paar Furchen Kartoffelland nichts an Rentenbezügen. Alles, Essen, Trinken, Wohnung, Licht, Heizung, Kleidung, Kinderaufzucht mußte von dem zwischen 35 und 80 Pfennigen schwankenden Tagesverdienst der Eltern bestritten werden.

Mein Artikel, der diese Zustände geißelte, hatte die Wut des Wohlauer Landrats von Wrochem hervorgerufen. In einem Be-

Küchenzettel

(Änderungen dieses Küchenzettels nach örtlichen Gewohnheiten und Bedürfnissen sind, wie auch hierunter schon angedeutet, zulässig, aber nur im Rahmen des Wertes der angegebenen Portionen)

Bezeichnung der Speisen	Marktpreis p. Pfg.	Maß u. Gewicht p. Person Lit.	Gr.	Geldbetrag	Bemerkungen
A. Morgens	Pfund				Zu A. Selbstverständlich kann statt Kaffee Mehlsuppe gegeben werden, Kaffee somit nur dort, wo es ortsüblich ist.
1. Kaffee	höchst. 100	—	7	1,40	
2. Zichorien	25	—	3	0,15	
3. Vollmilch	Lit. 10	0,05	—	0,50	
			—	2,05	oder 0,10 Lit. Magermilch
B. Mittags					Zu B. Fleisch darf bis zu 3mal die Woche verabreicht werden, an den anderen Tagen sind 50 Gramm Fett (Schmalz od. geräucherter oder frischer Speck) zu geben
Mit Fleisch					
1. Fleisch	Pfd. 50	—	100	10,—	
2. Graupe,	„ 10	—	90	1,80	
Grütze			750	2,25	
3. Kartoffeln	„ 1,5	—		16,05	
Ohne Fleisch					oder 90 gr. Reis, oder 100 gr. Bohnen oder 100 gr. Erbsen I, zugewogen, mit Schale.
1. Fett	„ 50	—	50	5,00	
2. Kartoffeln	„ 1,5	—	750	2,25	
3. Erbsen	„ 7	—	200	2,80	
				10,05	
4. Dazu Gewürz etc.	—	—	—	2,—	zugewogen mit der Schale oder 200 gr. Bohnen, oder 200 gr. Linsen.
				12,05	oder 100 gr. Erbsen und 50 gr. Graupe. oder 90 gr. Reis und 90 gr. Graupe, oder Sauerkohl m. Erbsen, 200 gr. Sauerk. 100 gr. Erbsen. Diese Gerichte stellen sich ca. 1,5 Pf. bis 13,75 Pf. höher.

Bezeichnung der Speisen	Marktpreis p. Pfg.	Maß u. Gewicht p. Person Lit.	Gr.	Geldbetrag	Bemerkungen
C. Abends (Mehlsuppe)					Zu C. Wenn es mittags Fleisch gegeben hat, ist abends die billigere Kost zu verabreichen.
1. Mehl	Pfd. 12	—	80	2,00	
2. Magermilch					
od. Brotsuppe	Lit. 3	0,25	—	0,75	
1. Brot	Pfd. 8	—	150	2,40	
2. Roggenmehl	„ 12	—	15	0,36	oder 90 gr. Grütze oder Reis.
		0,15	—	0,45	
3. Magermilch	Lit. 3				oder 0,125 Ltr. Vollmilch. oder 10 gr. Fett, mit Vollmilch auf 3,25 Pfg. mit Fett auf 3 Pfg. Noch zu C. Es kann unter Verminderung der nebenstehenden Portionen in der Woche einmal Käse, für den Kopf 100 Gramm, und einmal Hering, für den Kopf 1 Stück (besonders an Festtagen) verabreicht werden.

Zu A. B. und C.: I. Der Verbrauch bzw. Bedarf an Salz und Gewürz stellt sich für den Tag und Kopf auf 40 gr. Salz und 0,4 Pfg. Gewürz, an Es'ig — bei Gerichten, für die Essig erforderlich ist — für den Kopf auf 0,4 Ltr.

II. Außerdem ist für den Kopf und Tag 1 kg. = 2 Pfund Brot, sowie 40 gr. Schmalz und an den langen Arbeitstagen, für die eine Vesperpause zugestanden ist, noch eine Portion Kaffee zu verabfolgen.

III. An hohen Festtagen kann etwas mehr Fleisch zugeteilt werden.

richt vom 30. Januar 1899, der mir durch die Freundlichkeit eines Regierungsassessors unerlaubterweise mitgeteilt wurde, beantragte er beim Regierungspräsidenten ein Strafverfahren gegen mich. Dabei mußte er in seinem Bericht selbst zugeben, »die Verhältnisse auf dem Rittergut Cunern sind keine besonders erfreulichen. Der Leiter der Geschäfte und der Wirtschaft, Oberleutnant d. R. H., ist mit 5 Geschwistern Miteigentümer, und bei der sparsamsten und einfachsten Lebensweise gleichwohl in den beschränktesten Verhältnissen. Ob es richtig ist, die Sparsamkeit auch auf die seinen Arbeitern auszuzahlenden Löhne auszudehnen, lasse ich dahingestellt. Tatsache ist, daß er für diese Löhne immer noch Arbeiter erhält, und zwar, wie allgemein angenommen wird, wegen seiner übergroßen Nachsicht, welche ihnen gegenüber bei Verstößen gegen das siebente Gebot geübt wird.« Also der Herr Oberleutnant wußte, daß seine Arbeiter stehlen mußten, um leben zu können. Aber er kalkulierte: ›Bei ihrem Stehlen komme ich immer noch billiger weg, als wenn ich anständige Löhne zahle.‹ Das Rittergut als moralische Erziehungsanstalt für die Landarbeiter!

Auf der Höhe ihres Lohnniveaus standen die Wohnungen der Landarbeiter. Ende vorigen Jahrhunderts veranstaltete der Evangelisch-soziale Kongreß eine Enquete über die Landarbeiterwohnungen. Das Ergebnis war erschütternd. Es jagten sich in den Berichten Bemerkungen wie diese: »Das Gesinde schläft beim Vieh in Wandschränken.« »Die älteren Häuser sind geradezu schauderhaft.« »Die Wanderarbeiter sind in Kasernen untergebracht, je zwei auf ein Bett angewiesen.« »Vielfach steht der Familie nur eine einzige Stube zur Verfügung, so daß die Kinder fast ausnahmslos auf dem Fußboden untergebracht werden. Auch im Winter.« »Eheleute und fünf bis sechs Kinder haben bisweilen eine Schlafstube. Es ist manchmal rätselhaft, wie eine zahlreiche Familie in derselben und den zwei vorhandenen Betten Unterkommen findet.«

In diesem Stil ging es Seite für Seite weiter. Selbst der »Reichsbote«, das Organ der konservativen Pastoren, stellte damals fest: »Hier im Osten sind manchmal tatsächlich die Viehställe besser als die Arbeiterwohnungen.«

So war es nicht etwa nur in den armen Gegenden. Als Regierungsreferendar in Magdeburg hatte ich die unendlich reichen Zuckerdomänen der Magdeburger Börde zu revidieren. Da kam ich u. a. nach der Domäne Hadmersleben, deren Pächter Struve sich eines Vermögens von etwa 15 Millionen und einer mit allem Luxus ausgestatteten Wohnung erfreute. Dort stellte ich fest: Die Arbeiterwohnungen der Domäne bestanden aus Stube und Kammer. Die Kammer war so klein, daß die Tür beim Öffnen das an der entgegengesetzten Wand stehende Bett berührte. Die von der Decke hängenden Würste, die unter dem Bett stehenden Stiefel waren mit dickem Schimmel bedeckt. Kein Wunder! Denn mitten im Fußboden war ein mit einem Deckel ungenügend verschlossenes Loch. Hob man den Deckel ab, so sah man eine Leiter, die in den Keller führte. Dieser Keller produzierte soviel Feuchtigkeit, daß die Frauen klagten, wer in der Kammer schlafe, werde regelmäßig krank. Eigentlich könne die ganze Familie – und was haben diese Landarbeiter für Kinder! – überhaupt nur die Stube bewohnen.

Noch toller waren die Zustände auf der Domäne Övelgünne, die der Amtsrat Gödicke bewirtschaftete, im Nebenamt Vorsitzender des Reichstreuen Vereins für den Kreis Wanzleben. In Övelgünne waren verschiedentlich je zwei Landarbeiterfamilien mit einer den ländlichen Verhältnissen entsprechenden Kinderzahl auf eine gemeinsame Stube angewiesen. Vielleicht um auszuprobieren, ob die bekanntlich vorbildliche Sittlichkeit auf dem Lande auch dieser Prüfung standhalte.

Als ich den mir vorgesetzten Domänenrat bat, eine Schilderung dieser unerträglichen Verhältnisse in unser amtliches Protokoll aufzunehmen, damit der Minister davon Kenntnis erhalte, lehnte er ab. Er habe früher einmal darüber nach oben berichtet, aber den Bescheid erhalten, daß das Geld für Abhilfe fehle.

Niemand nahm sich eben damals der Landarbeiter an, weder ihre Arbeitgeber noch die Regierung. Sie waren die Stiefkinder der Gesellschaft und der Gesetzgebung. Sie konnten sich auch nicht selbst helfen, weil sie unter der Gesindeordnung standen und deshalb des Koalitionsrechts entbehrten. Kein Arbeiterschutzgesetz galt für sie. Als achtjährige Kinder wurden sie schon zum Rübenziehen oder Kartoffellesen kommandiert, mit 15 Jahren durften sie schon zu 16stündiger Arbeit herangezogen werden. Hochschwangere Frauen wurden durch Androhung der Kündigung des Mannes noch zu schwerer Erntearbeit gezwungen. Selbst die Sonntagsruhe wurde illusorisch gemacht, indem dieselben Amtsvorsteher, die allsonntäglich in der Kirche saßen, Monate hindurch wegen »dringender Erntearbeit« für ihre Arbeiter und die ihrer Nachbarn das Verbot der Sonntagsarbeit außer Kraft setzten.

Einer meiner Onkel machte von dieser Gepflogenheit eine glänzende Ausnahme, indem er grundsätzlich sonntags nicht arbeiten ließ. Als ich ihm deshalb mein Kompliment machte, wehrte er, um nicht in ungerechtfertigten Verdacht zu kommen, ab: »Weißt du, das Vieh hat es vor allem nötig, einmal zu pausieren. Die armen Ochsen und Gäule können einem ordentlich leid tun. Na, die Leute arbeiten ja montags auch besser, wenn sie sich sonntags ausgeruht haben.« Der Onkel war ein besonders tüchtiger Landwirt. Er wußte, was dem Vieh nottat. Wenn von dieser Sorge für die Ochsen und Pferde auch für die Arbeiter etwas abfiel, war das sicher begrüßenswert. Alle Vorteile gelten!

Die Landarbeiter waren soziales Freiwild. Es gab nur eine Rettung für sie: Landflucht. Wer irgend konnte, wanderte aus oder wanderte wenigstens ab nach Großstadt und Industrie. Das Land entvölkerte sich. Hunderttausende von polnischen Wanderarbeitern mußten die Lücken füllen.

Auf frommen Missionskonferenzen faselte und fabelte man von den »Patriarchalischen Zuständen auf dem Lande«, die nicht durch Übertragung der Bestimmungen für die Fabrikarbeiter auf die Landarbeiter zerstört werden dürften. Wenn ich das mitanhören mußte, habe ich mich manchmal gefragt, ob die Zustände in der Hölle billigerweise als patriarchalisch bezeichnet werden dürfen.

25. Kapitel
Wahlkampf und Sieg

Anfang 1896, als ich zwischen Stöcker und Naumann hin- und herschwankte, schrieb mir mein Freund Hermann von Petersdorff aus Marburg, er glaube, ich könnte diesen Wahlkreis ziemlich leicht erobern. Eine Rekognoszierungsfahrt dorthin brachte mich zu derselben Überzeugung.

Marburg-Frankenberg-Kirchhain, ein rein bäuerlicher Wahlkreis, mit 200 Wahlorten, war bis 1887 unbestrittener konservativer Besitz gewesen. Zur allgemeinen Überraschung nahm ihn der antisemitische Bibliothekar Dr. Otto Böckel im jugendlichen Alter von 26 Jahren den Konservativen ab. Böckel war ein in seiner Art recht begabter Mensch. Bei seinen Forschungen über das deutsche Volkslied hatte er einen tiefen Einblick in die Not der hessischen Landbevölkerung getan.

Sie lebte zumeist auf magerem Boden und war wirtschaftlich unglaublich rückständig. Sehr viele Bauern hatten keine Düngergrube im Hofe, sondern einen Düngerberg an der Vorderfront des Hauses, so daß der kostbarste Stoff des Landwirts, die Jauche, statt auf die Felder in den Dorfbach gelangte. Kein Bauer traute den öffentlichen Einrichtungen. Darum wandte er sich, wenn er Kredite brauchte, nicht an die Sparkasse, sondern an einen jüdischen Geldmann. Kein Bauer traute dem andern. Wollte einer seinem Bruder eine Kuh verkaufen, so mußte der jüdische Viehhändler den Mittelsmann machen. Die Juden, die meistens auf den Dörfern selbst wohnten, galten als verschwiegen. War ein Bauer in jüdische Schuldknechtschaft geraten, so kam sein Hof zur Zwangsversteigerung. Er wurde dann, wie der technische Ausdruck lautete, »ausgeschlachtet«.

Hier hakte Böckel mit seiner antisemitischen Propaganda ein. Er zog von Dorf zu Dorf und gab die Parole aus: »Bauern, macht euch frei vom jüdischen Zwischenhandel!« Er gründete bäuerliche Kreditgenossenschaften und judenfreie Viehmärkte. Aber auch gegen die Konservativen wandte er sich, gegen ihre Mißachtung des kleinen Mannes und gegen ihre verschwenderische Militärpolitik. Er war durchaus demokratischer Antisemit. Die Bauern schwärmten für ihn als ihrem Erwecker und Erlöser. Meilenweit kamen sie zu seinen Versammlungen gewandert. Beehrte er einen judenfreien Viehmarkt mit seiner Gegenwart, so wurde er von berittenen Bauernburschen eingeholt. Girlanden waren über die Straßen gespannt, die Mütter hielten ihre kleinen Kinder hoch und sagten zu ihnen: »Seht euch den Mann an, das ist unser Befreier!« Ein paar Jahre hindurch war er in Wahrheit der Bauernkönig Hessens.

Aber im Reichstag versagte er völlig. Auf den judenfreien Viehmärkten wurde fast kein Vieh umgesetzt. Die von ihm begründeten Zeitungen wurden notleidend. Er, der mit tausend Masten hinausgesegelt war, traute sich gar nicht mehr in den Wahlkreis zurück. Da kam eine Affäre, die namentlich die Pastoren gegen ihn aufgebracht hatte. Als Begleiterscheinung seiner früheren Wahlreisen waren einige Alimentenklagen gegen ihn aufgetaucht. Da es ihm peinlich war, zu den Terminen selbst zu erscheinen, entsandte er als seine Sachwalterin seine Ehefrau, die Tochter eines Pastors. Das wurde ihm von der orthodoxen Geistlichkeit als Unmoral, gepaart mit Zynismus angekreidet.

Als ich nach Marburg kam, schien der Wahlkreis herrenlos, sozusagen Niemandsland, das von dem ersten besten Okkupanten mit Beschlag belegt werden konnte. Warum sollte ich das nicht sein? Die Bauern waren vollkommen desorientiert. Ihr König war geflohen. Die Thronfolge war offen. Meine Aussichten schienen glänzend, da sonst keine Partei ernsthaft in Frage kam.

Da, drei Wochen vor dem Wahltag, tauchte Böckel plötzlich wieder im Wahlkreis auf. Er kam, sah, siegte. Die Alimentensache tat er mit ein paar Worten ab: Das sei ein Malheur, das dem anständigsten Manne passieren könne, und die Ehefrau sei in jeder Lebenslage die berufene Vertreterin des Mannes. Das leuchtete den Bauern durchaus ein, zumal viele von ihnen in puncto Alimente sachverständig waren.

Mich erledigte er mit einem schnöden, aber sehr geschickt auf die Bauernpsyche zugeschnittenen Witz, den er in jeder Versammlung wiederholte: »Herr von Gerlach ist bei der letzten Wahl als Konservativer noch zweiter Klasse gefahren. Diesmal ist er als Demokrat Gerlach dritter Klasse angekommen. Paßt auf, das nächste Mal kommt er als Genosse Gerlach vierter Klasse angefahren!« Die Bauern freuten sich unbändig. Das saß! Sollten sie einen künftigen »Roten« in den Reichstag schikken, damit er ihnen ihre Höfe enteigne?

Aus meiner Niederlage von 1898 lernte ich vor allem das eine, daß man einen ländlichen Wahlkreis nicht mit einer Husarenattacke einnehmen kann, sondern daß man ihn planmäßig belagern muß. In Marburg erwarb ich für billiges Geld eine Tageszeitung und engagierte Redakteure (Erdmannsdörfer, Wenck, Nuschke), die sich auf Versammlungsagitation verstanden. In Kassel schloß ich mit einem der drei dort erscheinenden frommen Sonntagsblätter, die fast in jedes Haus auf dem Lande kamen, einen Vertrag, wonach dies Sonntagsblatt fortan nicht mehr konservative oder antisemitische, sondern demokratische Politik vertreten mußte. In den Dörfern wurden unter dem harmlosen Namen »Bürgerverein« möglichst viele mir ergebene Organisationen begründet. Vor allem kam ich selbst alle paar Wochen in den Wahlkreis, um jedes Dorf in Einzelbearbeitung zu nehmen. Zu diesem Zweck legte ich mir ein Buch an, das genaue Angaben über jede Ortschaft enthielt. Ein protestantisches Dorf wollte anders behandelt sein als ein katholisches, ein reines Bauerndorf anders als eins, dessen Männer wegen allzu großer Armut zu drei Vierteln nach Westfalen auf Arbeit gehen mußten. Vor allem kam es darauf an, von jedem Dorfe festzustellen, wieviel Prozent der Einwohner Getreide verkauften, wieviele Futtermittel zukaufen mußten.

Die Grundlage meines ganzen Kampfes war nämlich rein wirtschaftlich: Nieder mit den Getreidezöllen! Ich wollte den Beweis erbringen, daß man einen rein ländlichen Wahlkreis als kompromißloser Freihändler erobern könne. Das war über meinen persönlichen Ehrgeiz hinaus, in den Reichstag zu gelangen, die höhere Weihe meines Wahlkampfes, die mir den nötigen ideellen Schwung verlieh. Den hatte ich verdammt nötig. Die letzten Monate vor dem Wahltag, die ich fast ohne Unterbrechung im Wahlkreis verbrachte, waren unerhört anstrengend. Bei den schlechten Verkehrsmitteln und meiner knappen Wahlkasse wurden alle Touren zu Fuß oder bestenfalls per Rad gemacht. Die Unterkunft war mehr als primitiv, die Verpflegung dementsprechend. Manchmal hielt ich es bei der ewigen steinharten Dauerwurst nicht mehr aus, schob einen Ferientag ein und fuhr nach Frankfurt, um dort im Ratskeller bei einem Schlemmeressen mit einer Flasche Sekt neue Kraft zu neuen Dauerwurstmahlzeiten zu sammeln.

Es ist wiederholt vorgekommen, daß Männer, die mich gewählt hatten, nachher aus dem Kriegerverein ausgeschlossen wurden oder von den Großbauern keine Grasnutzung mehr verpachtet bekamen oder sonstwie wirtschaftlich geschädigt wurden. Wer für mich stimmte, mußte, wenigstens in den kleinen Orten, eine ganze Portion Zivilcourage aufbringen. Aber es gab der Tapferen doch so viel, daß ich siegen konnte. Allerdings erst in der Stichwahl.

Für sie hatte die örtliche Organisation der Sozialdemokratie unter dem Einfluß des später Faschist gewordenen, damals hyperradikalen Dr. Robert Michels die Parole der Stimmenthaltung ausgegeben. Der mir persönlich gut bekannte Dr. Robert Michels motivierte mir gegenüber das so: »Wenn Sie gewählt werden, hat die Sozialdemokratie keine Aussicht, den Wahlkreis später zu erobern. Siegt dagegen der Reaktionär, so stehen unsere Chancen gut.« Die Parole des Dr. Michels wurde dadurch annulliert, daß der »Vorwärts« zu meiner Wahl aufforderte. Die Freundlichkeit des sozialdemokratischen Abgeordneten Wolfgang Heine übermittelte mir drahtlich diese Äußerung des »Vorwärts« so rechtzeitig, daß ich sie am Morgen des Stichwahltages noch durch Extrablatt bekanntgeben konnte.

Ausschlaggebend für die Stichwahl war das Zentrum mit seinen ca. 3000 Stimmen. Der auf dem linken Flügel des Zentrums stehende Abgeordnete Müller-Fulda veranlaßte einen Beschluß zu meinen Gunsten. Er bat mich jedoch, keine Versammlungen in den katholischen Dörfern abzuhalten, sondern nur die Pfarrer zu besuchen. Das tat ich. Überall wurde ich freundlich empfangen, da man schon wußte, wie in Fulda der Wind wehte. Die Geistlichen versicherten mir, sie würden dafür sorgen, daß »keine einzige Stimme verlorengehe«. Es ging auch keine verloren. Nur 1907, als ich wieder zur Stichwahl stand, stimmten dieselben 3000 Wähler ebenso geschlossen gegen mich für den Antisemiten, wie sie 1903 für mich gestimmt hatten. Der Wind in Fulda hatte umgeschlagen. Eine Deputation katholischer Wähler erschien nach der Wahl bei mir, um sich wegen des Umfalls zu entschuldigen. Mit tränenerstickter Stimme sagte ihr Wortführer: »Wir hätten Sie alle so gern gewählt. Wir kennen Sie, und Ihre Ansichten gefallen uns viel besser als die des Antisemiten. Aber am Sonntag vor der Wahl hat der Pfarrer in der Kirche erklärt, wir hätten zu entscheiden zwischen irdischem Wohl und ewigem Heil. Die Kirche fordere die Wahl des Antisemiten. Da haben wir uns natürlich für das ewige Heil entscheiden müssen.«

Verständnisinnig schüttelte ich den armen Kerlen die Hand. Hätte ich die Verantwortung für ihre Höllenfahrt tragen können?

26. Kapitel
Muffrika

Muffrika ist nicht etwa ein afrikanisches Sultanat, sondern der alte Reichswahlkreis Meppen–Bentheim–Lingen, in Nordwest-Hannover gelegen. Er war der parlamentarische Stammsitz des großen Zentrumsführers Windthorst. Der »Kladderadatsch«, der in ständiger Fehde mit Windthorst lag, hatte diesen seinen Erbfeind die »Perle von Meppen« und seinen Wahlkreis das Land »Muffrika« getauft.

Die Gegend dort oben an der holländischen Grenze war früher dem deutschen Publikum, wenn überhaupt, so nur durch den »Kladderadatsch« bekannt. Und seitdem der »Kladderadatsch« selbst fast unbekannt geworden ist, dürfte auch sie so ziemlich in Vergessenheit geraten sein. Um so mehr eignete sie sich für politische Entdeckungsreisen. Die Bewohner des Wahlkreises waren ungemein fromm, sprachen eine Sprache, die mehr dem Holländischen als dem Deutschen glich, und vertraten zu einem erheblichen Prozentsatz den Grundsatz, daß der Schmuggel ein durchaus erlaubtes Gewerbe sei, falls man nicht erwischt werde. Für den Schmuggel bot die Gegend geradezu ideale Vorbedingungen. Riesenhafte Heide- und Moorstrecken füllten das Land diesseits und jenseits der Grenze aus. Die einzigen Bewohner waren kümmerliche Heidschnucken. Nur wenige sichere Pfade führten durch den schwankenden Grund, deren Verlassen sicheren Tod bedeutete. Kam dann eine so schöne Nacht, ohne Mond und mit Regen, dann wurden große Rinderherden von Holland nach Deutschland hinübergetrieben, mit verbundener Schnauze, damit sie nicht etwa brüllten. An anderer Stelle aber kniffen ein paar Spießgesellen einigen mageren Ferkeln in die Ringelschwänze, damit sie möglichst laut quiekten. Dann eilten die Zollwächter auf das Gequieke los. Und ein paar Tage später konnte das Kreisblatt berichten: »Dank der Wachsamkeit unserer wackeren Zollbeamten konnte Freitag Nacht wieder ein großer Schmuggelversuch vereitelt werden. Trotz des furchtbaren Wetters und der tiefen

Dunkelheit gelang es ihnen, auf dem Gebiete der Gemeinde Moordorf einen widerrechtlichen Viehtransport abzufassen. Die Schmuggler selbst sind unter dem Schutze der Dunkelheit entkommen, aber zwei Schweine blieben in den Händen der Beamten.«

Muh! Muh! brüllten in den deutschen Grenzställen die vierzig fetten Rinder, die in jener Nacht die deutsche Grenze glücklich überschritten hatten. Die beiden mageren Ferkel waren die »Spesen«. Seh'n Sie, das Geschäft brachte noch was ein!

Kam ein neuer Pastor in die Gegend, so machten ihn erfahrene Amtsbrüder darauf aufmerksam, daß er das Thema des Schmuggels lieber nicht berühren solle. Eine solche Warnung wurde mir als Wahlkandidaten natürlich auch zuteil. Und gebührend beachtet. Dort, ganz hinten im Lande Muffrika habe ich nämlich wiederholt kandidiert, einmal als Zählkandidat zum Reichstag für Meppen–Bentheim–Lingen, ein paarmal als ernsthafter Kandidat für den Landtag in Bentheim–Lingen. Das kam so: Der Reichswahlkreis Meppen–Bentheim–Lingen hatte eine riesige katholische Mehrheit und war deshalb absolut sicherer Besitz des Zentrums. Sein Kandidat siegte, auch wenn er nicht eine Versammlung abhielt. Für den Landtag wählten Bentheim und Lingen getrennt von Meppen. Dieser Landtagswahlkreis hatte eine kleine protestantische Mehrheit. Es gab etwa 100 katholische Zentrumswahlmänner und ebensoviel protestantische Wahlmänner der Nationalliberalen Partei. Außerdem brachten ein paar reiche Bauerndörfer zehn konservative Wahlmänner durch. Die Konservative Partei war also die weitaus schwächste. Trotzdem vertrat sie ständig den Wahlkreis. Zentrum und Nationalliberale waren nämlich damals ständig (als Folge des Kulturkampfes) Erbfeinde. Darum wählten die Zentrumswahlmänner, um ein etwaiges Stichwahlbündnis der beiden andern Parteien zu verhindern, schon im ersten Wahlgang den konservativen Kandidaten. Das war immer ein protestantischer Bauer, aber jedesmal ein anderer. Wegen der Diäten galt nämlich das Landtagsmandat als eine Sinekure, die reihum zu gehen habe. Auch Eheferien wollte jeder gern einmal haben.

Im Sommer 1903, als ich gerade in Marburg als nationalsozialer Hospitant der Freisinnigen Vereinigung in den Reichstag gewählt worden war, bekam ich aus Schüttorf, dem geistigen Mittelpunkt des Wahlkreises, einen Brief, in dem es hieß: »Hier können Sie einen Landtagswahlkreis für die Nationalsozialen erobern. Bei dem Dreiklassenwahlrecht können wir nicht auf mehr als 15 Wahlmänner der dritten Klasse rechnen. Aber schon ein Dutzend genügt. Das Zentrum hat nämlich Angst, daß bei der nächsten Wahl (im November 1903) die Konservativen die absolute Mehrheit im Landtag bekommen. Dann würde es seine ausschlaggebende Stellung als Zünglein an der Waage verlieren. Für die Nationalliberalen als Kulturkämpfer kann es nicht stimmen. Für Sie zu stimmen ist es bereit, wie der katholische Arbeitersekretär versichert.«

Der mir solches schrieb, war der Kandidat der Theologie Georg Schümer, später Gymnasialdirektor in Magdeburg. Mit einem sehr begabten jungen Fabrikanten Koppelmann und einem prachtvollen Bäckermeister Maschmeyer zusammen hatte er in Schüttorf eine nationalsoziale »Zelle« gebildet.

Mich reizte die Sache, zumal ich von der Existenz des Kreises Meppen–Bentheim–Lingen bisher nichts gewußt hatte. Also fuhr ich nach Schüttorf. Und fand ein Land von einer politischen Jungfräulichkeit dort, wie sie mir sonst in meinem langen Leben nicht wieder vorgekommen ist. Schüttorf, Gildehaus, Nordhorn waren Städte mit lebhafter Textilindustrie. Aber es gab keine Gewerkschaft. Es gab keinen Sozialdemokraten. Es gab keine politischen Versammlungen. Wer Katholik war, wählte Zentrum. Wer Protestant war, wählte nationalliberal, abgesehen von den sechs reichen Dörfern, wo die konservative Wahl als Obligatorium galt. Das Gerücht ging, in Schüttorf gäbe es einen nationalliberalen Verein. Für seine angebliche Existenz wurde mir als einziger Beweis die Tatsache angegeben, daß einmal einige seiner angeblichen Vorstandsmitglieder nach Friedrichsruh gefahren seien, um Bismarck einen Stock mit Silberkrücke als Ehrengabe zu überreichen.

In diesen Lämmerstall brach nun der Wolf ein. Meine Freunde machten mir eine Versammlung in Schüttorf zurecht, in die von den 3000 Einwohnern 1000 kamen. Die Arbeiter jauchzten, die Fabrikanten rasten. Ich erlaubte mir in meiner Rede darauf aufmerksam zu machen, daß mir die Überreichung eines Krückstocks an Bismarck keine ausreichende politische Betätigung für die bisher die Stadt beherrschende Partei zu sein scheine.

Nun ging der Feldzug los. Ich durchwanderte die endlosen Heidestrecken.

»Warum kolonisiert man nicht?«

»Weil kein Bauer Land verkauft. Nach der Größe seines Besitzes bemißt sich seine soziale Stellung. Hat er 1000 Morgen, von denen er nur 100 bebaut, so gibt er doch selbst gegen beste Angebote nichts ab. Sonst würde man ja im Dorf sagen, er hätte nötig gehabt, zu verkaufen.« So wurde mir als Bodenreformer die Notwendigkeit der gesetzlichen Zwangsenteignung ad oculos demonstriert.

Einmal auf der Wanderung durch die Heide sagte mein Begleiter: »Hier ungefähr liegt das Herzogtum Looz.« »Wo?« fragte ich erstaunt. »Ungefähr hier. Ganz genau weiß man es nicht. In alten Kriegszeiten ist es verschwunden.«

Nur das Fürstentum Bentheim war geblieben. Mit einigen recht altertümlich anmutenden Rechten. Wer irgendwo in seinem Bereich eine Windmühle errichten wollte, mußte dafür dem Fürsten einen jährlichen Kanon zahlen, denn irgendein alter Kaiser hatte dem Fürsten von Bentheim nicht nur das Land, sondern auch den über das Land wehenden Wind als Lehen verliehen. Ohne Wind kann auch der Windmüller nichts machen. Also muß er zahlen. Logisch, was?

Ich kam in die Dörfer der Altreformierten. Das war eine Sekte, die sich von der Landeskirche abgesplittert hatte. Bei ihr fand ich begeisterte Aufnahme. Die Leute wußten, daß ich für Trennung von Staat und Kirche kämpfte.

Graue Novembernebel erfüllten die endlosen Ebenen. Jedes Dorf mußte aufgesucht werden. Nur durch persönliche Propaganda konnte die Lügenfülle zerstreut werden, die die anonymen »Eingesandt« in der Lokalpresse über mich verbreiteten. Es war eine aufreibende Kampagne, bei oft kümmerlichster Unterkunft und Ernährung mit irgendwelchen primitiven Buchweizenspeisen. Buchweizen war nämlich in einem Teil des Kreises fast das einzige Agrarprodukt. Ich mußte, wollte ich bis zum Wahltag durchhalten, zwischendurch einmal andere Luft atmen.

Da kam glücklicherweise der Bußtag, an dem in dem frommen Lande keine Versammlung möglich war. Ich fuhr nach Amsterdam, um ein paar Tage Rijksmuseum zu atmen. Ein paar Stunden Andacht vor den Herrlichkeiten Rembrandts, danach ein holländisches Schlemmermahl, und ich war wieder gerüstet für die Werbung der Wahlmänner im Lande Muffrika.

Werbung der Wahlmänner! Wer das alte preußische Dreiklassenwahlrecht, das ja erst durch die Revolution hinweggefegt worden ist, nicht am eigenen Leibe erlebt hat, kann die Scheußlichkeiten des politischen Foltersystems gar nicht ermessen. Es gab Dörfer, wo ich fast die Gesamtheit der Wähler für mich gewonnen hatte. Aber ich fand nicht die drei Männer, die ich als Wahlmänner brauchte. »Öffentlich unseren Namen für Gerlach hergeben? Was würde der Herr Pastor dazu sagen? Was der Herr Landrat?« Und dann schüttelten die wackeren Kaufleute und Handwerker und Lehrer wehmütig die Köpfe. Trotzdem glückte es, 40 oder 50 Wahlmänner zu finden und davon 15 durchzubekommen. Das waren drei mehr als ich brauchte. Schümer hatte richtig gerechnet. Der Sieg schien sicher. Doch mit des Geschickes Mächten... Als die Herren mit dem silbernen Krückstock meinen Sieg in so nahe Aussicht gerückt sahen, bekamen sie das Zittern in die Beine. Gerlach unser Abgeordneter? Dann organisiert der Kerl womöglich die Arbeiter, die bis dahin so brav mit ihrem Jammerlohn zufrieden gewesen waren, so daß Schüttorf die deutsche Stadt mit der relativ größten Millionärziffer werden konnte. Unter 3000 Einwohnern 10 Millionäre! Was sollte aus der unbegrenzten Profitrate werden, wenn die Arbeiter politisch oder gewerkschaftlich erwachten?

Bis dahin hatten die Herren Fabrikanten, die richtiggehende Katholikenfresser waren, mich als Katholikenfreund den Protestanten zu verekeln gesucht. (Ich hatte mich gegen jede Ausnahmegesetzgebung gegen den katholischen Volksteil, einschließlich der Jesuiten ausgesprochen.) Nun auf einmal fanden sie selbst den Weg nach Rom via Canossa. Sie entsandten eine Abordnung an die Zentrumsleitung und versprachen, falls das Zentrum einen eigenen Kandidaten aufstelle, ihm im ersten Wahlgang ihre Stimme zu geben. Das Zentrum, das die Herren kannte, erwiderte kühl: »Auf mündliche Versprechungen von Nationalliberalen geben wir nichts. Gebt uns die Sache schriftlich, dann werden wir sehen.«

Die nationalliberalen Notabeln unterschrieben wirklich den Revers, den sie vor meinem Auftreten in Bentheim–Lingen als ihr politisches Todesurteil angesehen haben würden.

Das Zentrum, das immerhin mir gegenüber gewisse moralische Bindungen eingegangen war, berief eine Versammlung ihrer Wahlmänner und lud mich dazu ein. Der Zentrumsvorsitzende erläuterte die Sachlage: »Wir hätten Herrn von Gerlach gewählt, wenn wir nur die Wahl zwischen ihm und einem Konservativen oder gar einem Nationalliberalen gehabt hätten. In diesem Sinne ist mit ihm verhandelt worden. Nun aber ist die Sachlage gänzlich verändert. Die Nationalliberalen haben sich bedingungslos und durch Unterschrift verpflichtet, unsern Kandidaten zu wählen, falls wir einen aufstellen. Zum ersten Mal besteht für uns die Möglichkeit, den Wahlkreis zu erobern. Diese Chance können wir unserer Partei nicht entgehen lassen. Wir wollen deshalb den Landwirt Degen als Zentrumskandidaten aufstellen.« Gegen diese Logik ließ sich selbst von meinem Standpunkt aus nichts einwenden.

Unter den anwesenden katholischen Wahlmännern jedoch waren eine ganze Anzahl, die mit meinen sozialen Ansichten aufs wärmste sympathisierten und sie denen eines katholischen Agrariers vorzogen. Deshalb richtete ein junger Geistlicher, Typus Hetzkaplan, an mich noch die perfide Frage: »Wie stehen Sie zur konfessionellen Schule?« Ich fühlte, von der Antwort hing alles ab. Machte ich eine Konzession, so war die Situation für mich gerettet. Die Stimmung war mir sehr günstig. Mit der konfessionellen Schule hätte man mich einem unsozialen Landwirt vorgezogen. Aber ohne sie – das ging über katholisches Vermögen. Ich machte die Konzession natürlich nicht.

Um den Abschluß des Dramas zu erleben, fuhr ich dann nach Lingen, wo der Abgeordnete von den Wahlmännern öffentlich gewählt wurde. Die nationalliberalen Ehrenmänner stimmten natürlich für Degen. Zu meinen 15 Wahlmännern gesellte sich noch ein einziger Zentrumsmann, ein Schornsteinfegermeister, was Sensation hervorrief. Gleich nach seiner Stimmabgabe kam er zu mir: »Sie haben gehalten, was Sie versprochen hatten. Es ist eine Gemeinheit, wie man mit Ihnen verfahren ist. Gemeinheiten mache ich nicht mit, auch wenn Sie meiner eignen Partei zugutekommen.« Ein weißer Schwarzer! Ich fuhr nach Berlin zurück, um eine Niederlage reicher, freilich auch um eine Erfahrung: Nicht die Politik verdirbt den Charakter, sondern die Politik zeigt, wer keinen Charakter hat.

27. Kapitel
Im Reichstag

Als ich 1903 von Marburg in den Reichstag geschickt wurde, war ich sehr glücklich. Jeder Politiker muß wünschen, an der für die Politik seines Landes entscheidenden Stelle stehen zu können. Ob allerdings im kaiserlichen Deutschland der Reichstag maßgebend für die deutsche Politik war, ist eine andere Frage. Er hatte, das merkte ich bald, nicht einmal den Willen dazu. Von den Möglichkeiten, seinen Willen neben den der Regierung zu stellen, oder ihn gar dem ihren überzuordnen, machte er fast niemals Gebrauch.

Der Reichstag hatte das Recht der Initiative: er konnte selber Gesetze vorschlagen. Zu ihrer Behandlung war der Mittwoch reserviert, der sogenannte Schwerinstag. Von den sechs Sitzungstagen der Woche war also wenigstens einer für die sozialen eigenen Angelegenheiten des Reichstages bestimmt. Aber auf dies sein bescheidenes Recht verzichtete er fast regelmäßig und überließ der Regierung auch den Mittwoch für ihre Vorlagen. Es vergingen Monate, ohne daß überhaupt ein Schwerinstag wahrgenommen wurde. Der Reichstag war in einem Maße byzantinisch, wie ich es vorher als Außenstehender doch nicht geahnt hatte. Im Jahr 1906 lag uns eine Reichsfinanzreform vor. Finanzreformen gehören zum eisernen Bestand des Deutschen Reiches, weniger leider gesunde Finanzen. Unter den von der Regierung vorgeschlagenen Steuern befand sich auch eine bescheidene Erbschaftssteuer. Früher hatte sich die Regierung immer auf den Standpunkt gestellt, dem Reiche kämen nur die indirekten Steuern zu, während die direkten den Einzelstaaten reserviert bleiben müßten. Die Regierungsvorlage enthielt einen § 15, der bstimmte, daß die Landesfüsten und Landesfürstinnen von der Erbschaftssteuer befreit sein sollten. Jeder »Untertan« sollte Steuern vom Betrage von 300 Mark an versteuern, die an sich schon reichen Fürsten aber selbst von Millionenerbschaften nichts zum allgemeinen Wohl abzugeben haben. Diese Bestimmung schien mir eine schreiende Ungerechtigkeit zu sein. Mit dem ganzen Feuereifer des parlamentarischen Neulings stürzte ich mich in den Kampf dagegen.

In der ersten Lesung der Kommission wurde § 15 gestrichen. In der Regierung rang man die Hände: Was wird Wilhelm sagen? Die Kommissionsmitglieder wurden in strenge Massage genommen. Und siehe da: in der zweiten Lesung der Kommission wurde § 15 wiederhergestellt.

Nun legte ich im Plenum los. Meine Fraktion, die Freisinnige Vereinigung, hatte nur 10 Mitglieder und war deshalb zu schwach, um selber Anträge einbringen zu dürfen. Aber wir hatten den Abgeordneten Wiemer dazu gebracht, im Namen der Freisinnigen Vereinigung den Antrag auf erneute Streichung des § 15 zu stellen. Herrn Wiemer selbst war bei seinem eigenen Antrage nicht ganz wohl zumute. Er hatte große Sorge, daß man ihn als antimonarchisch auslegen könne. Deshalb betonte er, als er im Laufe der Debatte wohl oder übel dazu Stellung nehmen mußte, daß der Antrag »keinerlei Spitze gegen monarchische Staatseinrichtungen habe«.

Mir selbst fiel die Ehre zu, als erster für den Antrag in die Schranken zu reiten. Ich appellierte an das Noblesse oblige der Fürsten und erklärte, daß es ihnen selbst doch als Privilegium odiosum erscheinen müsse, bei der Einführung einer neuen Steuer vor ihren ärmsten »Untertanen« bevorzugt zu werden. Besonders knöpfte ich mir einen Staatskommissar vor, der in der Kommission gedroht hatte, bei Streichung des § 15 werde der Bundesrat das ganze Gesetz ablehnen.

Reichsschatzsekretär war damals Freiherr von Stengel, ein braver Bayer, der von den Finanzen wenig, um so mehr aber von den Hofnotwendigkeiten wußte. Nach meiner und Wiemers Rede erhob er sich und kämpfte mit der Überzeugungstreue eines wahren Monarchisten für die Wahrung der heiligsten Steuergüter der Fürsten. Seine Rede schloß: »Meine Herren, wenn Sie in Berücksichtigung ziehen, welche Opfer außerdem die Landesfürsten im öffentlichen Interesse aus ihrem Privatvermögen im Interesse der Untertanen ihrer Länder allerwärts zu bringen pflegen, wenn Sie weiter berücksichtigen, welche Opfer vor allem dem ersten der deutschen Fürsten, dem Träger der Krone Preußens, erwachsen durch die Repräsentation der deutschen Kaiserwürde, dann möchte ich glauben, daß Sie sich doch unbedenklich entschließen könnten, dem wohlberechtigten und wohlbegründeten Antrag Ihrer Kommission zuzustimmen und sich dafür zu entscheiden, daß das Privilegium der Befreiung der Landesfürsten von der Erbschaftssteuer ihnen auch ferner erhalten bleibe.« So leicht gab ich mich nicht geschlagen. Nachdem Eduard Bernstein im Namen der Sozialdemokratie und der süddeutsche Demokrat Wagner energisch gegen die Fürstenprivilegierung gesprochen hatten, ergriff ich zum zweiten Male das Wort und erklärte, der vormärzliche Standpunkt des Freiherrn von Stengel gehe schon aus dem Gebrauch des Wortes »Untertan« hervor. Im übrigen frage ich ihn: »Ist die Erbschaftssteuer eine direkte Steuer? Dann wären also die Fürsten verfassungsrechtlich davon befreit. Aber dann hätte auch die Regierung ihren alten Standpunkt aufgegeben, daß direkte Steuern dem Reiche nicht zukommen. Oder ist die Erbschaftssteuer eine indirekte Steuer, wie bisher der Herr Staatssekretär immer erklärt hat? Dann dürfen die Fürsten nicht freigelassen werden. Denn staatsrechtlich unbestritten ist, daß indirekte Steuern und Zölle auch von den Fürsten zu tragen sind.«

So, da saß der Herr Reichsschatzsekretär in der Zwickmühle. Aber er wußte, was sein Kaiser von ihm erwartete. Mit purpurrotem Kopfe stammelte er los: »Meine Herren, damit, daß eine Steuer eine Vermögenssteuer sei, ist noch nicht gesagt, daß sie eine direkte Steuer sei und sein muß; sie kann eine direkte Steuer sein, sie kann aber ebensogut auch eine indirekte Steuer sein oder wenigstens eine nichtdirekte.«

Im amtlichen Stenogramm festgelegte Heiterkeit des Hauses quittierte das Angstprodukt. Das Resultat der Abstimmung aber wurde durch diese Episode in keiner Weise beeinflußt. Mit 143 gegen 75 Stimmen, also fast mit Zweidrittel-Mehrheit wurden Wilhelm und seine Standesgenossen von der Erbschaftssteuer ausgenommen.

Der Ekel ist mir manchmal hochgekommen, wenn ich sehen mußte, wie Volksvertreter sich zu Eunuchen des Kaiserhofes machten.

An Byzantinismus übertraf der damalige Reichstagspräsident Graf Ballestrem alle anderen Abgeordneten. Einmal hatte er einen Glückwunsch im Namen des Reichstags an den Kaiser gerichtet und ihn unterzeichnet mit: »Euer Majestät in Ehrfurcht ersterbender Graf Ballestrem.« Der boshafte württembergische Demokrat Storz begann seine nächste Rede mit der Bemerkung, er freue sich, den verehrten Präsidenten in voller Gesundheit zu sehen, obwohl er kürzlich gelesen zu haben glaubte, daß er sich als ersterbend... Kaum war dies Wort seinen Lippen entflohen, da donnerte der riesige Graf aus Oberschlesien den kleinen Schwaben zu Boden: »Ich verbitte mir jede Kritik meiner Amtsführung und entziehe Ihnen das Wort, wenn Sie auch nur ein Wort darüber sagen.«

Neben dem Byzantinismus des Reichstags schien mir besonders peinlich die Beeinflussung durch die Interessenten, die manchmal an Nötigung und Erpressung grenzte. Mit der Finanzreform war auch eine Tabaksteuervorlage verbunden. Wochenlang war die Wandelhalle des Reichstags der Treffpunkt aller Tabakinteressenten: Tabakbauern, Zigarrenfabrikanten, Zigarettenfabrikanten, Rauchtabakhändler, Kautabakhändler, Importeure; jeder suchte die maßgebenden Abgeordneten zu beeinflussen. Die Mitglieder des Steuerausschusses führten ein Leidensleben. Nur im Sitzungssaal hatten sie einigermaßen Ruhe. Allerdings wurden ihnen immerfort Visitenkarten und Schreiben hineingebracht. Aber die konnten sie durch Beförderung auf den Fußboden erledigen. Eine Tasse Kaffee im Reichstagsrestaurant einzunehmen, war ihnen ganz unmöglich. Die Tabakmenschen wußten: durch diese hohle Gasse mußten die Abgeordneten kommen. Zu beiden Seiten standen sie Wache, von früh bis abends.

Damals hatten wir noch die kleinen Einzelwahlkreise. Da war der Abgeordnete viel mehr der Einzelbearbeitung durch die Wähler seines Wahlkreises ausgesetzt als jetzt, wo die Riesenwahlkreise das persönliche Verhältnis zwischen Wählern und Gewählten fast aufgehoben haben. Ein gut Teil unsrer Zeit ging drauf, um die Wünsche unsrer Wähler zu befriedigen. Richtiger gesagt: die Wünsche der Wähler aus unseren Wahlkreisen. Denn gerade die, die einem nicht die Stimme gegeben hatten, machten sich ein besonderes Vergnügen daraus, einen mit Wünschen zu behelligen. Da glaubte ein Wähler, daß ihm zu Unrecht die Veteranenbeihilfe verweigert sei; ein aus dem Wahlkreis stammender Beamter wünschte, nach seiner Heimat versetzt zu werden; eine Anzahl von Bauern des Wahlkreises petitionierten um Ersatz des ihnen durch eine fiskalische Anlage zugefügten Schadens; ein Dorf verlangte die Einrichtung einer Eisenbahnhaltestelle auf seiner Gemarkung; eine Stadt hielt ihre Versetzung in eine höhere Servisklasse für unbedingt geboten; ein in dem Kreise bestehender Verein von Zivilmusikern protestierte gegen die ungerechtfertigte Konkurrenz der Militärkapellen.

Es war bei uns nicht ganz so schlimm wie in Frankreich, wo die Wähler ihren Abgeordneten als Mädchen für alles ansehen und ihn zwingen, sich einen eigenen Sekretär zu halten, um die Dutzende von Briefen zu erledigen, die er täglich erhält. Aber es war doch recht schlimm. Viel kostbare Zeit mußte dem parlamentarischen Leben entzogen werden, um den Wahlkreis bei guter Laune zu halten. Was um so schwieriger war, als die meisten der an unsereinen herantretenden Wünsche mit dem Reichstag überhaupt nichts zu tun hatten und deshalb fast nie erfüllt werden konnten.

Auch den weiteren Übelstand hatten die kleinen Wahlkreise im Gefolge, daß jeder Abgeordnete es für nötig hielt, von Zeit zu Zeit zu reden, selbst wenn er gar nichts zu sagen hatte. Aber er wollte doch wieder gewählt werden! Und die Wähler hielten nichts von »stummen Hunden«. Also wurde bei irgendeiner Position des Etats das Wort ergriffen zu einer Frage, die im Wahlkreis »zog«. Der nationalliberale Abgeordnete Bartling, der mit mir in den Reichstag eingezogen war, hat nur einmal über den Neubau eines Postgebäudes in Wiesbaden gesprochen. Das war nämlich sein Wahlkreis! Mein Marburger Nachfolger, der antisemitische Schneidermeister Rupp, sprach auch nur einmal, über die angebliche Zigeunerplage in seinem Wahlkreis. Solche Reden hörte kein Mensch im Reichstag an. Aber in seinem Wahlkreis ließ der Abgeordnete auf seine Kosten das amtliche Stenogramm als Extrablatt verteilen. Und da staunten dann die Wähler, welch große Töne ihr Vertreter in Berlin loslasse. Natürlich mußten bei einer solchen Rede mit Seltenheitswert immer ein paar Fraktionsgenossen das Opfer bringen, im Saal zu bleiben und an geeigneten Stellen »Bravo!« zu rufen. Da konnte dann das amtliche Stenogramm vermerken: »Lebhafter Beifall in der Mitte.« Das Extrablatt erheischte solche Rosinen. Meine praktischen Erfahrungen im Reichstag machten mich zu einem überzeugten Anhänger des Proportionswahlrechts. Ich sah darin den einzigen Weg, die Kirchturmspolitik zu überwinden. Die Ergebnisse des Proportionalwahlrechts seit 1919 haben mich zu einer Revision meiner früheren Auffassung gebracht. Ich bin heute überzeugt, daß alle Mißstände der kleinen Wahlkreise überwogen werden durch den Vorteil des persönlichen Bandes zwischen dem Abgeordneten und seinen Wählern. In der Wirkung scheint mir das englische Wahlsystem, das nicht einmal Stichwahlen kennt, am besten zu funktionieren. Es ist sehr ungerecht. Aber es gibt die Grundlage für stabile Regierungen. Die furchtbare Parteizersplitterung, die den deutschen Reichstag von Anfang seiner

Existenz gelähmt hat, wird durch die harte Bestimmung des englischen Wahlrechts unmöglich gemacht, wonach der Kandidat gewählt ist, der im ersten Wahlgange die meisten Stimmen auf sich vereinigt hat. Hinzu kommt in England der strenge Fraktionszwang. Man darf sehr anderer Meinung sein als die Mehrheit seiner Partei. Aber man muß abstimmen, wie sie es beschließt, wenn man nicht als Verräter an der Partei gelten will. Bei uns hatten, als ich im Reichstag saß, nur Sozialdemokraten und Polen unbedingten Fraktionszwang. Sie traten also immer geschlossen in Erscheinung. Alle andern Parteien fielen alle Augenblicke auseinander. Bei dem Antisemitismus war es fast die Regel, daß die eine Hälfte für, die andere gegen eine Vorlage stimmte.

Natürlich kann einen der Fraktionszwang in schweren Gewissenskonflikt bringen. Ist er aber ein für allemal festgelegt, so weiß jeder, daß die Minderheit nicht für die Abstimmung der Mehrheit verantwortlich gemacht werden kann. Das Kollektivgewissen tritt anstelle des Einzelgewissens. Man stellt sich dann auf den Standpunkt, den Ignaz Auer auf dem Sozialdemokratischen Parteitag von 1894 so drastisch formulierte: »Das gehört eben auch zum Demokraten und Sozialdemokraten, daß er sich sagt: Esel seid ihr zwar, aber ich muß mich eueren Beschlüssen fügen.«

Den eigenen Parteigenossen sich fügen müssen, wenn man sie auf falschem Wege zu sehen glaubt, kann hart sein. Aber es ist doch viel weniger schlimm, als wenn, wie wir es im Reichstag so oft erlebten, große Parteien umfielen, nur um sich bei der Regierung lieb Kind zu machen. Und das geschah in ganz ruhigen Zeiten, wo ein Konflikt zwischen Reichstag und Regierung nicht etwa die Folgen haben konnte, wie das in der permanenten Krisenzeit nach dem Kriege der Fall war. Die Nationalliberalen waren zu meiner Zeit die Umfallpartei par excellence. Die Regierung nahm es deshalb nie tragisch, wenn sie einmal bei der ersten oder sogar bei der zweiten Lesung Opposition machten. Sie wußte: bei der dritten sind sie Bargeld.

Der frühere nationalliberale Abgeordnete Kulemann erzählte sehr nett, wie nach dem Regierungsantritt Wilhelms II. die nationalliberale Fraktion einstimmig die erste Flottenvorlage, die vier große Panzerschiffe forderte, für Unsinn erklärte. Trotzdem stimmte sie unter ausnahmsweiser Anwendung des Fraktionszwanges einstimmig dafür. Die Mehrheit meinte nämlich, es handele sich um eine Lieblingsforderung des jungen

Kaisers. Aus pädagogischen Gründen, um ihn für die Nationalliberale Partei günstig zu stimmen, müsse man der sachlich ungerechtfertigten Forderung beitreten... Von ähnlichen »pädagogischen« Gesichtspunkten hat sich die Partei »Drehscheibe« fast immer leiten lassen. Die konservative Partei wurde dadurch zwar nicht erzogen, wohl aber die Nationalliberale Partei, nämlich zum Jasagen um jeden Preis.

Meine Reichstagstätigkeit fand ein vorzeitiges Ende dadurch, daß der Reichstag im Dezember 1906 aufgelöst wurde. Anlaß dazu bot die Ablehnung eines Kolonialkredits für Südwestafrika durch Zentrum und Sozialdemokratie. Die Ablehnung war voll begründet. Erzberger, der mit mir zusammen in den Reichstag eingetreten war, hatte unglaubliche Kolonialskandale aufgedeckt. Mit dem Gelde der deutschen Steuerzahler war gewüstet worden. Korruption schlimmster Art hatte sich breitgemacht. Die Firma Tippelskirch & Co. z. B. hatte riesige Aufträge für den südwestafrikanischen Krieg erhalten. (Ihr Hauptinteressent war der preußische Landwirtschaftsminister von Podbielski, der Liebling des Kaisers, weil er ihm die saftigsten Witze erzählen konnte.) Sie lieferte unter anderem Khaki zu dem doppelten Preise, den englische Firmen verlangt hatten. Aber sie war doch eine deutsche Firma. Daß sie selbst den Khaki billig aus England bezog, ermittelte erst Erzberger.

Es war durchaus gerechtfertigt, daß kein Geld mehr für Südwest bewilligt wurde, ehe nicht Sicherheit geschaffen war, daß dieses Geld auch vernünftig verwendet wurde. Aber Fürst Bülow, der sich durch Vernichtung der Sozialdemokratie beim Kaiser beliebt machen wollte, benutzte die Ablehnung des Kredits zur Auflösung des Reichstags.

Es folgten die »Hottentottenwahlen«, die auch mich zu Fall brachten. Ich wurde das Opfer einer Wahlpsychose, die an die Kriegspsychose von 1914 erinnert. Die ganze offizielle Wahlmache in Marburg konzentrierte sich gegen mich, weil ich mich geweigert hatte, aus dem Korruptionsfonds der Börse für die Hottentottenwahlen Geld anzunehmen und einen Wahlaufruf zu unterzeichnen, der von vorn bis hinten Schwindel war.

Bei den Bülow-Wahlen von 1907 blieb die Wahrheit auf der Strecke. Manchmal ist die Weltgeschichte doch das Weltgericht.

28. Kapitel
Im Kaukasus

Im Sommer 1902 stellte Dr. Paul Rohrbach, selbst in Rußland geboren und deshalb des Russischen kundig, eine Expedition von neun Deutschen zusammen, um eine Forschungsreise nach dem Kaukasus zu unternehmen. Auch Dr. Hjalmar Schacht gehörte dazu, damals mit mir zusammen Sekretär im Handelsvertragsverein.

Der Kaukasus ist die Grenzscheide zwischen Europa und Asien. Aber was wir in seinen fast unzugänglichen Bergen und in seinen weltverlorenen Tälern zu sehen bekamen, das hatte vielfach mit dem heutigen Asien nichts und noch weniger mit Europa zu tun. Etwa 80 verschiedene Sprachen wurden im Kaukasus gesprochen. An manchen dieser kleinen Stämme schien die Weltgeschichte spurlos vorübergegangen zu sein. Sie waren offenbar immer noch, was sie vor zwei- oder dreitausend Jahren gewesen waren.

Um nach Tiflis in Transkaukasien zu gelangen, zogen wir nicht die berühmte Grusinische Heerstraße entlang, sondern ritten und wanderten lieber durch das schwerer zugängliche Ossetien. Jedes Haus war eine Festung, oft ohne Türen, nur durch Leitern betretbar, jeder Mann war bewaffnet. Äußerlich war das Volk der orthodoxen Kirche Rußlands gewonnen. Aber die russische Regierung traute dem Frieden nicht recht, wagte weder Steuererhebung noch Militäreinziehung. Auf dem Rekom, 2100 m über dem Meere, sahen wir das uralte heidnische Heiligtum der Osseten, einen Holztempel, der von einem zwei Meter hohen Wall weiß getünchter Geweihe von Hirschen und Steinböcken umgeben war. »Nur nicht zu nahe heran«, warnte unser eingeborener Führer, »in dem Walde hier ringsum sind immer Wächter verborgen. Wer bis an den Wall herantritt, ist ein Kind des Todes. Hier feiern die Osseten ihren alten Gott. Sie dulden keinen Ungläubigen in seiner Nähe.«

Wir kamen zu den Bergjuden. Das war ein Stamm, stolz und kriegerisch, wie irgendein anderes kaukasisches Bergvolk. Die

Männer sieht man fast nur zu Pferde. Sie rühmen sich, von einem der spurlos verschwundenen Stämme Israels abzustammen.

Wir kamen zu den kaukasischen Fürsten Dschaparidse und Daschkiliani und Dasdalian und Nausurow. Eigentlich waren es nur Latifundienbesitzer, die einst gegen Sicherung ihres Besitzes den Russen die Unabhängigkeit ihrer Völker verkauft hatten.

Überall wurden wir mit der Gastfreundschaft aufgenommen, die man nur in primitiven Ländern findet. Der grusinische Fürst Dschaparidse, ein Koloß von drei Zentnern, empfing uns mit besonderer Freundlichkeit. Der Wein wurde aus einer Riesenamphora geholt, die, dreitausend Liter enthaltend, in die Erde eingegraben und mit Lehm zugedeckt war, um den Wein kühl wie in einem Keller zu halten. Der Fürst bot uns den Willkommenstrunk aus einem Horn, das vier Liter umfaßte. In zwei Zügen leerte er es, und dann ließ er sich von uns einen deutschen Kommers mit Studenten-Liedern und Salamanderreiben vormachen. Dazu wurde geschmaust und getrunken, daß der alte Gargantua seine Freude daran gehabt hätte. Noch seliger fühlten wir uns jedoch beim Fürsten Nausurow. Die Lebensmittel waren uns völlig ausgegangen. Kein Hirte, den wir trafen, wollte uns einen Hammel verkaufen, selbst nicht gegen phantastische Geldangebote. »Ich habe gerade so viele Schafe, wie ich für mich und meine Familie brauche.« Keine menschliche Behausung war zu sehen. Schon waren wir ohne jede Mahlzeit 36 Stunden marschiert, nur gestärkt durch eine nächtliche Pause von zwei Stunden, da tauchte weit in der Ferne das Schloß eines Tscherkessenfürsten auf. Im Galopp sprengte unser Führer – wir hatten nur zwei Pferde bei uns – voraus und kam nach einer Stunde wieder: »Fürst Nausurow ladet Euch zu Gaste! Ich habe ihm erzählt, Ihr wäret eine vom deutschen Kaiser gesandte Abordnung. Da war er hocherfreut und versprach, ein Festmal zu rüsten.« Der Fürst war nämlich Mohammedaner, und bei den Mohammedanern hatten damals die Deutschen eine besonders gute Note, weil Wilhelm II. sich in Palästina zum Schutzherrn der 300 Millionen Mohammedaner proklamiert hatte.

Verschwitzt, staubig, halb verdurstet und hungrig wie die Wölfe langten wir vor dem Schlosse an, entledigten uns unserer Schuhe (wie es der orientalische Komment gebietet) und betraten, von dem Fürsten feierlich empfangen, den festlich geschmückten Speisesaal. Schaschlik von Hammel, Pilaff von Hühnern prangte in Unmengen auf der Tafel. Wir machten Stielaugen. Der Fürst brachte einen Toast auf den deutschen Kaiser und uns, seine ehrenwerten Vertreter, aus, entschuldigte sich jedoch, daß er selbst als Mohammedaner seinen Sektkelch nicht leeren dürfe. Wir möchten uns dadurch nicht stören lassen. Was wir auch nicht taten. Herr Gott, wie das schmeckt, wenn ein Kulturmensch einmal nicht bloß Appetit, sondern richtiggehenden Hunger hat! Die Fürstensöhne bedienten uns; die Fürstenfrauen lugten neugierig durch die Fenster. Der Fürst selbst, eine Mischung von Tscherkessen- und Araberblut, war der schönste Mann, der mir in meinem Leben begegnet ist.

Nach den Strapazen des Kaukasus genossen wir in vollen Zügen das bequeme Leben in der schönen Hauptstadt Tiflis. Nur eine große Enttäuschung erwartete uns dort. Auf Grund der Mirza-Schaffy-Lieder Bodenstedts hatten wir geglaubt, unter den Georgierinnen die schönsten Frauen der Welt zu finden! Fehlanzeige! Wieder, wie oft im Leben, wurde mir klar: Dichter darf man nicht wörtlich nehmen ...

Dafür ging mir eine andere Schönheit auf: die der orientalischen Teppiche. Im Basar in Tiflis fühlten wir uns wie Ali Baba im Wunderland. Stunden und Stunden verbrachten wir täglich dort, staunend, feilschend, lernend. Edle Teppiche darf man nur in Strümpfen betreten, damit die nach oben stehenden Haare sich allmählich zur Seite legen und der Teppich schimmernden Glanz annimmt. Nur Pflanzenfarbe, das Geheimnis der Kurden, verleiht den wahren Glanz, nicht die gemeine Anilinfarbe Europas. Ein gewöhnlicher Smyrnateppich hat 60000 Maschen auf den Quadratmeter; ein wahrhaft vornehmer Teppich aber bis zu einer Million. Wer einen solchen herstellt, fühlt sich nicht als bloßer Kunsthandwerker, sondern als wahrer Künstler, wie der große Meister Hussein, der deshalb auch seinen Namen einzuweben pflegte. Als im Jahre 629 die Araber das Schloß der Sassaniden bei Ktesiphon zerstörten, fanden sie dort den schönsten Teppich, von dem die Weltgeschichte zu berichten weiß. Er wurde in Stücke geschnitten, für jeden der siegreichen Heerführer eins. Diese Stücke haben durch die Jahrhunderte hindurch bis in unsere Zeit als Modelle für die persische Teppichweberei gedient. All dies lernten und erlebten wir im Basar von Tiflis und bedauerten nur, gerade die beweiskräftigsten Beweisstücke für unser neues Wissen nicht mit nach Deutschland bringen zu können.

Von Tiflis ging es nach Armenien. Die Armenier stehen an den Küsten des Mittelmeers als allzu gerissene Händler vielfach in üblem Ruf. Hier in ihren Stammsitzen machten sie einen ausgezeichneten Eindruck: fleißig, intelligent, sauber, ästhetisch veranlagt. Ihre Dörfer hoben sich leuchtend ab von denen der Kurden und anderer Völkerstämme.

Wir waren in Etschmiadsin, dem armenischen Rom, dem Sitz des Katholikos, wie der Amtstitel des armenischen Papstes heißt. Der Katholikos, ein Herr von 83 Jahren, hatte an dem Tage, an dem er uns in Audienz empfing, sechs Stunden zu Pferde zurückgelegt. Melancholisch sagte er zu uns: »Sie kommen aus einem Kulturland in ein Land, das noch fast im Naturzustand ist. Wir haben keine Paläste, nur Lehmhütten. Wir sind arm, weil unsere Klöster zu oft geplündert worden sind. Unser Volk ist zerrissen zwischen Persien, Rußland und der Türkei. Am besten geht es ihm in Persien. Die Türken bohren uns in den Leib, die Russen in die Seele. Die Türken schneiden unserem Baum Äste ab, die Russen versuchen, den ganzen Baum aus seinem Erdreich zu heben. Sie zerstören unsere Schulen, wollen unsere Sprache ausrotten. Wir haben keine Macht, vertrauen aber unserem Glauben und unserer alten Kultur.« Auf diese alte Kultur waren die Armenier ungemein stolz. Sie hatten eine besondere Zeitrechnung und datierten sie viertausend Jahre zurück, auf den angeblichen Ursprung des längst zertrümmerten Armenierstaates.

In der armenischen Hauptstadt Eriwan, hart an der türkischen Grenze, hatten wir ein Erlebnis, das beinahe unserer Reise einen unsanften Abschluß bereitet hätte. Zu unserer Reisegesellschaft gehörte ein aktiver Rittmeister, der meines Wissens noch als Hakenkreuz-General in Hannover lebt. Es war mir wiederholt aufgefallen, daß er namentlich auf den Bahnhöfen allerlei Vermessungen vorgenommen und Notizen gemacht hatte. Er erklärte das damit, daß er beabsichtige, im Interesse seiner Karriere dem Generalstab einen Reisebericht zu erstatten.

Im Hotel in Eriwan hatten wir, wie das in Rußland Vorschrift war, unsere Pässe abgegeben. Sie waren zur Polizei gewandert. Die Wagen für die Weiterfahrt waren auf sechs Uhr bestellt. Sie kamen nicht. Wir schickten zu dem Fuhrunternehmer. Er erklärte, ihm sei von der Polizei das Kommen verboten worden. Rohrbach ging zur Polizei. Sehr bestürzt kehrte er zurück: »Man hat offenbar Verdacht gegen uns. Jeden Augenblick kann die Polizei kommen. Wir müssen uns auf eine Durchsuchung gefaßt machen.« Der Rittmeister wurde bleich. Er zog aus seiner Tasche ein Notizbuch und steckte es mir zu: »Bitte, nehmen Sie das an sich, Sie sehen am wenigsten militärisch aus.« Erst nachträglich bin ich mir bewußt geworden, welche Gefahr ich mir durch meine Gutmütigkeit hätte auf den Hals ziehen können. Wäre das Notizbuch bei mir gefunden worden, so wäre ich natürlich als Spion verhaftet und verurteilt worden. Und das von Rechts wegen! Sollte vielleicht der uns anderen verborgene Hauptzweck der ganzen Expedition die Spionage des Herrn Rittmeisters gewesen sein?

Glücklicherweise kam die Polizei damals überhaupt nicht. Ein letzter Besuch Rohrbachs mit verstärkten »Überredungsmitteln« wandte die Gefahr ab. Allerdings wurde unsere gemeinsame Reisekasse dadurch so geschwächt, daß wir nachher in Nowo-Rossisk am Schwarzen Meer drahtlich S.O.S.-Rufe nach der Heimat aussenden mußten.

Zur Rückkehr nach Ciskaukasien schlugen wir den Weg durch einen der wildesten und unbekanntesten Teile des Kaukasus ein. Er führte uns von Kutais über einen mehr als 3000 Meter hohen Paß nach Swanetien. Nur während der drei Sommermonate ist es überhaupt möglich, in dies Land hineinzugelangen. Nur während dieser drei Monate war ein Arzt und ein Richter im Lande. Ihre Lebensmittel mußten diese Herren sich selbst mitbringen.

Swanetien war nämlich das einzige mir auf der Welt bekannte Land, das dem Ideal unserer Agrarier von Autarkie entsprach. Jeder erzeugte genau so viel, wie er und seine Familie brauchte. Man konnte weder kaufen noch verkaufen. Es gab keine Arbeitsteilung, keinen Kaufmann, keinen Gastwirt, keinen Handwerker (von einem Schmiede abgesehen). Jeder mußte alles selber herstellen: Nahrung, Wohnung, Kleidung. Natürlich war der Betrieb von vollendeter Primitivität. Vor den flachen Holzpflug, der in der »guten, alten Zeit« von Sklaven gezogen wurde, spannte man jetzt die Frau. Sollte ein Kalb von der Mutter entwöhnt werden, so wurde ihm ein Igelfell ums Maul gebunden. Als einzige Beleuchtung hatte man die Schwänze der landesüblichen Fettschwanzschafe, in die ein Docht gesteckt wurde. Wagen gab es nicht, nur Schlitten. In deren Kufen wurden kleine Steine hineingepreßt, um das Getreide (hauptsächlich Gerste) zu dreschen. Dann wurden die Körner auf Schieferplatten gedörrt, mit der Handmühle gemahlen und schließlich zwischen heißen Steinen in der Erde gebacken. Das Endprodukt schmeckte wie eine Mischung von Chausseestaub und Pferdedung.

Besonders eigenartig war die Stellung der Swaneten zu den Frauen. Von den Ehefrauen wurde verlangt, daß sie den Pflug zögen. Wuchs aber ein besonders schönes Mädchen in dem Stamme heran, so galt es als selbstverständlich, daß sie nicht nur einen, sondern möglichst viele Männer beglücke. Sie brauchte nicht zu arbeiten, weil man der Ansicht war, sie sei zu etwas Besserem da. Dabei wurde sie von niemandem gering geachtet. Ihre Stellung war etwa die einer Hetäre im alten Griechenland. Man war eben in Swanetien in jeder Beziehung in der Kulturgeschichte um mehrere Jahrtausende zurück.

29. Kapitel
Wahl im Kaiserviertel

Es war im Herbst 1909. Die Demokratische Vereinigung bestand gerade ein Jahr und empfand den dringenden Wunsch, sich möglichst sichtbar der weitesten Öffentlichkeit vorzustellen. Die Reichstagswahlen lagen noch in weiter Ferne. Also mußten die Berliner Gemeindewahlen als Lückenbüßer dienen.

Noch hatte der Kommunalfreisinn die absolute Mehrheit in der Stadtverordnetenversammlung, dank der öffentlichen Dreiklassenwahl. In der ersten und zweiten Klasse dominierte er fast konkurrenzlos, während ihm in der dritten Klasse die Sozialdemokratie ein Mandat nach dem andern abnahm. Seite an Seite mit ihr focht zumeist die Sozial-Fortschrittliche Gruppe. Sie zählte nur acht Stadtverordnete in ihren Reihen, aber fast lauter Notabilitäten mit Hugo Preuß, Paul Nathan, Hugo Deutsch und dem Rechtsanwalt Markgraf an der Spitze. Die Demokratische Vereinigung stellte eine einzige Kandidatur in Berlin auf, nämlich die meinige in der dritten Klasse des Wahlbezirks zu beiden Seiten der Linden, der vom Brandenburger Tor und dem Schloß in der einen Richtung, der Stadtbahn und der Leipziger Straße in der andern Richtung begrenzt wurde. Das Schloß, die großen Hotels, die Banken, das waren die Dominanten dieses Bezirks. Die Hoflieferanten kamen hier rudelweise, die Hofbediensteten geradezu herdenweise vor. Deshalb war dieser Wahlbezirk die Hochburg der konservativ-antisemitischen Bürgerpartei gewesen.

Diese Partei, die unter Bismarcks Protektorat in den 80er Jahren entstanden war, um dem Freisinn den Garaus zu machen, hatte es in ihrer Blütezeit auf 17 Stadtverordnetensitze gebracht. Dann war es Schritt vor Schritt bergab gegangen. Schließlich zeugte nur eine Säule noch von entschwundener Pracht, der Lederfabrikant Pretzel. Aber auch diese Säule, die im Lindenwahlbezirk aufragte, war geborsten. Bei der Wahl von 1903 stürzte Herr Pretzel; ein kommunalfreisinniger Hotelier namens Leis wurde sein Nachfolger.

Bemerkt werden muß, daß der Kommunalfreisinn sich mit äußerster Energie dem Gedanken widersetzte, das allgemeine, gleiche und geheime direkte Wahlrecht auf die Gemeinden zu übertragen. Noch herrschte er nämlich in zahlreichen Stadtverwaltungen. Er fürchtete, unter Geltung des gleichen Wahlrechts einen Teil davon an die Sozialdemokratie zu verlieren. Die Parteiinteressen aber waren ihm alles, die Demokratie ihm nichts.

Als in meiner Gestalt der demokratische Wolf in die Hürde des braven Hoteliers Leis einzubrechen sich unterfing, ging ein furchtbares Lamento in der damals sehr mächtigen freisinnigen Presse los. Die Angriffe gegen mich gründeten sich samt und sonders nicht etwa auf meine demokratischen Anschauungen, mit deren Bekanntgabe hätte man mir ja nur Wähler zugetrieben. Wohl aber wurden alle meine antisemitischen Jugendtorheiten breitgetreten. Offenbar hielt man nichts von dem Bibelwort, daß über einen Sünder, der Buße tut, mehr Freude sein sollte als über 99 Gerechte.

Als ich die Wählerliste studierte, bekam ich einen beträchtlichen Schreck. Ich wußte ja vorher, daß der Einfluß des Schlosses gerade in diesem Wahlbezirk besonders groß sei. Aber daß die Hofbediensteten einen so riesigen Prozentsatz der Wählerschaft ausmachten, das hatte ich doch nicht geahnt. Da gab es ja Häuser am Kupfergraben und am Bahnhof, in denen die »Königlichen« direkt zu Hunderten zusammengehäuft waren.

Was so ein richtiggehender Monarch alles für Personal benötigt, wie fein abgestuft das Titelwesen in einem königlichen Haushalt ist, das wurde mir erst damals klar. Von der Auswahl von Titeln, die ich in der Wählerliste fand, seien notiert: Kgl. Marstalldiener, kgl. Stalldiener, kgl. Kassendiener, kgl. Silberdiener, kgl. Küchendiener, kgl. Schloßdiener, kgl. Kellerdiener, kgl. Amtsdiener, kgl. Schatullendiener, kgl. Kanzleidiener, kgl. Kammerdiener, kgl. Salonkammerdiener, kgl. Hausdiener, kgl. Reitknecht, kgl. Wagenhalter, kgl. Wagenmeister, kgl. Wagenwärter, kgl. Leibjäger, kgl. Hoffourier, kgl. Oberhoffourier, kgl. Oberhofmarschallsekretär, kgl. Schloßportier, kgl. Vorreiter, kgl. Leibjäger, kgl. Hoflakai, kgl. Hofkoch, kgl. Hofgarderobier, kgl. Hofkutscher, kgl. Lampier, kgl. Gasanzünder, kgl. Frotteur, kgl. Bratenspicker usw. Die Liste entbehrt natürlich der Vollständigkeit. Hinzugefügt muß aber werden, daß manche der Titelträger in einem

Dutzend oder mehr Exemplaren vorkamen. Von königlichen oder prinzlichen Reitknechten wimmelte es.

Glücklicherweise waren die Hofbediensteten politisch völlig indifferent, so daß nur wenige zur Wahl kamen. Und von denen, die kamen, gaben mir sogar einige die Stimme. Ich darf annehmen, daß sie das nicht taten, weil sie von meiner Person oder meinen Ansichten irgend etwas wußten, sondern weil sie infolge der Adelspartikel vor meinem Namen mich für ein würdiges Objekt der Stimmbetätigung von Hofangestellten hielten.

Dem Akt der öffentlichen Stimmabgabe wohnte ich selbst bei. Dabei wurde mir erst so ganz klar, welche Infamie doch diese öffentliche Abstimmung im alten Preußen war. Immer mußte der Angestellte nach seinem Arbeitgeber, der Beamte nach seinem Vorgesetzten, der Kaufmann und Handwerker nach seinem Kunden schielen. Terror war Trumpf. Nur durch ihn war Herr Leis 1903 ins Rote Haus gelangt.

Bei der Wahl vom 3. November 1909 war der Hauptterrorist der Graveur Kluge, Vorsitzender des Christlichsozialen Vereins Berlin und Hauptagitator des antisemitischen Kandidaten Ulrich. Er überwachte den ganzen Wahlakt, notierte sich die Hofbediensteten, die für mich stimmten, bedrohte Geschäftsleute mit Boykott, erklärte sogar dem Küster der Dreifaltigkeitskirche, der den konservativen Kandidaten im Stich gelassen hatte, es lohne sich nicht mehr, in die Kirche zu gehen. Natürlich, warum geht man in die Kirche? Doch wohl, um damit ein politisches Bekenntnis für die Rechte abzulegen!

Der Ausgang der Wahl war eine große Überraschung: ich als Vertreter der ganz neuen und ganz kleinen Partei kam in die Stichwahl. Meine Stichwahlaussichten wurden für so gut gehalten, daß die sozialfortschrittliche Gruppe, die sich bis dahin wegen vermeintlicher Aussichtslosigkeit meiner Kandidatur neutral verhalten hatte, nunmehr offen für mich Partei ergriff.

Die drei Wochen bis zur Stichwahl waren erfüllt von Wahlschwindel und Terror großen Stils. An die im Wahlkreis besonders zahlreichen Portiers erging ein Rundschreiben mit teilweise gefälschten Unterschriften. Die Bankherren machten ihre Kassenboten mobil, die, zehn Mann hoch, ein Flugblatt gegen mich loslassen mußten. Die ganz im Banne des Kommunalfreisinns stehende Stadtverwaltung zwang den Verein der Magistratsbüroassistenten, sich aktiv in den Dienst der Propaganda für Herrn Leis zu stellen.

Der Kommunalfreisinn wußte, er konnte nur siegen, wenn er die antisemitischen Wähler einfing, da die Sozialdemokratie offen die Stichwahlparole für mich ausgegeben hatte. Das kommunalfreisinnige Flugblatt für die Stichwahl schloß mit dem schönen Satz: »Wer also in unserem ›Kaiserviertel‹ nicht die rote Internationale haben will, der muß Leis wählen.« Das war der kommunalfreisinnige Männerstolz vor Königsthronen!

Man bildete ein »Wahlkomitee der vereinigten bürgerlichen Parteien«. Ihm gehörte auch der Graveur Kluge an. Er als Vorsitzender des christlichsozialen Vereins genierte sich nicht, seinen Namen neben die der Führer des von ihm bisher so wüst beschimpften »jüdischen Freisinns« zu setzen. Und dieser Freisinn hatte kein sittliches Bedenken, sich mit dem Judenhetzer gegen die Demokraten zusammenzutun. Es ging ja um das »Kaiserviertel«. Wahl für Leis! wurde Hofparole. Alle Hofbediensteten bekamen Urlaub für den Wahltag. Sogar die Reitknechte, die sonst in Potsdam oder Babelsberg oder Glienicke Dienst hatten, wurden restlos freigemacht. Alle kamen sie zur Stichwahl, weil sie kommen mußten. Wes Brot ich eß'...

Der Ausgang der Wahl stand von vornherein fest. Für Leis stimmten die Hofbediensteten und die Freisinnigen, für mich die freien Wähler. »Freie Wähler« bei öffentlicher Wahl! Triumphierend konnte die kommunalfreisinnige Presse den Sieg von Leis verkünden. 24 Stunden lang war der Name des Hoteliers aus der Dorotheenstraße in aller Munde. Nachdem er gewählt worden war, hat nie jemand wieder seinen Namen vernommen. Aber der Berliner Kommunalfreisinn war um einen ebenso standhaften wie schweigsamen Zinnsoldaten reicher. Darauf allein kam es an!

30. Kapitel
Die deutsche Kolonie ist gesperrt

Im Jahre 1912 war der deutsch-französische Vertrag perfekt geworden, wonach Deutschland auf seine – sehr zweifelhaften – Ansprüche auf Marokko verzichtete. Als Gegenleistung trat ihm Frankreich den Teil seines Kongogebietes ab, der an Nord- und Ost-Kamerun grenzte. Die Alldeutschen, die sich schon auf einen frisch-fröhlichen Krieg gegen Frankreich gespitzt hatten, waren außer Rand und Band. Sie versuchten dem deutschen Volk das friedlich und gratis erworbene Neukamerun als Sumpf- und Fieberland zu verekeln.

Um dieser Hetze entgegenzuarbeiten, kam das Kolonialamt, damals unter Dr. Solfs Leitung, auf den gescheiten Gedanken, dem deutschen Volke das neuerworbene Gebiet von einem Sachkenner in seinem wahren Werte aufzeigen zu lassen. Es setzte sich mit Dr. Paul Rohrbach in Verbindung und veranlaßte ihn zu einer Reise nach Neu-Kamerun. Natürlich durfte diese Reise, auch wenn sie auf Kosten des Kolonialamts ging, nicht als offiziell gelten, wenn sie ihren Zweck nicht verfehlen sollte.

Rohrbach, ein guter Bekannter von mir aus der gemeinsamen Tätigkeit für Naumanns Nationalsoziale Zeit her, fragte bei mir an, ob ich ihn begleiten wolle. Ich sagte freudig zu. Schon lange hatte ich es als Mißstand empfunden, keine Kolonie zu kennen. Die Kolonialpolitik spielte damals eine erhebliche Rolle. Es war mir peinlich, als Politiker und Journalist keine sachlich begründete Stellung dazu einnehmen zu können. Ich bin nämlich der vielleicht etwas zu pedantischen Ansicht, daß man über Dinge, die man nicht kennt, nicht reden oder schreiben sollte.

Nun bot sich mir die Gelegenheit, Afrika an der Hand eines Sachkenners kennenzulernen. War doch Rohrbach mehrere Jahre deutscher Kommissar in Südwestafrika gewesen. Meine Ansichten, namentlich in Rassefragen, differierten stark von den seinen, die nationalistisch infiziert waren. Aber seine Fachkenntnis war doch von größtem Wert für mich. Außerdem hatte ich ihn von unserer gemeinsamen Kaukasusreise her als guten Reisekameraden in angenehmster Erinnerung.

Mit der »Lucie Woermann« fuhren wir von Hamburg nach Lagos, der Hauptstadt von Britisch-Nigeria. Neukamerun hatte nämlich so verteufelt schlechte Reiseverbindungen, daß es bequemer mit dem Umweg über die englische Kolonie als direkt von Kamerun aus zu erreichen war.

Obligatorisch für die Reisevorbereitung war nach Rohrbachs Meinung eine Neuimpfung gegen Pocken. Ich unterzog mich ihr bei einem alten Geheimen Sanitätsrat. Mit dem Erfolge, daß sofort nach meiner Abreise eine bösartige Schwellung des linken Armes auftrat. Nach meiner Heilung, 14 Tage später – auf meine Meldung beim Schiffsarzt hatte dieser ein sehr bedenkliches Gesicht gemacht –, gestand er mir, daß er zum mindesten meinen Arm, wenn nicht etwas mehr, für verloren gehalten habe, da er Streptokokken bei mir konstatiert hätte. Er habe schon daran gedacht, mich beim nächsten Hafen ausbooten zu lassen. Meine Gefühle für die Pockenimpfung, die schon vorher gedämpft waren, wurden durch diese Erfahrungen am eigenen Leibe keineswegs freundlicher.

Einen Erfolg brachte mir jedoch mein Leiden ein: die Bekanntschaft mit dem Herzog Adolf Friedrich von Mecklenburg, der auf unserm Dampfer nach Togo fuhr, um dort seinen Posten als Gouverneur anzutreten. Bis dahin hatte der hohe Herr den Demokraten gänzlich ignoriert. Als ich jedoch jetzt mit der Binde herumlief, hielt er es für eine Pflicht der Leutseligkeit, den Landsmann anzusprechen. Da ich mit der Mentalität des hohen Adels genügend Bescheid wußte, brachte ich das Gespräch schleunigst auf seine Jagderlebnisse am Kongo und erkundigte mich namentlich nach dem dort lebenden sagenhaften Tier, dem Okapi, das wie ein Modell zu dem Einhorn auf Böcklins »Schweigen im Walde« aussieht. Bei diesem Gesprächsthema wurde der Herzog so lebendig, daß er mich sogar zum Cocktail einlud. Mit diesem herzoglichen Cocktail war das Eis gebrochen. Auf einmal war der Demokrat gesellschaftsfähig geworden. Die bis dahin unnahbaren Offiziere der Schutztruppe wurden mit einem Schlage die Liebenswürdigkeit selbst.

Interessanter freilich blieben die Kaufleute, von denen mir namentlich der Bremer Großkaufmann Victor, Plantagenbesitzer in Kamerun, in angenehmer Erinnerung ist. Er war politisch unheimlich konservativ, dabei aber überzeugter Bodenreformer. Die einundzwanzigtägige Seefahrt bedeutete sehr viel freie Zeit, trotz der fabelhaft ausgedehnten Mahlzeiten. Ich benutzte sie vor allem, um mich an Hand eines Sprachführers mit dem Pidschin-Englisch vertraut zu machen, mit dem man in Westafrika wie in Ostafrika fast überall durchkommt. Mit dem Thema »Weltsprache« hatte ich bis dahin üble Erfahrungen gemacht. Kaum war das Volapük von dem Basler Pfarrer Schreyer erfunden worden, so hatte ich mich mit Feuereifer darauf gestürzt. Aber als ich es gerade beherrschte, da war es bereits durch das Esperanto des Dr. Zamenhof abgelöst. Und als ich dies mir anzueignen begann, warnten mich gelehrte Freunde davor, weil es durch Ido wissenschaftlich überholt sei. Da habe ich denn vorläufig das Studium der künstlichen Weltsprachen an den Nagel gehängt.

Pidschin ist eine sozusagen erd- oder richtiger seegewachsene Weltsprache, ein unendlich vereinfachtes Englisch ohne Deklination und Konjugation. Schön ist anders, aber praktisch ist es. Als ich mit einem Missionar ziemlich tief im Innern von Kamerun wanderte, traf er eine Negerin aus seiner Gemeinde, die ein merkwürdig helles Baby in dem ortsüblichen Beutel auf dem Rücken trug. Er fragte sie nach dem Ursprung des Kindes, worauf sie im schönsten Pidschin antwortete: »That live small Leutnant von Puttkamer.« Da war er aufgeklärt, wenn auch nicht gerade zu seiner besonderen Freude. Vielleicht sollte einmal die Frage erörtert werden, ob nicht die praktischste Weltsprache ein universaliertes Pidschin wäre.

Das mit unangenehmste an der ganzen Reise waren die Ausbootungen. Westafrika hatte nämlich nur ganz wenige wirkliche Häfen. Meist mußten die Dampfer weit draußen auf offener See vor Anker gehen. Dann wird man in kleine Kähne verladen, die durch die ekelhafte Brandung hindurchbefördert werden müssen. Viele Meter hoch türmen sich die sich überschlagenden Wellen vor einem auf. Man kann nicht über sie hinweg, man muß mitten durch sie hindurch. Die Aufgabe der schwarzen Ruderer ist es, den richtigen Augenblick dafür abzupassen. Quatschnaß wird man immer. Öfters aber kippt so eine Nußschale auch dabei um.

Allmählich gewöhnt man sich auch daran und merkt, daß die Sache gefährlicher aussieht als sie ist. Trotzdem steht mir die erste Landung in Lome, der Hauptstadt von Togo, noch in unangenehmer Erinnerung. Die See ging besonders hoch. Wie schaumgekrönte Mauern schwebten die Wellen viele Meter über unseren Köpfen. Ein junger Hamburger Kaufmann fing zu weinen an; ein junger Offizier betete, ein dritter Passagier flüsterte vor sich hin: »Mutter, Mutter!« Mir war keineswegs besser zumute als einem der anderen. Aber getreu meinem Grundsatz »das Unvermeidliche mit Würde zu tragen«, verbarg ich alle Angst in meinem Innern und saß da mit der scheinbaren Ruhe eines Buddha.

In Lagos, dem Haupthafen und zugleich der Hauptstadt von Nigeria, machten Rohrbach und ich für längere Zeit Station, um die Reise ins Innere durch Ergänzung unseres Gepäcks und Engagement von schwarzem Personal vorzubereiten.

Die Art und Weise, wie sich die Zollabfertigung vollzog, gewährte sofort den günstigsten Eindruck von der Methode des englischen Verwaltungssystems. Wir hatten mehr als ein Dutzend Koffer. Ein Zollbeamter erklärte uns: »Es würde Sie sehr aufhalten, wenn wir Ihre Sachen jetzt durchsehen wollten. Bitte, geben Sie uns an, wo Sie zu wohnen gedenken. Hier ist ein Formular, das alle zollpflichtigen Gegenstände aufführt. Füllen Sie es aus und bringen Sie es uns morgen.« Also geschah es. Jede Nachprüfung unterblieb. Dem unbekannten Ausländer wurde das Vertrauen geschenkt, daß er das ihm geschenkte Vertrauen nicht mißbrauchen werdc. Rohrbachs Plan war, daß wir uns mit der Bahn tief ins Innere begeben und dann mit einem Dampfer den Niger hinunter bis nach Lokodscha fahren sollten, wo sich der Benuë in den Niger ergießt. Dort hofften wir mit der deutschen Grenzabsteckungs-Kommission zusammenzutreffen, um mit ihr gemeinsam die Bergfahrt den Bemuë hinauf bis nach Garua zu machen, der Hauptstadt von Nord-Kamerun.

Für die Reise durch Nigeria brauchten wir die Genehmigung der englischen Behörde. Wir baten deshalb den Kolonialsekretär in Lagos um Empfang. Er hörte sich unsere Wünsche an und sagte uns zu, daß er die Beamten im Innern anweisen werde, uns jede Hilfe im Innern zuteil werden zu lassen. Dies Versprechen ist in einem Maße erfüllt worden, das selbst den ursprünglich skeptischen Dr. Rohrbach aufs höchste überraschte. Die Bahnhofsvorsteher und Zugführer erkundigten sich nach unseren Wünschen. Die Verwaltungsbeamten empfingen uns, wenn wir irgendwo Aufenthalt nahmen, und luden uns in ihre Häuser. Regierungsautos wurden uns zur Verfügung gestellt. Jede

Anlage, jedes Gebäude, das wir besichtigen wollten, wurde uns gezeigt. Sogar die vielen Depeschen, die wir in Durchführung unseres Reiseplanes aufgeben mußten, gingen gratis als bevorzugte Staatstelegramme.

Begeistert schrieb der keineswegs anglophile Dr. Rohrbach der »Täglichen Rundschau« aus Ibadan, tief aus dem Innern von Nigeria her: »Die Liebenswürdigkeit der englischen Beamten ist wirklich fast beschämend. Wir sind einfache Privatreisende, die sich in Lagos mit der Bitte, die Kulturanlagen besichten zu dürfen, dem Kolonialsekretär vorgestellt haben, und wir werden aufgenommen wie bevorzugte Freunde.«

Nur eins in Nigeria klappte ganz und gar nicht: die Binnenschiffahrt. In Lagos konnte uns niemand über die Fahrpläne auf dem Niger Bescheid sagen, die Behörden am wenigsten. Und als wir am Niger selbst waren, wurde es nicht besser.

Schließlich stellte sich heraus, daß überhaupt kein regulärer Dampfer mehr den Benuë hinaufging, weil die dafür bestimmten Schiffe sämtlich in Reparatur waren. Es war, als wäre man nicht auf britischem, sondern auf russischem Boden, wo ich keine Antwort bei der Erkundigung nach Verkehrsgelegenheiten häufiger gehört habe als die: »Gerade in Reparatur.«

Aber schließlich, was konnte uns das viel machen? In Lokodscha mußten wir ja die deutsche Militärkommission treffen, die, um zu ihrem Ziele zu gelangen, unbedingt erst den Niger und dann den Benuë hinaufzufahren hatte.

Inzwischen hatten wir nämlich in Lokodscha die Nachricht aus Lagos erhalten, daß dort die deutsche Kommission eingetroffen sei und die »Gongola«, den schönsten Dampfer der Nigerkompagnie, gechartert habe. Rohrbach telegraphierte an die Kommission und bat sie, uns von Lokodscha aus mitzunehmen. Er bekam die kühl ablehnende Antwort, daß auf dem Dampfer kein Platz für uns sei. Auf einem grßen Dampfer kein Platz mehr für zwei deutsche Landsleute!

Gleichzeitig traf bei uns eine vertrauliche Mitteilung Brüngers, des deutschen Woermann-Vertreters in Lagos ein. Bei Brünger, bei dem wir generöseste Gastfreundschaft genossen hatten, wohnte auch die deutsche Militärkommission. Er gab uns davon Kunde, daß der Führer der Kommission erklärt habe, das Kolonialamt wünsche nicht, daß Rohrbach bei der Grenzabsteckung dabei sei. Falls wir auf eigene Faust bis Garua vordrängen, würde der dortige deutsche Resident uns durch Verweigerung von Trägern die Fortsetzung der Reise unmöglich machen. Rohrbach war außer sich. Boykott des Abgesandten des Kolonialamts durch das Kolonialamt? Das konnte doch nicht stimmen. Er expedierte ein ausführliches Telegramm an Solf. Die Antwort war niederschmetternd, rein negativ. Es zeigte sich, daß in der Tat das Kolonialamt seinen Vertrauensmann Rohrbach und damit sich selbst desavouierte. Irgendwelche Militärkreise hatten sich eingemischt, aus unergründlichen Beweggründen. Und das Kolonialamt war ohne weiteres zu Kreuze gekrochen. Im alten Deutschland war es immer so, daß bei Meinungsverschiedenheiten zwischen Militär und Zivil das Zivil einfach zu kuschen hatte.

Unser ganzer Reiseplan war zerstört. Der Besuch Neukameruns mußte aufgegeben werden. Die schöne Propagandaaufgabe, für die Rohrbach sein Geld vom Kolonialamt erhalten hatte, war eingesargt. Statt den Benuë aufwärts, mußten wir den Niger abwärts fahren.

In rascher Fahrt glitten wir den Riesenstrom mit seinen 2 bis 3 km Breite hinunter. Herrlichste Naturbilder boten sich uns. Ganze Flüge von silberweißen Edelreihern zogen über uns hinweg. Mächtige Baumwipfel waren bedeckt mit den stolzen Kronenkranichen. Aber unsere Stimmung war niedergeschlagen. Und wir wurden noch deprimierter, als wir der »Gongola« begegneten. Der große Dampfer, auf dem ein paar Offiziere herumstanden, schien halb leer. Platz genug war also da, nur nicht für uns.

Wir fuhren zunächst nach Lagos zurück, um dort neue Reisepläne zu machen. Wieder nahm uns das gastfreie Woermann-Haus auf, und Brünger erzählte uns, der Leiter der deutschen Militärexpedition habe ihm offen erklärt: »Ich denke gar nicht daran, mir von Journalisten in die Karten gucken zu lassen.« Hinc illae lacrimae! Wir waren Journalisten, darum offenbar kein geeigneter Umgang für deutsche Offiziere! Daß Rohrbach der Beauftragte der für die deutschen Kolonien maßgebenden Behörde und außerdem militärfromm bis dahinaus war, änderte nichts an der Sachlage. Journalist sein bedeutete für den alten kaiserlichen Offizier einen character indelebilis, einen unsühnbaren Makel.

Welche Karten mochten übrigens dort hinten in Neu-Kamerun solche Staatsgeheimnisse bergen, daß sie von den Militärs vor den Zivilisten verborgen gehalten werden mußten? Der ganze Vorgang ist nie aufgeklärt worden. Fest steht nur, daß die Engländer uns, die Ausländer, in alle Karten sehen ließen, die wir zu sehen wünschten, während unsere Landsleute in Uniform uns den Zugang zu dem neuen deutschen Lande hermetisch verschlossen. Unerforschlich wie die Wege des lieben Gottes waren auch die des gottähnlichen deutschen Militarismus.

31. Kapitel
Die englische Kolonie ist offen

Wie England im allgemeinen kolonisiert, weiß ich nur vom Hörensagen: wie es 1912 in Nigeria kolonisierte, habe ich studiert. Davon will ich berichten.

Nigeria, nördlich von Kamerun am Niger gelegen, ist eine der jüngeren englischen Kolonien. Trotzdem hatte es 1912 schon einen sehr beträchtlichen Ein- und Ausfuhrhandel und kostete vor allem dem Mutterlande keinen Schilling, während damals noch alle deutschen Kolonien, mit Ausnahme des ganz kleinen Togo, Zuschußkolonien waren. Leitender Grundsatz der Verwaltung Nigerias war: Mit einem Minimum von Militär ein Maximum wirtschaftlicher Erschließung leisten! Keine gepanzerte Faust bekam man zu sehen, nur weichste Diplomatenhand. Nigeria zerfiel in eine Unzahl Stämme, Staaten, Sultanate, Königreiche usw. An diese bunte Musterkarte hatten die Engländer nicht gerührt. Sie respcktierten peinlichst nicht nur die vorhandenen Religionen bis zu ihren grotesken Zerrbildern herab, sondern auch die staatsrechtlichen Einrichtungen der Eingeborenen. Was war, blieb. Es wurde nur von innen her unsichtbar ausgehöhlt. Der Alafin von Oyo mit seinen 200 Frauen, mit seinem prunkenden Hofstaat blieb unangetastet. Aber ein bescheidener englischer Beamter mit dem Residententitel wurde ihm als »Ratgeber« an die Seite gesetzt. Und er wußte so trefflich Rat zu erteilen, daß der König sich gar nicht mehr in die Notwendigkeit versetzt sah, seine schöne Zeit den Staatsgeschäften statt den Frauen zu widmen.

Dr. Rohrbach und ich kamen nach Abeokuta, der 200 000 schwarze Einwohner zählenden Hauptstadt des Egba-Königreiches. Die ganze englische Macht bestand aus einem »Commissioner« mit seinem weißen Assistenten, dazu 20 Polizisten, Schwarze natürlich. Als ich den Commissioner fragte, ob es für ihn nicht gefährlich sei, sich ohne jeden militärischen Schutz in der riesigen Negerstadt aufzuhalten, erwiderte er erstaunt: »Gefährlich? Wieso? Ich tue den Leuten doch nichts! Warum sollten sie mir etwas tun? Ich komme mit den Schwarzen glänzend aus. Sie wissen nur, daß, wenn das Egda-Reich Geld braucht, es das nur durch meine Vermittlung von England geliehen bekommt. Jeder kluge Mensch stellt sich mit demjenigen gut, von dem er Geld haben möchte. Und die Neger sind nicht dumm. Am wenigsten der Edun, der gerissene Majordomus des allerdings total vertrottelten Egba-Königs.«

Schon die Titel der das Land in Wirklichkeit regierenden englischen Behörden waren so recht bescheiden gewählt: »Resident«, »Commissioner«, »Magistrate«, »Agent«, »Adviser« usw. Wie prunkend klangen demgegenüber die Titel der eingeborenen Herrscher! Der Schein der Macht tröstete sie über den Verlust der wirklichen Macht. Es gab noch große Gebiete innerhalb Nigerias, wo die Engländer überhaupt nichts zu sagen hatten, bei den wilden Heiden in dem unzugänglichen Nigerdelta oder bei den ebenso heidnischen Stämmen auf den unwegsamen Bergen in dem Winkel zwischen Benuë und Niger. Nach den Bergheiden erkundigte ich mich einmal bei dem englischen Magistrate der Stadt Lokodscha, die am Zusammenfluß von Benuë und Niger gelegen ist. Freimütig gab er mir Bescheid: »In den Bergen, die Sie da liegen sehen, hat England gar nichts zu sagen. Ich würde keinem Weißen raten, dorthin zu gehen. Manchmal kommen ›Prospektoren‹ zu mir, die dort nach Erzen bohren wollen. Ich erkläre ihnen, daß sie das auf ihr eigenes Risiko tun können, daß aber England keine Hand rühren würde, wenn sie totgeschlagen würden. Die Stämme in den Bergen sind nämlich wirklich noch wild. Aber was stört uns das? Sie kommen nicht zu uns, und wir gehen nicht zu ihnen. Zu holen ist bei ihnen doch nichts. Allmählich übrigens werden sie schon zahmer werden. Wenn durch Zufall einer ihrer Angehörigen nach Lokodscha verschlagen wird, so berichtet er dann seinen Leuten von den Herrlichkeiten, die er hier gesehen hat, von den Wellblechdächern der Häuser und den Kattunkleidern der Frauen und den Zylinderhüten der Männer oder der Grammophonmusik. Da werden seine Stammesbrüder neugierig. Wir wollen ihnen die Zivilisation nicht mit militärischen Machtmitteln aufzwingen. Das würde uns sehr viel Geld kosten. Wir warten, bis sie sich die Zivilisation bei uns holen kommen.«

Nur im äußersten Notfall regieren die Engländer »by strong«. Sie taten es in einem Spezialfall, als es sich darum handelte, die das mächtige Jorubavolk dezimierende Pockenseuche auszurotten. Bei den Jorubas war die Hauptgöttin die

Shankpanna, die Pockengöttin. Ihre Priester hatten als höchstes Dogma den Satz aufgestellt, daß die Pocken eine vom Himmel über Sünder verhängte Strafe seien. Wer an den Pocken sterbe, dessen Erbschaft müsse deshalb der Göttin zufallen. Da die Adresse der Göttin unbekannt war, verwalteten die Priester die Erbschaft.

Um immer für eine genügende Zahl von Erblassern zu sorgen, hatten die Priester angeordnet, daß alle Pockenleichen in den Fluß geworfen würden, aus dem ein großer Teil der Bevölkerung sein Trinkwasser bezog. Auch hielten sie heimlich Ansteckungsstoff verborgen, um aktiv eingreifen zu können, falls einmal in der chronischen Pockenepidemie eine für die Finanzen der Göttin bedauerliche Baisse auftrat.

Als die Engländer hinter das Geheimnis des Shankpannakults kamen und seiner grauenhaften Auswirkung, was bei der abergläubischen Furcht der armen Schwarzen gar nicht so leicht war, erließen sie eine drakonische Verordnung: bei der ersten Übertretung wurde ein halbes Dutzend der schuldigen Priester auf offenem Markt aufgeknüpft. Damit war die Autorität der Priesterkaste vernichtet. Mit Shankpanna war es aus. An Stelle der Verehrung der Pockengöttin trat die Impfung gegen Pokken. Doch, wie gesagt, die direkte Methode des Gebots und Verbots war die Ausnahme. Wo es irgend ging, verfuhr man indirekt. Das wertvollste Produkt der Kolonie waren die Edelhölzer, Mahagoni und Iroko, die Steineiche. Nur standen leider diese Hölzer nicht in geschlossenen Forsten, sondern verstreut mitten in den riesigen Wäldern voll wertloser anderer Bäume. In diesen Wäldern wurden jedes Jahr riesige Brände veranstaltet. Die Neger, die die Einrichtung des Düngens nicht kennen, konnten ihre Felder immer nur drei oder vier Jahre hintereinander bebauen. Dann war der Boden erschöpft. Um neues Akkerland zu haben, mußte eine Fläche Wald niedergebrannt werden. Dabei gingen natürlich auch die Edelhölzer zugrunde.

Der englischen Verwaltung, der an der Steigerung der Produktion und Ausfuhr alles gelegen war, machte diese Unsitte des wahllosen Niederbrennens viel Pein. In der deutschen Kolonie Togo, wo derselbe Mißstand herrschte, war man mit einer strengen Verordnung dagegen eingeschritten und hatte dadurch lebhafte Empörung der Eingeborenen, aber wenig praktische Wirkung erzielt. In Nigeria verfuhr man anders. Der Gouverneur sammelte die Häuptlinge der in Frage kommenden Gebiete um sich und hielt ihnen eine schöne Rede.

»Ihr ehrwürdigen Häuptlinge kennt ja die großmütigen Gefühle des englischen Königs gegenüber seinen schwarzen Freunden in Nigeria. Der König hat gehört, daß in den Wäldern Nigerias so wunderschöne Mahagoni- und Irokobäume wachsen. Er wünscht, daß möglichst viel dieser schönen Stämme nach England gebracht werden. Leider gehen viele davon zugrunde, weil bei den Waldbränden auch sie mit dem schlechten Holz zusammen verbrennen. In seiner großen Güte hat er deshalb angeordnet, daß für jeden Mahagonistamm und jeden Irokostamm mit mehr als 50 cm Durchmesser, der von Lagos aus verschifft wird, der Häuptling des Gebiets, aus dem der Stamm kommt, sechs Shilling erhalten soll!«

Das wirkte. Sechs Shilling, das bedeutete schon etwas für einen zentralafrikanischen Häuptling. Dafür konnte er sich ganz nette europäische Kitschgenüsse zulegen. Mit eiserner Strenge wachten von nun an die Häuptlinge darüber, daß kein Wald mehr abgebrannt wurde, ohne daß um die Edelbäume ein breiter Schutzstreifen abgeholzt wurde. Der Neger, der dagegen verstieß, konnte sich auf etwas gefaßt machen. Die Prügelstrafe war nämlich im inneren Dienst der Schwarzen noch nicht abgeschafft. Die Ausfuhr an Edelhölzern und damit der Wert der Kolonie stiegen beträchtlich. Die Häuptlinge erhielten ein ihnen sehr willkommenes Taschengeld. Allen Teilen war geholfen – ohne Verbot oder Gebot. Immer, wo es anging, wandten die Engländer das System der Prämien statt der Strafandrohung an. In Lokadscha fand der englische Magistrate eine Stadt vor, die fast ausschließlich Dächer von Palmblättern aufwies. Brach eine Feuersbrunst aus, so war immer das ganze Viertel verloren. Die Hütten waren kaum als Wertgegenstand zu bezeichnen, wohl aber das Inventar.

Der Magistrate erließ eine neue Haussteuer-Ordnung: pro Haus wird eine Jahressteuer von 20 Shilling festgesetzt. Wer jedoch sein Haus mit Wellblech bedeckt, bekommt dreiviertel der Haussteuer erlassen. Der Erfolg trat unmittelbar ein. Im Eiltempo stieg die Zahl der Wellblechhäuser. Wer zahlt nicht lieber fünf statt 20 Shilling Haussteuer? Die großen Brände nahmen genau in dem Maße ab, in dem die Einnahmen der Wellblech-Fabrikanten in England stiegen. Wieder einmal waren mehrere Fliegen mit einer Klappe geschlagen. Und die Neger von Lokadscha sahen in dem englischen Magistrate nicht etwa einen harten Herrn, der brutal in ihre altererbten Hausbausitten eingriff, sondern einen wohlwollenden Freund, der ihnen das Mittel an die Hand gab, dreiviertel ihrer Steuern zu sparen.

Abeokuta, die Hauptstadt des Agba-Reiches ist mit seinen 200000 Einwohnern die zweitgrößte Negerstadt der Welt. In ihr herrschte eine furchtbare Säuglingssterblichkeit, weil die Wasserversorgung miserabel war. Der englische Commissioner versuchte vergeblich, die schwarze Egba-Regierung zur Anlage einer Wasserleitung zu überreden. Das Gesetz der Trägheit ist bei den Negern wie bei allen Primitiven besonders schwer zu überwinden. Warum sollte man plötzlich nicht mehr das Wasser aus dem Fluß trinken, aus dem es immer getrunken worden war? Kinder blieben ja trotzdem noch eine ganze Menge leben. Vor allem jedoch – eine Wasserleitung kostete einen Berg von Geld; sollte man deshalb mehr Steuern aufbringen?

Der Commissioner hatte eine Erleuchtung: Er berief eine Versammlung der Egba-Häuptlinge ein und trug ihr vor: »Hier habe ich einen Artikel aus der größten Eingeborenen-Zeitung der Hauptstadt Lagos. (Daß er den Artikel selbst lanciert hatte, sagte er nicht.) Da wird die Kindersterblichkeit von Lagos, das eine Wasserleitung hat, und die von Abeokuta, das keine hat, verglichen. Das Ergebnis ist eine Schande für Abeokuta. Sollen wir uns weiter vor Lagos blamieren? Gewiß, eine Wasserleitung kostet viel Geld. Aber die britische Regierung mit ihrem warmen Herzen für das Egba-Königreich ist bereit, uns die ganze Summe vorzustrecken. Natürlich müssen wir Zinsen zahlen. Aber wenn wir den Zoll für Trade-Gin verdoppeln, sind die Zinsen eingebracht.« Nachdenklich gingen die Häuptlinge nach Hause. Es war ihnen peinlich, daß die Neger von Lagos, das nur 80000 Einwohner hatte, so hochnäsig über Abeokuta mit seinen 200000 Einwohnern urteilen durften. Der Schwarze hat ja genauso gut Ehrgefühl wie der Weiße. Sie rechneten sich aus, daß die Wasserleitung sie persönlich gar nichts kosten würde. Der Vorschlag des Commissioners war wirklich gut. Sie selber tranken den Trade-Gin, diesen gemeinen Fusel für das Negerproletariat, ja nicht, sie waren an besseren Alkohol gewöhnt. Also konnte der Zoll auf den Trade-Gin ruhig verdoppelt werden. Die nächste Häuptlings-Versammlung brachte die Zustimmung zum Bau der Wasserleitung, das nächste Jahr die Wasserleitung selbst, das übernächste eine rapid abnehmende Sterblichkeitsziffer. Die britische Kolonialmethode war in erster Linie psychologisch bestimmt. Das zeigte sich auch bei der Handhabung der Justiz. Imponierend war der Respekt, den die

Justizverwaltung den Gewohnheiten der Schwarzen entgegenbrachte. Sie änderte an den alten Strafgesetzen und dem alten Strafprozeß so wenig wie möglich. Nur die barbarischen Strafarten wurden ausgemerzt, z. B. die Bestimmung, daß dem Diebe beim ersten Diebstahl die rechte Hand, beim zweiten die linke abzuhauen sei.

Die schwarzen Zeugen wurden genauso gut vereidigt wie die weißen, und zwar in der ihrem Religionsbekenntnis eigentümlichen Form. Die christlichen Neger küßten die Bibel, die vor ihnen aufgeschlagen lag. Die Mohammedaner legten die Hand auf den Koran. Für die Heiden gab es, je nach der Stammesreligion, verschiedene Vereidigungsarten. Die einen bekamen ein Schwert überreicht, dessen Spitze sie gegen ihre Brust kehren mußten. Das besagte: wenn ich die Unwahrheit sage, soll dies Schwert mein Herz durchbohren. Vor andere wurde ein Teller gehalten und vom Richter zerbrochen. Das bedeutete, daß das Leben des Zeugen so zerbrochen werden würde wie der Teller, falls er einen Meineid leistete.

Ich fand, daß alle Formen der Vereidigung gleich eindrucksvoll waren. Insbesondere bei den Heiden hatte ich das Gefühl, daß es ihnen mit ihrer Aussage gerade deshalb heiliger Ernst war, weil sie mit einer ihnen ehrwürdigen Zeremonie verknüpft wurde. Bedenken hatte ich nur gegen das Küssen der Bibel, das mir ein wenig unhygienisch vorkam. Auch den englischen Strafvollzug konnte ich aus eigener Anschauung kennenlernen. Als ich in Lokadscha den Wunsch äußerte, das Gefängnis zu besichtigen, wurde mir ohne weiteres die Erlaubnis erteilt. Der Gefängnisdirektor, ein Mister Stone, führte mich überall herum und zeigte mir jeden Raum, den ich zu sehen wünschte. Seine Anstalt hatte damals 148 Insassen, darunter mehrere Mörder, aber nur eine Frau. Die Negerinnen sollen von kriminellen Neigungen fast völlig frei sein.

Die Anstalt lag prächtig, rings von land- und forstwirtschaftlichen Kulturen, von Obst- und Gemüsegärten umgeben. Mr. Stone erläuterte mir, daß er die Haftzeit vor allem dazu benutze, seinen Gefangenen agrarische Ausbildung zuteil werden zu lassen, damit sie später etwas für die Kultivierung der Kolonie tun könnten. Mit frischem Gemüse wurde die Stadt Lokadscha ausschließlich von hier aus beliefert.

In dem Gefängnis selbst war in jedem Raum der Kubikinhalt und die Höchstziffer der Belegung angeschrieben. Einzelhaft war nur als Disziplinarmaßnahme und höchstens für einen Monat zulässig. Kettenhaft gab es auch nur auf dem Disziplinarwege hauptsächlich für Ausbrecher.

Auch durch die Vorratsräume der Anstalt gingen wir. Mein Blick fiel fragend auf einen großen Haufen des berüchtigten Prügelinstruments, der neunschwänzigen Katze, das ziemlich verstaubt in einem Fache lag. Mr. Stone fing meinen Blick auf und sagte lächelnd: »Ich weiß nicht, was sich die Leute im Kolonialamt in London denken. Da haben sie mir einen Haufen von diesen Dingen geschickt, als wenn wir nichts weiter zu tun hätten, als zu prügeln. Aber Sie sehen ja selbst – es sind nur Staubfänger. Ich brauche ganz selten eins von den Instrumenten.« Wir beendeten unseren Rundgang im Gefängnishof; da saßen die Gefangenen in langen Reihen, jeder mit einem Eßnapf vor sich. Vorn war eine Reihe von 10 Gefangenen mit je zwei Eßnäpfen. Ich bat um Aufklärung, worauf Mr. Stone sagte: »Unsere Gefangenen werden wöchentlich gewogen. Diejenigen, bei denen eine Gewichtsabnahme festgestellt wird, bekommen so lange die doppelte Ration, bis der Verlust wieder eingebracht ist.« Manchmal hatte ich in Negeria den Eindruck, daß es dort auch für Europa noch etwas zu lernen gäbe.

Bei uns beschäftigen sich ja gerade die feinsten Köpfe mit dem Problem, ob Kolonialpolitik ethisch zu rechtfertigen ist. Nach meinen Erfahrungen in Nigeria und besonders nach meinen Gesprächen mit einer großen Zahl gebildeter Neger dort sage ich: Ja!

Warum sind die Riesenstädte Abeokuta mit 200000 Einwohnern, Ibadan mit 270000 Einwohnern ganz gegen die sonstigen Negergewohnheiten entstanden? Weil die friedlichen Völker der Egba und Yeruba sich nur durch gewaltige, von Befestigungen umgebene Menschenanhäufungen gegen die regelmäßigen Einfälle der militaristischen Dahomey-Neger schützen konnten. Alle paar Jahre machten die Dahomey-Neger einen großen Beuteüberfall in die Nachbarschaft, um ihre Viehbestände und ihre Harems aufzufrischen. Was sie nicht brauchen konnten, wurde totgeschlagen oder verbrannt.

Nigeria war nicht etwa ein friedliches Paradies, ehe die bösen Weißen hinkamen; es war eine Hölle für seine Bewohner, weil die Nachbarn gewalttätige Teufel waren. Erst als die starke Hand Englands sich auf Nigeria legte, wurde es ein Land des Friedens und der wirtschaftlichen Blüte. Natürlich haben die Engländer nicht etwa aus überströmender Menschenliebe den Egba und Yeruba den Frieden, die Bahnen, die Autostraßen, die Wasserleitungen und die Baumwollkultur gebracht. Sie taten es als gute Kaufleute, um ihre Renten zu vermehren. Aber sie wußten, daß sie das auf die Dauer nur konnten, wenn sie mit der Bevölkerung und nicht gegen sie gingen.

Die englische Kolonialmethode war klug, darum war sie sanft.

32. Kapitel
Im kaiserlichen Kamerun

Von Liberia aus trennten sich Dr. Rohrbachs und meine Wege. Er ging nach Angola, ich nach Kamerun. Von unserem schwarzen Personal nahm er den Koch mit, ich den Boy Iddo.

Iddo war leidenschaftlicher Christ und als solcher sehr prüde. Als ich einmal einen Affen geschossen hatte, der in das Wasser des Mangrovenwaldes gefallen war, und ich ihn bat, ihn mir herauszuholen, weigerte er sich hartnäckig. Nachher gestand er mir, er hätte sich geschämt, in meiner Gegenwart seine Hosen auszuziehen. Immer auf unseren Märschen hatte er das Neue Testament bei sich, in dem er täglich stundenlang las. Im übrigen konnte man ausgezeichnet mit ihm auskommen.

Als ich ihm meine Absicht mitteilte, ihn nach Kamerun mitzunehmen, fuhr er erschrocken zurück: To the Twenty-Five-Country? An der ganzen Westküste war damals nämlich Kamerun als das Fünfundzwanzig-Land verschrien, in dem es bei jedem Anlaß 25 auf die Kehrseite gab. Kein fremder Neger wollte deshalb Dienste in Kamerun annehmen. Ich beruhigte Iddo, daß er unter meinem Schutze nichts zu befürchten habe, wäre allerdings fast um ein Haar Lügen gestraft worden.

Als wir in Duala, dem großen Hafen Kameruns, anlegten, erfolgte natürlich wieder die erste Begrüßung durch den Zoll. Aber hier ging es nicht so zwanglos zu wie in dem britischen Lagos. Der Zollbeamte verlangte von mir Aufgabe des Inhalts meiner zehn Koffer und Kisten. »Muß ich genau angeben, wieviel Taschentücher, wieviel Hemden und Hosen ich bei mir habe?«

»Jawohl.«

»Das weiß ich selbst nicht. Ich habe keine Ahnung, wieviel mir meine Frau eingepackt hat, und erst recht keine, wie viel mir schon auf meiner mehrmonatigen Reise verlorengegangen sind. Warum wollen Sie das überhaupt wissen? Gebrauchswäsche unterliegt doch keinem Zoll?«

»Für Zwecke der Statistik.«

Als wir soweit in unserer anregenden Unterhaltung gekommen waren, hörte ich meinen Boy einen Schreckensschrei ausstoßen. Ich hatte ihn in eine Ecke in meiner Nähe zur Bewachung meiner Gewehre postiert. Ein Zollbeamter eilte unter dem Ruf: »Willst du dich fortscheren, verfluchter Nigger!« mit hocherhobenem Stocke auf ihn zu. Nur meine rascheste Intervention konnte die Mißhandlung meines Dieners verhindern. Grollend zog der in seinen sadistischen Trieben so peinlich gestörte Beamte ab, Iddo aber bereute es von diesem Augenblick an, mir in das »Twenty-Five-Country« gefolgt zu sein.

Mein erstes Bemühen in Duala war, die vielen guten Empfehlungsbriefe, die ich mitgebracht hatte, an ihre Adressen zu befördern. Das Ergebnis war niederschmetternd. Die einen reagierten überhaupt nicht. Andere empfingen mich für einige Minuten, waren aber zugeknöpft bis oben. Was hatte auch ein demokratischer Journalist in einer deutschen Kolonie zu suchen?

Ein radikaler Umschwung trat erst ein, als ein paar Wochen später Gouverneur Ebermaier aus Buea zu Besuch nach Duala kam. Der frühere Gouverneur Jeske von Puttkamer hatte die Luft in Duala nicht gut genug für sich und seine Pseudo-Kusine gefunden. Deshalb ließ er sich auf Reichskosten in dem entlegenen Buea eine prunkvolle Residenz bauen. Duala blieb natürlich der weitaus wichtigste Ort der Kolonie. All die Kaufleute, Ärzte, Techniker, Richter, Lehrer, Beamte usw. mußten sich mit der dortigen, minder guten Luft begnügen. Aber Exzellenz mit seiner nächsten Umgebung konnte wenigstens gesunde Höhenluft in Buea atmen.

Als Ebermaier in Duala eintraf, gab ich bei ihm meine Karte ab. Schon wenige Stunden später hatte ich seinen Gegenbesuch und die Einladung zu einem Bierabend. Auf diesem Bierabend, der sich in einem sehr reizvollen Garten abspielte, kam der Gouverneur auf mich zu, hakte mich unter und spazierte eine Viertelstunde demonstrativ mit mir auf und ab. Er tat das natürlich nicht aus irgendwelcher besonderen Vorliebe für mich. Aber er hielt es für klug, sich mit der Presse auf guten Fuß zu stellen, so etwa aus der Mentalität des Fürsten Bülow heraus.

Den Regierungsräten und Oberregierungsräten verschlug es zunächst die Sprache. Die Gouverneur-Exzellenz mit dem demokratischen Redakteur Arm in Arm! Kaum aber hatte mir Ebermaier wieder Beweglichkeit gegeben, so war ich eine umschwärmte Persönlichkeit. Die Oberbeamten kannten mich auf einmal alle. Sie fragten nach meinen Wünschen und boten mir jede Auskunft an. Aus verschluckten Ellen waren Ohrwürmchen geworden.

Ich habe dann mancherlei Amtliches zu sehen bekommen. Nur eins, was ich besonders zu sehen wünschte, blieb mir hermetisch verschlossen: die Gefängnisse. Alles Bohren meinerseits war vergeblich. »Sie finden da doch nichts Interessantes!« Mich aber hätten die Gefängnisse besonders interssiert. Sie hätten den Schlußpunkt meiner Studien über die Justiz in Kamerun zu bilden gehabt. Und diese Justiz schien mir noch unerfreulicher als selbst die im kaiserlichen Mutterlande.

Die Neger wurden als minderwertig behandelt und deshalb als Zeugen nicht zum Eide zugelassen. Sonst wäre man doch bei einem Verfahren zwischen Weißen und Schwarzen so leicht nicht über Negereide hinweggekommen. Meine bloße Frage, ob man nicht an die Vereidigung der Neger denken könne, wurde als Rasseverrat mit Empörung zurückgewiesen. Ungemein häufig war die Verhängung der Prügelstrafe. Freitag war immer Gerichtstag in Duala, Sonnabend Prügeltag. Im Innern von Kamerun wurde das Urteil gleich vollstreckt. Kaum hatte der Neger gehört, daß er zu 25 verurteilt sei, so zog er von selbst seine Hosen oder seinen Schurz herunter und legte sich über. Die Exekution wurde von Soldaten oder Polizisten vollzogen. Man hatte das Gefühl, daß ihnen das Applizieren der dicken Tauenden eine gewisse Wollust bereite. Schon nach wenigen Schlägen platzte manchmal die Haut auf. Meist ließen die Neger die Exekution mit stoischer Ruhe über sich ergehen. Nur wenige heulten kläglich auf. Daß die Strafe nicht nur sehr schmerzhaft, sondern auch gefährlich sei, erklärte mir ein deutscher Kolonialarzt. Noch nach Monaten hatte er manchmal Vereiterungen als Folge des Prügelns vorgefunden. Ich selbst habe einmal einer Exekution in Edea beizuwohnen Gelegenheit gehabt. Aus Gründen der Abschreckungstheorie vollzog sich nämlich dort die Prügel-Zeremonie ganz öffentlich.

Sehr unerfreulich war der Anblick der vielen Kettengefangenen, die man bei Wegearbeiten und ähnlichen Beschäftigungen im Freien erblicken konnte. Die ersten Kettengefangenen hatte ich in Lome beim Einzug unseres neuen Gouverneurs gesehen, was bei mir nicht gerade das Festgefühl gesteigert hatte. Die Kettenstrafe vollzog sich in der Form, daß immer zwei Sträflinge durch eine Kette an den Beinen zusammengeheftet wurden, was ihnen ein Entweichen natürlich unmöglich machte. Besonders aufreizend erschien mir als Juristen, daß die Kettenhaft nicht nur über Verurteilte, sondern auch über Untersuchungsgefangene verhängt wurde. Als ich deshalb einmal einen Richter in Kamerun interpellierte, erwiderte er: »Das ist aus praktischen Gründen unerläßlich. Sehr oft ist bei den Affären mit den Schwarzen der juristische Tatbestand nicht einwandfrei festzustellen. Eine Verurteilung wäre nicht möglich. Starker Verdacht bleibt aber bestehen. Bloße Haft macht keinen Eindruck. Haben die Verdächtigen ein paar Monate Kettenhaft hinter sich, so haben sie das Gefühl, wirklich bestraft worden zu sein. Das ist sehr nützlich.« Daß die harte Verdachtsstrafe auch völlig Unschuldige betroffen haben könnte, machte diesem Juristen offenbar keine Pein.

Das glänzende Gegenstück zur deutschen Justiz in Kamerun war die Sanitätsverwaltung. Sie stand auf der Höhe der deutschen Wissenschaft und wurde mit echt deutscher Gründlichkeit zum Segen der Eingeborenen ausgeübt. Es begeisterte mich geradezu, als ich tief im Innern des Landes deutsche Ärzte traf, die in Begleitung von Sanitätern alle der Schlafkrankheit verdächtigen Eingeborenen um sich sammelten, sie untersuchten und sie impften. Hier wurde wirklich ein Kulturwerk ersten Ranges vollbracht. Aber das ist auch fast das einzig Erfreuliche, das ich aus dem Kamerun von 1912 zu berichten wüßte. Das Schlimmste schien mir, daß die deutsche Verwaltung grundsätzlich von dem falschen Gesichtspunkt ausging: die Schwarzen sind eine minderwertige Rasse, die, wie der Pidschin-Ausdruck lautet, »by strong« regiert werden muß, mit hartem Zwang. Kein Neger wurde nach Deutschland gelassen. »Dort werden sie als gleichberechtigt behandelt, da sind sie für die Kolonie verdorben, wenn sie zurückkommen.« Alle Neger wurden geduzt, auch die relativ Gebildeten und Wohlhabenden. Nur der Duala-Häuptling Rudolf Bell wurde gesiezt, weil er in vergangenen Zeiten in Deutschland sich das Einjährigenzeugnis erobert hatte. Daß die Schwarzen von weißen Privatleuten geprügelt wurden, war allgemein üblich; ich habe es zahllose Male gesehen. Es war nicht direkt erlaubt. Aber es wurde geduldet. Die Schwarzen wußten, daß sie kein Recht gegen die Weißen fanden, da sie nicht schwören durften.

Der Geist des Militarismus war allmächtig. Das Grundübel schien mir, daß die »Belange« des Militärs immer denen der Zivilverwaltung vorangingen. Für Bahn- und Straßenbauten wurde außerordentlich wenig Geld ausgegeben. Aber Militärexpeditionen wurden ausgerüstet, um auch die unwichtigsten Stämme in den entlegensten und unfruchtbarsten Winkeln der deutschen Herrschaft zu unterwerfen. Hauptsache, daß die Schwarzen im Bereich Kameruns die deutsche Herrschaft anerkannten. »Woran erkennt man denn, daß ein Negerstamm die deutsche Herrschaft anerkennt?« fragte ich einmal naiv einen hohen Beamten. »Daran, daß der Häuptling an Kaisers Geburtstag die schwarz-weiß-rote-Fahne aufzieht.«

Einst kam ich nach Dschang, dem Sitz des Hauptmann a. D. und Bezirksamtmanns Rasch. Dieser hatte, wie ich sah, erfreulich viel für die landwirtschaftliche Erschließung seines Bezirks getan, wobei ihm freilich die katholische Mission mit besonderer Intelligenz zur Seite gestanden hatte. Sogar eine gut funktionierende Ziegelei hatte er errichtet. Die Ziegel aber wurden zunächst einmal zum Bau gewaltiger Mauern und sonstiger primitiver Befestigungswerke verwendet. Als ich Rausch meine Verwunderung darüber aussprach, da diese mittelalterlichen Konstruktionen doch im Einzelfall nicht viel mehr als eine Spielerei wären, und die Ziegel besser für landwirtschaftliche Gebäude verwendet werden könnten, erklärte er: »Befehl ist Befehl. Das Kommando der Schutztruppe hat es so angeordnet. Auch ich halte den militärischen Wert für zweifelhaft, während der landwirtschaftliche Wert von Scheunen, Lagerräumen und Ställen unzweifelhaft wäre. Aber ich habe zu gehorchen.« Militärisch viel wichtiger als die Errichtung von Burgen wäre die Gewinnung der Eingeborenen für die deutsche Sache gewesen, aber daran fehlte es, besonders im Küstengebiet. Dort saß das Volk der Duala, ein besonders intelligenter Negerstamm. Mit ihm hatte Deutschland 1884 einen Vertrag abgeschlossen, wonach er sich der deutschen Herrschaft unterstellte, und dafür seinen Landbesitz für immer zugesichert erhielt. Wörtlich hieß es in dem Vertrage, daß »die von den Duala angebauten Ländereien, und die Gegenden, auf denen Dörfer stehen, Eigentum der jetzigen Besitzer oder von deren Nachfolgern bleiben«.

In Duala, der wundervoll am Meer gelegenen Hauptstadt, die ziemlich wenig Bevölkerung, aber eine riesige Ausdehnung an Raum hatte, wohnten Weiße und Schwarze durcheinander. Die wohlhabenden Neger hatten sich zum Teil sehr nette Häuser im modernen Afrikastil gebaut. Plötzlich kamen deutsche Rassefanatiker auf den Gedanken, daß das Zusammenwohnen von Weißen und Schwarzen der weißen Rasse unwürdig sei. In einer geheimen Denkschrift wurde ausgeführt, daß der »Eigengeruch« der Neger ein Zusammenwohnen unerträglich mache. Dabei hatte jeder weiße Kaufmann seine schwarzen Kommis, jeder weiße Beamte seine schwarzen Dienstboten, fast jeder weiße Junggeselle seine schwarze Geliebte – lauter Gelegenheiten, mit dem Eigengeruch des Negers nähere Bekanntschaft zu machen als dadurch, daß ein weißes Haus neben einem schwarzen lag.

Zwangsenteignung des gesamten schwarzen Besitzes im Gesetzgebungswege wurde eingeleitet. Die Duala, die gesunde Wohnungen im Bereiche der frischen Meeresbrise hatten, die vom Fischfang lebten, die mit Kähnen leicht zu ihren Farmen kommen konnten, sollten in das ungesunde Hinterland verbannt werden.

Bis dahin hatten sie in durchaus friedlichem und freundlichem Verhältnis zur deutschen Verwaltung gestanden. Das wurde mit einem Schlage anders. Das gesamte Volk geriet in furchtbare Erregung, als man sie, die sich einst freiwillig Deutschland angeschlossen hatten, jetzt mit Gewalt von dem Sitz ihrer Vorfahren vertreiben wollte. Der Oberhäuptling Rudolf Bell stellte sich, wie es seine Pflicht war, an die Spitze der Opposition seines Volkes gegen die deutsche Aktion, die er als offenen Rechtsbruch ansah. Rudolf Bell wurde für die Dauer des Enteignungsverfahrens von der deutschen Regierung seines Amtes enthoben. Die ersten Enteignungen fanden statt. Sie waren nicht nur rechtswidrig; es wurden auch Entschädigungen bezahlt, die geradezu als Hohn empfunden werden mußten. Rudolf Bell bekam für ein europäisch gebautes Haus, in dem sein weißer Mieter eine gutgehende Gastwirtschaft betrieb, ganze 320 Mark angeboten. Dabei hatte es einen Bauwert von 30000 Mark.

Es wurde nicht nur zwangsweise enteignet, sondern auch zwangsweise angesiedelt. Ich selbst habe nachstehendes amtliches Schriftstück gesehen:

Verfügung:
Der Eingeborene Johannes Ekwe von Bonanjo hat innerhalb von vier Wochen vom Tage der Zustellung dieser Anordnung in dem Neusiedlungsgebiet hinter dem Strammen Hund auf dem dort von dem aufsichtführenden Sanitätsgehilfen Bauer angewiesenen Bauplatz seine Hütte wieder aufzubauen: Mit dem

Aufbau hat er spätestens acht Tage nach der Zustellung dieser Anordnung zu beginnen. Kommt der Beteiligte dieser Anordnung nicht nach, so wird er mit Gefängnis bestraft.

Der kaiserliche Bezirksamtmann,
Röhm.

Rudolf Bell, ein ungemein gebildeter und gescheiter Mensch, setzte sich mit mir in Verbindung und erörterte den ganzen Komplex der Enteigungsfrage. Natürlich besprach ich die Angelegenheit auch gründlichst mit den in Duala wohnenden Deutschen. Mein Endurteil ging dahin: alles Recht ist auf seiten der Duala, alles Unrecht auf seiten der Kolonialverwaltung. Ehe ich nach Deutschland zurückfuhr, versprach ich Rudolf Bell, alles in meinen Kräften Stehende zur Wahrnehmung der Interessen der Duala zu tun.

Ein Jahr später erschien bei mir Din als Abgesandter des Dualavolkes. Auf gefährlichen Wegen hatte er die Reise nach Berlin machen müssen, da ja das Betreten Deutschlands den Kamerunnegern untersagt war. Als Ehrengeschenk seines Stammes überreichte er mir einen Spazierstock aus Magahoniholz mit Elfenbeinkrücke.

Din war ein überaus bescheidener, sympathischer junger Mann von erstaunlicher Intelligenz. Er hatte die Aufgabe, die Interessen seiner Stammesgenossen gegenüber dem Reichstag wahrzunehmen, dem damals die Enteignungsvorlage unterbreitet war. Wie wenig von seinem »Eigengeruch« zu spüren war, kann man daraus entnehmen, daß meine Frau, die eine besonders empfindliche Nase besitzt, ihn in unser Haus aufnahm und unsern Kindern auf seinem Banjo vorspielen ließ.

Mit Rechtsanwalt Dr. Halpert und Din zusammen habe ich dann im Wege von Petitionen an den Reichstag einen hartnäckigen Kampf um die Rechte der Duala geführt. Wir errangen auch einen überraschenden parlamentarischen Erfolg. Unser Material war so durchschlagend, daß der Reichstag in zweiter Lesung die für die Enteignung von der Regierung geforderten Kredite ablehnte. Voller Sieg des Rechtsgedankens!

Er sollte nicht von langer Dauer sein. Die Regierung setzte Himmel und Hölle in Bewegung, bearbeitete die Abgeordneten einzeln. Was sollte aus dem weißen Prestige werden, wenn der deutsche Reichstag in einer Rechtsfrage sich auf Seite der Neger stellte? Die nötige Zahl von Abgeordneten fiel um. In dritter Lesung wurden die Kredite bewilligt.

Und dann kam das tragische Nachspiel. Din wurde plötzlich wegen »Hochverrats« verhaftet. Eine nähere Begründung dafür wurde nicht gegeben. Er wurde kurzerhand nach Duala transportiert, wo inzwischen auch gegen Rudolf Bell ein Hochverratsverfahren eröffnet worden war.

Gleich darauf brach der Weltkrieg aus. Schleunigst wurden Bell und Din hingerichtet. Daß sie Hochverrat begangen haben, daran zweifle ich, der ich beide Männer und das angeblich gegen sie vorliegende Material recht genau kannte, ebenso, wie ihr Volk in seiner Gesamtheit daran zweifelt.

Als die Engländer 1914 in Kamerun erschienen, wurden sie von der Küstenbevölkerung als Befreier begrüßt. Die Duala waren also wirklich »Rebellen« geworden. Wer hatte sie dazu gemacht?!

33. Kapitel
In Liberia

Ojo! Der Klang dieses Namens ist für mich untrennbar verknüpft mit der Erinnerung an den pittoreskesten Tag in Afrika. Mister Ross, der famose englische Resident in Ibadan, hatte Dr. Rohrbach und mir einen Empfang bei dem mächtigen Negerkönig in Liberia bestellt. Bei dem Alafin von Ojo, dem Herrscher über die fünf Millionen des Jorubavolkes. Der Palast des Alafin stellte ein ganzes Stadtviertel dar, das durch eine riesige Lehmmauer von dem profanum vulgus abgesondert war. Jede der 200 Frauen des Alafin hatte ihr eigenes Häuschen, was mir übrigens eine viel klügere Einrichtung schien als das Zusammenwohnen der vielen Frauen in den ehemaligen türkischen Harems. Als wir durch das mächtige Tor des Palastviertels traten, ging ein unbeschreiblicher Lärm los. Die Kavallerie des Alafin schoß ihre Flinten in die Luft ab; die starke Hofkapelle, mit Blasinstrumenten von mehr als zwei Meter Länge ausgestattet, begann ein ohrenbetäubendes Konzert; die in Reih und Glied im Galakostüm aufgepflanzten Häuptlinge stießen stürmische Begrüßungsrufe aus. Es war ein so furchtbarer Spektakel, daß sogar die trägen Aasgeier sich von den palmblätterbedeckten Häuschen der 200 Königsfrauen erhoben und abstrichen.

In dem Galasaal des von Silberschmuck fast erdrückten Alafin ging die Begrüßungszeremonie in aller Feierlichkeit vor sich. Er hielt eine wunderschöne Ansprache in Jeruba; ich erwiderte mit einer beinahe ebenso schönen Rede in Englisch, indem ich die Blüte des Jeruba-Reiches unter der segensreichen Herrschaft des Alafin gebührend feierte. Der Alafin schob sehr taktvoll – übrigens sachlich auch begründetermaßen – das Verdienst an den erzielten Fortschritten dem englischen Residenten zu. Und dann brach er zwei Kokosnüsse entzwei, von denen immer je eine Hälfte von ihm, die andere von Rohrbach und mir gegessen werden mußte. Das war sicher sehr ehrenvoll für uns; nur schmeckte das Zeug bitter wie Chinin. Um so schmackhafter war der Zebuochse, der uns vor dem Tor als Gastgeschenk des Alafin erwartete.

Das Ganze war wie ein schön gestellter Film. Aber eben nur Film. England wahrt den Schein der Macht des Negerkönigs. In Wahrheit herrschte er nur, solange er sich in allen wesentlichen Dingen den englischen Wünschen fügte. (Was er genau wußte.) Das Jeruba-Königreich war kein Negerstaat, sondern eine englische Kolonie in Form eines Negerstaates.

Der einzige wirkliche Negerstaat, den ich kennengelernt habe, war die Republik Liberia, nördlich von Nigeria gelegen. Liberia war so sehr Negerstaat, daß nach der Verfassung kein weißer Grundbesitzer einen Beamtenposten bekleiden durfte. Die einzige Ausnahme, die gemacht worden ist, war die, daß später zum Vertreter Liberias beim Völkerbund ein Baron Lehmann ernannt wurde. Ein richtiggehender Europäer mit einem richtiggehenden Monokel. Diese Ausnahme hatte wohl einen finanziellen Hintergrund. Die Finanzen waren immer der allerwundeste Punkt Liberias, wobei übrigens diese schwarze Republik sich auf weiße Vorbilder berufen dürfte.

Liberias Ursprung geht auf das Jahr 1821 zurück, als freigelassene amerikanische Sklaven eine Siedlung an der Pfefferküste Afrikas begründeten, um dort einen freien Negerstaat zu errichten. Sie nannten ihre Hauptstadt Monrovia zur Erinnerung an den amerikanischen Präsidenten Monroe, den Vater der berühmten Nichteinmischungs-Doktrin. Nur wenige tausend Menschen zählt sie. Aber sie erreichten es doch, daß 1847 Liberia als souveräne Negerrepublik anerkannt wurde.

Als Rohrbach und ich in Monrovia eintrafen, waren wir zunächst angenehm überrascht über den äußeren Eindruck des Städtchens (es hatte nur etwa 4000 Einwohner). Auf den Höhen am Meer lag, in schönstes tropisches Grün eingebettet, eine Reihe architektonisch recht geschmackvoller Häuser. Auch die Straßen waren in Ordnung. Alles schien ganz leidlich. Hinter der netten Fassade verbarg sich jedoch eine ziemlich üble Realität. Das Hauptübel, an dem Liberia krankt, ist der scheinbar unheilbare Gegensatz zwischen dem Herrenvolk an der Küste und den Massen der Eingeborenen im Hinterland. Das Herrenvolk sind die früheren Sklaven aus Amerika, die zu etwa 15000 zwischen 1821 und 1850 nach und nach eingewandert waren. Sie sind durchtränkt mit amerikanischer Kultur, schwarze Amerikaner, die nicht mehr die geringste Fühlung mit der afrikanischen Urbevölkerung haben. Sie haben keine Ahnung von einer Negersprache, sprechen nur englisch, und zwar ein recht korrektes Englisch. Ihre Religion ist das Christentum, dem sie mit amerikanischem Sektierereifer anhängen. Die Stadt Monrovia ist erfüllt von Kirchen und Kapellen, die immer voll sind, nicht bloß sonntags; eine gewisse Bildung ist Gemeingut. Analphabeten gibt es nicht!

Die Neger in dem teilweise noch unerforschten Hinterland sind Heiden primitivster Art. Sie samt dem Zwergflußpferd wurden eigentlich erst durch Schomburgk entdeckt. Er konnte sich in Gebiete wagen, die nie ein Vertreter der liberianischen Regierung ohne ernste Lebensgefahr betreten dürfte.

Liberia ist etwa so groß wie Bayern. Das Herrenvolk samt den ihm ergebenen Küstenstämmen, den Krov und den Wey, umfaßt wenig über 100000 Seelen. Im Hinterland aber wohnen etwa zwei Millionen »Wilde«, die in die verschiedensten Stämme mit den sonderbarsten Sitten verfallen. Sie fühlen sich nicht nur völlig unabhängig von Monrovia, zwischen ihnen und den Küstenliberianern, die sie nur als einen auf Steuern lauernden Gewaltherrn kennen, herrscht Todfeindschaft. Nie ist ja eine Fehde so bitter wie die unter Verwandten. Die Negeraristokratie von Monrovia verachtet die Buschneger. Und die Buschneger vergelten diese Verachtung mit mörderischem Haß.

Gerade als wir nach Liberia kamen, spielte sich eine besonders üble Affäre ab zwischen Küste und Hinterland. Ein paar Offiziere hatten ein paar Häuptlinge des Binnenlandes gefangengenommen und an ihnen ihre sadistischen Instinkte ausgetobt. Dem einen hatten sie das Herz aus dem lebendigen Leibe geschnitten, den andern hatten sie zum Eunuchen gemacht. Gegen die Offiziere war natürlich ein Verfahren eingeleitet worden. Aber man kann sich denken, wie solche Vorfälle auf die Stimmung der Heiden im Hinterland gegen die Christen an der Küste wirken mußte.

Liberia ist ein parlamentarisch regierter Staat, aber eine Oligarchie, keine Demokratie. Nur den Christen an der Küste stand das Wahlrecht zu, im ganzen 6000 Männern. Sie wählten einen Senat von zehn und ein Repräsentantenhaus von 22 Mitgliedern. An der Spitze des Staates stand ein Präsident, damals ein Mister Howard.

Die keineswegs beschränkten Amerikaneger aus Monrovia empfanden es als großen Mißstand, daß die Basis ihrer Herrschaft, die sich nur auf die halbe Küste und ein paar Meilen ins

Innere hinein erstreckte, infolge ihrer zahlenmäßigen Unterlegenheit so schmal war. Sie hatten deshalb das System der »apprenticeship« eingeführt: möglichst jede Familie in Monrovia und Umgegend nahm ein halbes Dutzend Kinder aus dem Busch in ihren Familienverband auf, halb als Dienstboten, halb als Adoptivkinder. Die jungen Leute mußten sich verpflichten, bis zum 21. Lebensjahr in den Familien zu bleiben. Dann waren sie frei. Die meisten, denen die Stadt schöner schien als die Wildnis, blieben an der Küste und amalgierten sich der Herrenschicht. Andere gingen in den Busch zurück und verniggerten wieder. Natürlich konnte das System der apprenticeship nur sehr allmählich fühlbare Folgen zeitigen.

Die Erschließung des Landes wäre nur möglich, wenn Verkehrswege gebaut würden. Aber daran gebrach es vollkommen. Ganz Liberia hatte keine einzige Eisenbahn und nur verschwindend wenige und kurze Fahrstraßen in unmittelbarer Nähe der Küste. Sonst gab es nur die primitiven Negerpfade. Eine ganz kurze Bahnstrecke, die einmal eine fremde Gesellschaft gebaut hatte, war nie in Betrieb gekommen und daher völlig verrottet.

Was Liberia am meisten fehlte, war die ausreichende Investierung fremden Kapitals. Die befreiten Sklaven selbst hatten immer nur über sehr wenig Mittel verfügt. Ein paarmal hatte allerdings Liberia Anleihen bekommen, die erste 1871 aus England. Sie betrug 100000 Pfund zu sieben Prozent verzinslich. Aber zunächst wurde diese Anleihe nur zu einem Kurs von 85 ausgehändigt. Dann wurden die Zinsen auf drei Jahre im voraus mit 21000 Pfund abgezogen. Und schließlich wurde der Rest in so faulen Papieren ausgezahlt, daß tatsächlich nur 27000 Pfund in bar nach Liberia kamen. zu sieben Prozent zu verzinsen aber hatte es 1912 trotz der geleisteten Amortisationen immer noch 92000 Pfund.

Nach diesem Muster sind auch die späteren, immer recht geringfügigen Anleihen Liberias bewilligt worden. Von einer Anleihe von wieder 100000 Pfund, die es 1906 bekam, sind ganze 30000 Pfund in seine Hände gelangt. Aber auch hier mußte die Gesamtsumme verzinst werden. Liberia war eben eine Zitrone, die das internationale Finanzkapital nach Belieben auspressen zu können glaubte. Dazu kam die Eifersucht der miteinander um den Einfluß in Liberia ringenden Großmächte: Amerika, das Liberia als sein geistiges Kind ansah; Deutschland, das wirtschaftlich dort die größten Interessen hatte, da von den 80 weißen Kaufleuten Monrovias 60 Deutsche waren; England und Frankreich, die beide als Nachbarn des Landes wie die Schießhunde darüber wachten, daß kein anderer als sie selbst Einfluß erhalte. Das Land brauchte, um seine großen Naturschätze nutzbar zu machen und eine geregelte Verwaltung zu ermöglichen, Eisenbahnen so nötig wie das liebe Brot. Jede der genannten vier Großmächte hätte sie gern gebaut. Aber da keine duldete, daß die andere baute, so wurde überhaupt nicht gebaut. Man kann sich denken, daß die Gefühle der Liberianer den Weißen gegenüber unter solchen Umständen nicht die liebevollsten waren.

Ich habe mich bemüht, von den Schwarzen selbst Aufschluß über die Zustände zu erhalten. Mein Reisekollege vermied grundsätzlich diesen Weg der Aufklärung. Er wandte sich immer nur an die Weißen. Mir schien das nicht zu genügen, ich bat um eine Audienz bei Präsident Howard und lernte in ihm einen Mann mit durchaus gesundem Menschenverstand kennen. Darüber hinaus schien er mir gewisse diplomatische Fähigkeiten zu besitzen. Mit Eleganz wußte er den Fragen auszuweichen, die ihm unbequem waren. Bei schwierigen Themen wie dem der Anleihen verwies er mich auf die amtlichen Akten, die mir bereitwilligst gezeigt wurden.

Ich ging in die Schulen und fand dort das bestätigt, was ich schon vorher anderwärts festgestellt hatte, nämlich daß die Negerjugend einen geradezu fanatischen Lerneifer besitzt. In Monrovia kam mir ein kleines Erlebnis aus Nigeria wieder in Erinnerung. Dort war ich in Oloko Medji mit dem englischen Forstmeister Christ, einem geborenen Bayern, herumgewandert und hatte ihn beim Anblick einer Schule gefragt, ob es eigentlich Schulzwang gäbe. Worauf er erwiderte: »Schulzwang braucht man hier nicht. Jeder Neger schickt seine Kinder freiwillig in die Schule, weil er weiß, daß Kenntnisse die einzige Möglichkeit des Vorwärtskommens für den Schwarzen bedeuten. Alle Schulen sind überfüllt. Leider ist nicht genug Geld da, um für alle Negerkinder Schulen zu bauen.«

Ich ging auf die Universität, auf die Monrovia besonders stolz ist, und wohnte den Vorlesgungen der natürlich ausschließlich schwarzen Professoren bei. Mit dem Niveau einer deutschen Hochschule konnte die Alma mater Monroviensis nicht konkurrieren. Aber die Bildungshöhe einer Prima eines Gymnasiums schien mir erreicht.

Ich setzte mich mit den Negern in Verbindung, die mir von

den Weißen als Intellektuelle bezeichnet wurden, und habe auch dabei gute Erfahrungen gemacht. Natürlich durfte man nicht mit europäischem Bildungs- und Ästhetendünkel an Personen und Einrichtungen herantreten. Was mich frappierte, war immer wieder die besonders umfangreiche Literaturkenntnis der schwarzen Akademiker. Einer von ihnen, passabler Dichter im Nebenberuf, erschien zum Abschied auf dem Dampfer, um mir mit einer netten Widmung eins seiner Werke zu überreichen.

Immer wieder hatte ich das Gefühl: Diese Leute leiden furchtbar unter der offen zur Schau getragenen Verachtung der Weißen. Sowie sie merken, daß jemand sie nicht als Angehörige einer minderwertigen Rasse des Verkehrs für unwürdig ansieht, sind sie von einer geradezu rührenden Dankbarkeit.

Sind die Neger minderwertig? Unsere großen Rassengelehrten haben mir immer gesagt: »Die Neger besitzen keine staatenbildende Kraft. Das werden Sie selbst in Liberia am besten sehen.«

In der Tat: Liberia ist kein Beweis für staatenbildende Kraft der Negerrasse. Völkerrechtlich ist es ein souveräner Staat, darum gleichberechtigt zum Völkerbund zugelassen. Praktisch aber ist es eine Karikatur von Staat. Nicht wegen seiner militärischen Schwäche. Richtig ist, daß die gesamte bewaffnete Macht Liberias im Jahre 1912 ganze 375 Mann betrug, die noch dazu mit Gewehren verschiedenster Konstruktion ausgerüstet waren. Auch die Kriegsflotte bestand nur aus einem einzigen Schiff, einer ehemaligen Rothschildschen Vergnügungsjacht, namens »Lark«. Und dies Schiff war immer nur dann manövrierfähig, wenn Woermann gerade die nötigen Kohlen auf Kredit herzugeben bereit war.

Ein Staat auch ohne jede Militärmacht kann trotzdem respektabel sein. Das Versagen der liberianischen Staatenbauer wird aber dadurch dokumentiert, daß es ihnen im Zeitraum von fast hundert Jahren nicht gelungen ist, das große Hinterland und das kleine Küstenland zu einer Einheit zu verschmelzen.

Aber die Liberianer können auf mildernde Umstände plädieren. Ein Staat ohne Geld ist unmöglich. Das Geld hat man ihnen immer vorenthalten. Aus eigener Kraft waren die paar tausend befreiter Sklaven zu schwach, um die zwei Millionen »Wilde« für den Staatsgedanken zu gewinnen, zumal jedes innere Band zwischen ihnen und jenen im Urwald fehlte. Sie empfanden wie Amerikaner, die andern wie Afrikaner. Beide waren schwarz. Aber die Rasse macht es eben nicht. Auf Gemeinschaft der Sprache, der Religion, der Geschichte, der Kultur kommt es an, um einen Staat zu ermöglichen. Alle diese Voraussetzungen fehlten in Liberia. So ist es der bespöttelte Operettenstaat geworden, trotz der Tüchtigkeit vieler seiner Bewohner.

Liberia ist kein Beweis für die staatenbildende Kraft der Neger. Es ist aber auch kein Beweis dagegen. Aus mangelnden Leistungen auf mangelnde Leistungsfähigkeit schließen, wäre ein Trugschluß. Was noch nicht ist, kann einmal werden. Auch Völker können sich im Kindheitsstadium befinden und doch das Zeug zur Mannbarkeit in sich tragen. Die Frage nach der staatenbildenden Kraft der Neger ist also noch offen.

Dritter Teil
Weltpolitisches Bestreben

34. Kapitel
Beim Kriegsausbruch

Am 24. Juli 1914, als gerade die Nachricht von dem Wiener Ultimatum an Serbien eingetroffen war, sagte mir ein englischer Offizier im Hotel de Paris des bretonischen Seebades St. Lunaire: »Selbst wenn auf dem Kontinent Krieg ausbricht – England bleibt draußen. Es müßte denn sein, daß Deutschland die belgische Neutralität verletzt. Antwerpen, vier Stunden von England, in den Händen einer fremden Großmacht – das wäre für England unerträglich.«

Am 29. Juli verbürgte sich meinen Befürchtungen gegenüber der liberale Abgeordnete Joseph King im Wandelgang des Unterhauses in London für den Willen seines Landes zur Neutralität. »Wir haben eine gewaltige liberale Mehrheit. Sie ist unbedingt kriegsfeindlich. Nur wenn Deutschland die belgische Neutralität verletzen und Antwerpen besetzen sollte – das könnte kein Engländer ruhig mitansehen. Dann müßte auch ich als Pazifist für den Krieg stimmen. Aber – Ihre Regierung wird doch nicht wahnsinnig sein und uns in den Krieg hineinzwingen!«

Am 2. August saß ich im Deutschen Klub in Brüssel. Beruhigende und beunruhigende Gerüchte jagten einander. Plötzlich kam die Nachricht, die deutsche Regierung wolle der belgischen ein Ultimatum stellen.

Erst starres Entsetzen. Dann schärfster Protest der deutschen Fabrikanten und Kaufleute: »Wir trauen der deutschen Regierung manche Dummheit zu, aber so dumm wird sie doch nicht sein, ohne Not die Zahl ihrer Feinde um dreihunderttausend Soldaten zu vermehren. Und dann der Eindruck auf die Welt!«

Am nächsten Morgen wurde ich in aller Frühe durch Geschrei auf der Straße geweckt: die deutschen Truppen waren in Belgien eingerückt!

Mit Mühe und Not kam ich via Holland nach Deutschland zurück. Die erste deutsche Station war Goch. Da traf ich auch gleich den ersten deutschen Zivilstrategen. Ein Bahnbeamter goß Bier auf den Tisch im Wartesaal und zeichnete damit die künftige Karte Europas: Belgien und das Baltikum deutsch, Serbien zwischen seinen Nachbarn aufgeteilt.

Ich erkannte mein Volk nicht wieder. Die achtundvierzigstündige Bahnfahrt nach Berlin kam mir vor wie ein Querschnitt durch das Gehirn eines Schwerkranken.

In Wesel umtanzten Kinder eine Bedürfnisanstalt, um einen darin befindlichen »Spion« einzukreisen. In Oberhausen erzählte mir die Bahnhofswache, daß man Spione an ihren unruhigen Augen und ihrem dunklen Aussehen erkenne. Zwischen Dortmund und Bochum durften aus irgendwelchen Gründen, angeblich militärischen, die Aborte im Zug nicht benutzt werden. In Gütersloh ordnete der Bahnhofskommandant meine Verhaftung an, weil ich gelacht hatte, als er einem jungen Mann befahl, die Hand aus der Hosentasche zu nehmen. In Minden stieg ein Hauptmann ein, dem die Benutzung der dortigen Badeanstalt verboten worden war, weil das Wasser von den Feinden vergiftet sei. In Hannover sah ich, wie Wolken beschossen wurden, weil man sie für französische Flugzeuge hielt. Ich sehnte mich nach Berlin, um dort mit politisch vernünftigen Leuten endlich einmal wieder politisch vernünftig reden zu können. Deshalb suchte ich in erster Linie meine Freunde von der Demokratischen Vereinigung auf. Die legten mir als Vorsitzenden dieser Vereinigung eine Erklärung zur Unterzeichnung vor, in der von »dem uns aufgezwungenen Kriege« die Rede war. Ich verweigerte meine Unterschrift, da ich mit meinem Namen keinen Schwindel decken wollte. Die Erklärung erschien trotzdem, natürlich ohne meinen Namen.

Erschüttert stellte ich fest, daß die Demokraten genausowenig immun gegen die Kriegspsychose waren wie irgendein anderer Teil des Volkes. Auch sie glaubten an die als Nonnen verkleideten Spione, an das Attentat gegen den Kronprinzen, an die Massenerschießung von Spionen in der Alexanderkaserne, an das vergiftete Mehl, an die Autos, die Goldmassen von Frankreich nach Rußland transportierten. Sie glaubten an alles, was die Regierung durch W. T. B. verbreiten ließ, um Kriegsstimmung zu erzeugen. Immer hatten sie mit mir zusammen gepredigt: Mißtrauen ist die oberste Tugend der Demokratie. Jetzt glaubten sie der bis vor wenigen Wochen so scharf befehdeten kaiserlichen Regierung und ihren Generalen jedes Wort, auch das unsinnigste. Die beiden monistischen Leuchten

Haeckel und Ostwald konkurrierten miteinander in Imperialismus. Haeckel forderte die Aufteilung Belgiens, die Annexion Nordfrankreichs und die Besetzung Londons. Professor Wilhelm Ostwald proklamierte die Vereinigten Staaten von Europa mit dem deutschen Kaiser an der Spitze.

Ich kam mir in dem Berlin der ersten Kriegstage vor wie ein Nüchterner in einer Gesellschaft von Allzufröhlichen – ein denkbar unbehaglicher Zustand. Zumal diese Leute bösartige Fanatiker geworden waren. In einer kleinen Familiengesellschaft alter Naumannianer brachte ich meine kritische Auffassung über die Schuldfrage vor. Worauf ein ehemaliger Pastor eine finstere Miene aufsteckte und sagte, er müsse sich doch sehr überlegen, ob er nicht moralisch verpflichtet sei, diese unsere Stellungnahme dem Oberkommando in den Marken mitzuteilen. In Zeiten allgemeiner Unvernunft Vernunft behalten, ist gefährlich. Meine alten Freunde und Kampfgenossen sahen mich als armen Irren oder bedenklichen Schädling an. Ich wurde ganz einsam. Erst allmählich entdeckte ich, daß doch wenigstens Vereinzelte gegen den Kriegswahnsinn gefeit geblieben waren: Kapitän Persius, Theodor Wolff, Konsul Schlieben, Rudolf Breitscheid, Hugo Haase und noch ein paar andere. Voces clamantes in deserto, soweit wir unter dem Belagerungszustand überhaupt unsere Stimme erheben durften.

35. Kapitel
Unter Kriegszensur

Meine größte Sorge war: Wie kann ich die »Welt am Montag« durch die Klippen der Zensur am besten hindurchsteuern? Die Zensur war allmächtig. Jeden Tag konnte jedes Blatt für die Dauer des Krieges verboten werden, ohne Begründung, ohne Berufungsmöglichkeit. Leicht wäre es natürlich für mich gewesen, als pazifistischer Held dazustehen, indem ich die Wahrheit sagte und damit mich selbst in Schutzhaft und mein Blatt in die Versenkung beförderte. Aber war damit der Sache gedient?

Ich nahm mir vor, mich durch Mimikry der Zensur anzupassen, auf die Gefahr hin, zunächst vielfach verkannt zu werden. Erziehung des Lesers dazu, zwischen den Zeilen zu lesen, das war es, worauf es ankam. Hätte ich gegen die deutschen Annexionsabsichten protestiert, wäre ich sofort verboten worden. Also schrieb ich historische Artikel, lobte Bismarck über den Schellendaus, daß er 1866 lieber hatte Selbstmord begehen, als in eine Verstümmelung Österreichs willigen wollen, verdammte Napoleon I. wegen seiner Zerstückelung Deutschlands. Oder ich pries die italienischen Sozialisten wegen ihrer tapferen Ablehnung der Kriegskredite. Die Zensoren waren wütend. Aber konnten sie eine deutsche Zeitung wegen solcher Artikel verbieten?

An Wilhelm II., an Hindenburg, an Ludendorff durfte kein Wort der Kritik geübt werden. Schön. Tadeln durfte ich nicht, loben wollte ich nicht. Also schwieg ich tot. Auch den verschärften U-Boot-Krieg, die größte aller deutschen Dummheiten, schwieg ich tot, weil sie zu verurteilen mir unmöglich gemacht wurde.

Die Leser merkten bald, was ich sagen wollte, aber nicht sagen durfte. Das Kriegspresseamt merkte es auch. »Wir hätten Sie so gern verboten, aber wir fanden keine Handhabe dazu«, gestand mir nach der Revolution Hauptmann Graefe aus diesem Amt. Das Schlimmste an unserer Zensur war nicht ihre Brutalität, sondern ihre Heuchelei. Das Publikum sollte überhaupt nicht wissen, daß es eine Zensur gab. Es war striktest verboten, die Existenz der Zensur zu erwähnen. Wurde ein Artikel untersagt, so durfte man nicht etwa, wie in Österreich, einen weißen Fleck in der Zeitung lassen. Man durfte auch nicht von dem Verbot einer anderen Zeitung berichten. Die Leser merkten natürlich, daß die Zeitungen kastriert waren. Aber sie sollten glauben, daß diese Operation von den Redakteuren aus eigenem Willen ausgeführt worden war.

Angeblich bestand die Zensur nur für militärische Nachrichten. Aber wenn der Kronprinz mit seiner Frau eine Operette besucht hatte, so wurde der Presse »aus militärischen Gründen« verboten, davon Notiz zu nehmen. Als die »Welt am Montag« einen gegen den Reichstag gerichteten Schimpfartikel des Kaiserlieblings Houston Stewart Chamberlain kritisiert hatte, wurde sie mit Verbot bedroht. Grund? »Chamberlain hat vom Kaiser das Eiserne Kreuz bekommen; damit ist er zu einer militärischen Angelegenheit geworden!«

Dreimal wöchentlich wurden etwa 100 Pressevertreter von dem Kriegspresseamt zur Pressekonferenz versammelt. Es war eine Art Paroleausgabe. Die Offiziere hatten alles, die Journalisten nichts zu sagen. Sie hatten nur Befehle und Verbote entgegenzunehmen. Diskussion war nicht erlaubt, nur Fragestellung. Ob die Fragen beantwortet wurden, hing von dem Gutdünken der Offiziere ab.

Wie die Fragen beantwortet wurden, dafür nur ein Beispiel: Major von Olberg hatte triumphierend Bericht erstattet über die Bombardierung Londons durch deutsche Luftschiffe. Ich erlaubte mir die Anfrage, wie dies Bombardement in der Presse verteidigt werden könne, da doch nach Völkerrecht nur Festungen bombardiert werden dürfen, meines Wissens aber London eine offene Stadt sei. Herr von Olberg ließ die Frage zunächst unbeantwortet. Plötzlich erhob er sich und erklärte: »In London liegt doch der Tower!« Als oberster Grundsatz war von dem Kriegspresseamt proklamiert worden: »Jetzt kommt es weniger auf die Richtigkeit einer Nachricht an als auf ihre Wirkung.« Gleich die erste Sitzung der Pressekonferenz am 10. August 1914 wurde von dem präsidierenden Obersten mit der Erklärung begonnen: »Wenn die Hälfte der Truppen vor Lüttich auf der Strecke geblieben wäre, müßten Sie doch schreiben, daß der Erfolg mit fabelhaft geringen Opfern errungen worden ist.«

Noch am 16. Oktober 1918 wurde der Pressekonferenz die

Direktive erteilt, es müsse unter allen Umständen der Eindruck vermieden werden, als gehe unser Friedensschritt von militärischer Seite aus. Dabei hatten wir alle in der Konferenz vom 29. September den Bericht des Majors von dem Bussche entgegengenommen, der im Auftrag Ludendorffs nach Berlin gekommen war, um zu erklären, daß aus militärischen Gründen binnen 48 Stunden ein Waffenstillstand herbeigeführt werden müsse, da sonst die Front vielleicht nicht mehr halten könne.

Die Engländer haben während des Krieges den Grundsatz verfolgt, ihr Volk zu den höchsten Opfern anzuspornen, indem ihm nicht nur die Wahrheit über die Kriegs- und Ernährungslage gesagt, sondern die Lage möglichst schwarz in schwarz geschildert wurde.

Das deutsche Volk wurde in entgegengesetztem Sinne bearbeitet. Es wurde genau wie ein unmündiges Kind oder wie der Kaiser mit allen schlechten Nachrichten verschont und ständig in optimistische Hoffnung gewiegt. Rosa in rosa wurde alles dargestellt. Die eigenen Schiffsverluste wurden zum großen Teil verschwiegen, die fremden aufgebauscht. Wenn das Volk hungerte, so täuschte man ihm vor, daß bei den Feinden die Lebensmittel noch knapper seien. Über die beiden Entscheidungsschlachten an der Marne hat es erst nach dem Kriege die Wahrheit vernommen. Als den Hausfrauen die Kupferkessel und Türklinken und den Kirchen die Glocken abmontiert wurden, erschien ein W. T. B.-Telegramm, das behauptete, wir hätten den Russen bei der Offensive im Baltikum so ungeheure Vorräte an Metallen abgenommen, daß der Heeresbedarf auf Monate gedeckt sei. In der Pressekonferenz erklärte Major Pietschmann, die übertriebene Nachricht vom W. T. B. sei für das Ausland bestimmt gewesen und nur durch ein bedauerliches Versehen in die deutsche Presse gekommen.

Lügen sollen kurze Beine haben. Die Lügen des Kriegspresseamts sind 4¼ Jahre hindurch gelaufen. Um so schauerlicher war dann das Erwachen des deutschen Volkes. »Wir sind belogen und betrogen worden«, stöhnte sogar der konservative Führer von Heydebrand und der Lasa und zog sich gebrochen ins Privatleben zurück.

Nie wäre der Zusammenbruch so niederschmetternd gewesen, hätten nicht vorher die maßgebenden Militärs einen solchen Berg von Illusionen in dem allzu gutgläubigen deutschen Volk aufgehäuft.

36. Kapitel
Als Unter-Staatssekretär 1919

Es gibt ein paar Leute, die sich öffentlich gerühmt haben, sie hätten die deutsche Revolution »gemacht«. Sie befinden sich im Irrtum. In Wahrheit war vielleicht nie eine große Revolution so wenig vorbereitet wie der deutsche Vulkanausbruch vom 9. November 1918.

Gewiß, die Spartakus-Gruppe hat die Revolution angestrebt. Sie hatte durch den Sieg Lenins im November 1917 auch einen gewissen Auftrieb erhalten. Aber von den 65 Millionen Deutschen wurde noch nicht eine von der unterirdischen Agitation erfaßt. Der Waffenbestand der bewußten Revolutionäre war minimal. Er hätte nicht ausgereicht, auch nur eine einzige kriegsstarke Brigade zu überwältigen. Die Revolution kam einfach daher, daß das Frontheer nicht mehr kämpfen konnte und das Volk den Krieg nicht mehr fortsetzen wollte. Es hatte genug gehungert. Nur ein Gedanke beherrschte alle Geister: Schluß, so rasch wie möglich Schluß!

Diesem raschen Schluß stand als Haupthindernis der Kaiser entgegen. Bis dahin hatte es keine antimonarchische Bewegung gegeben. Vor dem Kriege wurde die Republik von der Sozialdemokratie und ein paar süddeutschen Demokraten gefordert. Aber eigentlich nur aus Prinzip. An eine antimonarchische Propaganda dachte niemand. Während des Krieges hatte sich die Stellung der Monarchie zunächst noch gefestigt. Es war typisch, daß ein sozialdemokratischer Abgeordneter wie Paul Göhre es wagen durfte, im »Vorwärts« eine Lanze für die Monarchie zu brechen.

Erst Mitte 1917 begann sich in immer weiteren Kreisen die Überzeugung durchzusetzen, daß Wilhelm II. die Mitschuld an der Entfesselung und der Verewigung des Krieges trage. Innerpolitisch war es die Nichteinlösung seines Versprechens wegen Beseitigung der preußischen Dreiklassenwahl, die die Massen mehr und mehr gegen ihn aufbrachte. Daß er außenpolitisch das Haupthindernis des Friedens sei, erfuhr das deutsche Volk aus den Botschaften von Wilson. Diese Botschaften klangen der gequälten Welt wie eine Kunde aus Himmelshöhen. Der zynischste der Setzer meiner Zeitung kam, als er eine dieser Botschaften in Arbeit hatte, an mich heran und sagte: »Das liest sich, als wenn man einen neuen Heiland sprechen hörte.«

Im Oktober 1918 war es die Überzeugung vieler Millionen Deutscher: Der Friede ist da, sobald Wilhelm fort ist! Aber Wilhelm wollte nicht gehen. Er klebte an seinem Thron. Darum konzentrierte sich die ganze Unzufriedenheit des Volkes gegen seine Person.

Am Vormittag des 8. November 1918 wurde ich angeklingelt: »Heute abend finden Betriebsversammlungen aller großen Berliner Betriebe statt. Sie werden gebeten, in der Versammlung von Telefunken zu referieren. Die Parole für den 9. November soll ausgegeben werden. Alle Arbeiter treten früh wie gewöhnlich ihre Arbeit an. Ist bis zur Frühstückspause die Abdankung des Kaisers da, wird weitergearbeitet. Wenn nicht, tritt Generalstreik ein, und die Arbeiter marschieren in die Stadt.« In diesem Sinne sprach ich in der Riesenversammlung, die den Eindruck wundervoller Disziplin und Entschlossenheit machte.

Noch am 8. November war die ganze Bewegung nicht gegen die Monarchie als Einrichtung gekehrt, sondern nur gegen den Kaiser und seinen ältesten Sohn. Bei rechtzeitiger Abdankung hätte wahrscheinlich der Reichskanzler Prinz Max von Baden als Reichsverweser den Thron für irgendeinen unmündigen Hohenzollernprinzen offenhalten können. Aber Wilhelm II. dankte nicht rechtzeitig ab. Um selber an der Macht zu bleiben, opferte er die Interessen seiner Familie und die des monarchischen Prinzips. Bis zum 9. November war Ebert, damals der mächtigste Mann in Deutschland, zum Kompromiß mit der Monarchie bereit. Weil der Kaiser bis zur Frühstückspause des 9. November nicht verzichtet hatte, konnte Scheidemann zur Mittagsstunde unter Zustimmung des ganzen Volkes die Republik ausrufen.

Des ganzen Volkes! Von den Zehntausenden von Offizieren, die noch am 8. November auf das »Heil dir im Siegerkranz« eingeschworen waren, hatte nicht einer am 9. November das Bedürfnis empfunden, für seinen Kaiser sein Leben hinzugeben. Auch sie hatten sämtlich das Gefühl: Die Monarchie hat ausgespielt! Wer konnte, eilte nach Hause, um Zivil anzuziehen. Wer auf der Straße von Soldaten angehalten wurde, ließ sich widerstandslos seiner Offiziersabzeichen entkleiden. Ein Sturm auf die Bastille tat nicht not. Die Verteidiger der deutschen Bastille zogen schon vorher die weißen Fahnen auf! Die Tore der Gefängnisse öffneten sich freiwillig, um die politischen Gefangenen, wie den Hauptmann von Beerfelde, freizugeben, und ihnen den Weg in die Sozialdemokratie zu eröffnen. Die Soldaten verbrüderten sich mit dem Volk.

Fast ohne jedes Blutvergießen war die Hohenzollernmonarchie in eine Republik verwandelt worden. Die Straßen Berlins waren von einer festlich-frohen Menge erfüllt. Kein Ruf nach Rache wurde laut.

Für den Mittag des 10. November hatte der Bund »Neues Vaterland« schon am 8. November eine Versammlung nach dem Bismarckdenkmal vor dem Reichstag einberufen, um dort die Republik zu proklamieren. Das erübrigte sich nunmehr. Die Versammlung wurde zu einer Begrüßungsfeier für die Republik. Als ich ankam, hatte gerade Dr. Magnus Hirschfeld unter begeisterten Zurufen der Riesenmenge seine Ansprache geschlossen. Ich wurde auf den hohen Sockel des Bismarckdenkmals hinaufgehoben. Kaum hatte ich drei Sätze gesprochen, da begann hinter meinem Rücken eine furchtbare Schießerei. Panikartig stob die Menge nach dem Tiergarten hin auseinander. Mangels Zuhörer mußte ich meine Rede abbrechen und vom Sockel herunterspringen.

Was war geschehen? Die Schießerei hatte sich zwischen dem von Republikanern besetzten Reichstag und dem angeblich von Konterrevolutionären besetzten Ingenieurhaus an der Ecke der Dorotheenstraße entsponnen. Vielleicht war das ganze nur ein Mißverständnis. Ihr einziges Opfer war ein Offizier. Als ich hinzutrat, erkannte ich in ihm einen Mann, der am Tage vorher auf meiner Redaktion gewesen war, um der Republik seine Dienste zur Verfügung zu stellen. Seine Uniform war ihm zum Verhängnis geworden.

Wenige Tage später war ich Unterstaatssekretär im preußischen Ministerium des Innern. Die preußischen Ministerien wurden damals sämtlich von je einem Vertreter der Mehrheitssozialdemokratie und der Unabhängigen Sozialdemokratie besetzt. Für die SPD zog Paul Hirsch, für die USPD Dr. Rudolf Breitscheid in das Innenministerium ein. Breitscheid, der selbst als Verwaltungsbeamter nicht vorgebildet war, hatte in einer Sitzung seiner Partei erklärt: »Ich nehme nur an, wenn ich Gerlach als Unterstaatssekretär mitnehmen darf.« Darauf hatte

Adolf Hoffmann erwidert: »Genosse Breitscheid, nehmen Sie mit, wen Sie wollen, wenn Sie nur selber reingehen.« So konnte ich meine als Regierungsassessor abgebrochene Karriere in einer etwas höheren Rangstelle wieder aufnehmen. Meinem gleichzeitig eintretenden Kollegen Eugen Ernst von der SPD schlug ich vor, daß wir, um der Republik keine Mehrkosten zu verursachen, das für den Unterstaatssekretär vorgesehene Gehalt von 15000 Mark unter uns teilen wollten, womit er sofort einverstanden war.

Da ich sozusagen von innen her die ersten Monate nach der Revolution mitangesehen habe, glaube ich, etwas objektiver als viele radikale Kritiker die Sünden und Verdienste der neuen Machthaber gegeneinander abwägen zu können. Schwere Unterlassungssünden sind vorgekommen. Spielend leicht wäre es damals gewesen, wie in Österreich die Fürstenvermögen zugunsten des Volkes zu enteignen. Das erwartete jedermann, die Fürsten wohl in erster Linie. Warum es nicht geschehen ist, ist mir nie klar geworden. Hätte man jedem der entthronten Fürsten eine Rente auf Lebenszeit ausgesetzt, so hätte das einen sehr noblen Eindruck gemacht. Aber offenbar hat man damals Hemmungen gehabt, die im Augenblick einer sogenannten Revolution allerdings unfaßbar erscheinen. Weit schwerer wiegt noch die zweite Unterlassungssünde, daß man nicht den Finger gegen den Großgrundbesitz gerührt hat. In Estland, Litauen, Lettland, Polen und der Tschechoslowakei wurde die Masse der Landbevölkerung der neuen Staatsordnung durch eine Agrarreform gewonnen, die den Großgrundbeistz radikal beschnitt. Bei uns waren die Bauern und namentlich die Bauernsöhne damals fast sämtlich »rot«. Sie erwarteten, daß nun endlich ihr Landhunger gestillt werden würde. Aber nichts Derartiges geschah. Die sozialistischen Gelehrten konnten sich nämlich nicht einigen, ob man den Großgrundbesitz sozialisieren oder parzellieren solle. Und weil man sich weder für die eine noch die andere Maßnahme entscheiden konnte, machte man überhaupt nichts. Die Junker behielten ihre ganze Wirtschaftsmacht, die sie seitdem so trefflich gegen die Republik ausgenützt haben. Die Bauern aber waren tief enttäuscht, daß ihnen die Republik zwar neue Steuern, aber kein neues Land gebracht hatte, und marschierten wieder nach rechts. Die Republik blieb einbeinig, eine städtisch-industrielle Angelegenheit. »Hätte man im November 1918 die Republik die Hälfte unseres Besitzes konfisziert, so hätten wir die andere Hälfte als ein Geschenk des Himmels angesehen«, gestand mir später ein konservativer Großgrundbesitzer.

Wer alle Unterlassungssünden der Republik ihren ersten Herren als todeswürdiges Verbrechen ankreidet, übersieht jedoch die verzweifelt schwierige Lage der ersten Monate. Da waren es die außenpolitischen Verhältnisse, die täglich neue Sorgen heraufbeschworen. Der Siegesrausch der Entente erbitterte das deutsche Volk, das sich von der Bekehrung zur Demokratie einen erträglichen Frieden versprochen hatte. Alles mußte die Regierung versuchen, um die Waffenstillstands- und Friedensbedingungen wenigstens von Fall zu Fall zu mildern.

Die grauenvolle Ernährungslage belastete die Köpfe der Verantwortlichen vor allem anderen. Primum vivere! Aber die Ernährung war nicht einmal auf zwei Wochen im voraus sichergestellt. Der Verwaltungsapparat mußte aufrechterhalten bleiben, auch wenn ihn noch so reaktionäre Elemente bedienten. Da war der brudermörderische Kampf zwischen den drei Arbeiterparteien SPD, USPD und Spartakusbund, dem Vorläufer der KPD. Sechs Wochen lang regierten die SPD und USPD gemeinsam, aber keineswegs einig, im Rat der Volksbeauftragten, der kluge Fritz Ebert und der edle Hugo Haase an der Spitze. Die SPD, belastet mit der Erinnerung an die Bewilligung der Kriegskredite, zog nicht den für die deutsche Außenpolitik unerläßlichen Schnitt zwischen Gegenwart und Vergangenheit. Die USPD, in der Außenpolitik musterhaft, kokettierte innenpolitisch mit dem russischen System.

Inzwischen zog Karl Liebknecht, ein ehrlicher Fanatiker, durch die Straßen von Berlin und rief zum Kampf gegen die »Verräter an der Revolution« auf. Viel vom Vater hatte Karl Liebknecht geerbt. Intellektuell stand der Vater über dem Sohne, bei dem das Herz so oft mit dem Verstande durchging. Zu diskutieren war mit ihm kaum. Aber er besaß eine Intensität des Mitempfindens mit den Opfern irgendeiner Tyrannei, die ihn zu jedem, aber wirklich jedem Opfer bereit machte. Ich habe vor dem Kriege viel in Sachen der russischen politischen Flüchtlinge mit ihm gearbeitet. Dabei bekam ich den höchsten Respekt vor seiner Selbstlosigkeit und seiner Willensstärke. Gewiß, er wollte oft mit dem Kopf durch die Wand. Aber er wollte wenigstens. Dieser Intellektuelle hatte ein viel heißeres proletarisches Empfinden als viele Handarbeiter.

Politisch gingen unsere Ansichten weit auseinander. Aber ich habe ihn gern gehabt. Und ich glaube, daß das auf Gegenseitigkeit beruhte. Als ich am Nachmittag des 9. November 1918 auf der Treppe des Reichstages stand, wurde ich plötzlich von hinten umarmt. Ich drehe mich um und blicke Karl Liebknecht in die halb feuchten, halb strahlenden Augen. Mit warmer Stimme ruft er mir zu: »Gerlach – endlich die Freiheit! Sie gehen nicht ganz mit mir, ich weiß. Aber heute wollen wir uns doch zusammen freuen!«

Jetzt überschütteten die »revolutionären Obleute« die Ministerien mit Forderungen, die zwar sehr revolutionär klangen, aber bei ihrer Durchführung nur den Sieg der Konterrevolution herbeigeführt hätten.

Dazu kam der ewige, unlösbare Widerstreit zwischen Volksbeauftragten und Arbeiter- und Soldatenräten. Namentlich die Soldatenräte waren ein sonderbares Gewächs. In dem einen Ort ultrarevolutionär, in dem andern stockreaktionär. Unmittelbar nach der Revolution fuhr Kapitänleutnant Hans Paasche nach Potsdam, um dort die politisch so unendlich wichtige Korrespondenz des Kaisers zu sichern. Er brachte sein Ansuchen beim Potsdamer Soldatenrat vor. Dessen Vorsitzender, ein royalistischer Offizier, erklärte: »Die Berliner haben in Potsdam gar nichts zu sagen. Wir allein bestimmen hier. Und wir haben beschlossen, daß die Kaiserin dem Kaiser schicken kann, was sie will.« Am nächsten Tage rollten ein paar plombierte Waggons mit den gesamten Akten Wilhelms nach Holland. Alle Macht den Arbeiter- und Soldatenräten! Das war die Parole derer, die sich für die allein echten Revolutionäre hielten. Dabei saßen in den A.- und S.-Räten zwar teilweise sehr anständige Leute, die dem Staat Millionen an Militärvermögen gerettet haben, aber politisch gebildete und politisch einsichtige Leute waren in ihnen die Ausnahme.

Alle Ministerien hatten neue Spitzen bekommen, aber die Pyramiden darunter waren die alten geblieben. Bei uns im Innenministerium dirigierte der Hakatist von Kries das Polendezernat, der konservative Fanatiker Kutscher die Personalangelegenheiten. Als Verwaltungsbeamte ausgebildete Republikaner standen uns nur ganz vereinzelt zur Verfügung. Bewarb sich einer von ihnen um einen Landratsposten, so erwiderte die Geheimratsbürokratie: Nach der Anciennität sind erst andere Anwärter dran. Kam ein Mann wie der überaus fähige Freiherr von Reibnitz, wegen ungenügender Hohenzollernfrommheit gemaßregelter Landrat, für den Oberpräsidentenposten in Frage, so warf Unterstaatssekretär Dr. Freund ein: »Im Fall seiner Ernennung drohen die schlesischen Landräte mit Streik.«

Immer ließ sich Paul Hirsch, zugleich Ministerpräsident und Innenminister, und so mit Arbeit überlastet, ins Bockshorn jagen. Er war ein ausgezeichneter Kommunalsachverständiger. Aber ihm mangelte ganz das, was die Franzosen »la poigne« nennen, die rücksichtslose Entschlußfähigkeit. Die Geheimräte tanzten ihm auf der Nase herum. Er ließ es sogar ungesühnt, daß ein Rundschreiben wegen Aufhebung der Gutsbezirke drei Wochen im Ministerium unerledigt liegen blieb. »Bedauerliches Versehen der Registratur«, entschuldigten sich die Geheimräte. Sie sabotierten die Republik, und die Republik ließ sich sabotieren!

Das Sündenmaß der ersten Revolutionsminister ist groß. Trotzdem – sie haben Preußen-Deutschland vor dem zeitweise unausbleiblich scheinenden Chaos bewahrt. Das war immerhin etwas.

37. Kapitel
Die polnische Verhandlung

Am 18. November 1918 bekam ich vom preußischen Staatsministerium im Einverständnis mit dem Reichsernährungsministerium den Auftrag, sofort als Staatskommissar nach Posen zu gehen. Es waren nämlich beunruhigende Nachrichten über die Zustände in der Provinz nach Berlin gelangt, ohne daß man bei den verworrenen Verhältnissen von hier aus den wahren Sachverhalt feststellen konnte.

Daß gerade mir der Auftrag zugeteilt wurde, ergab sich daraus, daß ich wegen meiner Vorkriegstätigkeit für besonders geeignet zu Verhandlungen mit den Polen gehalten wurde. Immer hatte ich ja, übrigens in ständiger Zusammenarbeit mit Professor Hans v. Delbrück, gegen den Hakatismus gekämpft, d. h. gegen jene Gesetzgebung, die die preußischen Polen als Staatsbürger zweiter Klasse behandelte, ihnen die Muttersprache in Schule und Versammlungen raubte, ihnen ihre Ansiedlung unmöglich machte, ihnen den Grundbesitz enteignete, sie von jeder Beamtenstelle im Osten ausschloß. Meine Aufgabe für Posen war genau umgrenzt. Ich sollte die Lage der Dinge an Ort und Stelle ergründen und die Wünsche der Polen entgegennehmen, vor allem jedoch für die Fortsetzung der Lebensmittel-Lieferung aus der reichen Agrarprovinz sorgen. Das, was die neuen Machthaber in jenen Tagen am meisten bedrückte, war nämlich die Sorge um die Ernährung des deutschen Volkes. Wir waren durch vierjährigen Krieg und Blockade ausgehungert bis aufs Mark der Knochen. Stockte die Nahrungszufuhr auch nur drei Tage, so war das Chaos unvermeidlich.

Um meine Posener Mission hat sich ein Legendenkranz gebildet, der mir unzählige Pöbeleien und Todesandrohungen eingetragen hat. Noch heute gelte ich vielen meiner Mitbürger als ein Mensch, der aus Dummheit oder Gemeinheit Posen, Westpreußen und Oberschlesien den Polen ausgeliefert hat. Am zweckmäßigsten scheint mir, rein sachlich über den Verlauf meiner Reise zu berichten, die nur wenig über 24 Stunden gedauert hat. Die Spitzenbehörden in Berlin drängten nämlich auf sofortige Berichterstattung.

In der Nacht vom 19. zum 20. November fuhr ich nach Posen, begleitet von vier Sachreferenten, davon drei aus dem Ernährungsministerium. Statt zu schlafen, ließ ich mir zunächst stundenlang über alle Einzelheiten Vortrag halten, um für die Posener Verhandlungen sachlich gerüstet zu sein. Als Ortskundiger für Posen hatte sich uns der bekannte Psycholanalytiker Dr. Simmel angeschlossen, der während des Kriegs Stabsarzt in Posen gewesen war.

In Posen selbst sind vom frühen Morgen bis zum späten Abend die Verhandlungen nicht abgerissen: Behörden, Abordnungen der Gewerkschaften und der Beamtenorganisationen, Provinzialernährungsamt, Präsident der Ansiedlungskommission, Arbeiter- und Soldatenrat, Oberster polnischer Volksrat: überall mußte ich hin, alles wollte mich sprechen.

Mein erster Gang war zu den beiden höchsten Zivilbeamten des kaiserlichen Regimes, dem Oberpräsidenten von Eisenhardt-Rothe und dem Regierungspräsidenten. Beide berichteten mir über die Lage in der Provinz ziemlich beruhigend. Zu Anfang seien allerdings, namentlich in den Grenzbezirken, Ausschreitungen vorgekommen, auch eine Anzahl deutscher Verwaltungsbeamter abgesetzt worden. Inzwischen hätten sich jedoch die Verhältnisse gebessert. Einige der abgesetzten Beamten würden übrigens wegen ihrer allzu prononcierten politischen Stellung wohl besser dauernd von ihren Ämtern entfernt bleiben. Zu irgendwelchen besonderen Maßnahmen liege im Augenblick jedenfalls kein Anlaß vor.

Der Oberpräsident entwarf dann ein Programm, das den weiteren Tag für mich völlig ausfüllte. Er übernahm die Anberaumung der Sitzungen der verschiedenen Körperschaften, denen ich beiwohnen mußte, um von allen Seiten aus die Lage beleuchtet zu bekommen.

Besonders wichtig war die Sitzung des Arbeiter- und Soldatenrates. Vielen Menschen ist heute die Erinnerung daran geschwunden, daß damals, zehn Tage nach der Revolution, die Arbeiter- und Soldatenräte sich als die oberste Instanz fühlten. Alles kam darauf an, sich mit ihnen zu verständigen, weil sie sonst aller möglichen Torheiten fähig waren. Der Posener A.- und S.-Rat war in der Mehrheit von Deutschen besetzt und stand unter Vorsitz eines Hamburgers. Er stellte sich einmütig auf den Boden der Zusammenarbeit beider Nationalitäten und lehnte besonders lebhaft, auch gerade seine deutschen Mitglieder, den Gedanken ab, fremde Truppen nach Posen kommen zu lassen, weil darunter die Zusammenarbeit nur leiden könne. Den Schluß meiner Verhandlungen bildete die Zusammenkunft mit dem obersten polnischen Volksrat in seinem Hauptquartier, dem Hotel Basar. Es war eine höchst formelle Tagung am grünen Tisch, die sich in den etwas steifen Formen einer ersten Besprechung zweier feindlicher Parteien vollzog. Ich wußte, daß von dieser Verhandlung die Entscheidung abhing. Der oberste polnische Volksrat hatte tatsächlich die Hauptmacht in der Provinz in den Händen. Prälat Adamski präsidierte. Keiner der Herren war mir persönlich bekannt.

Eingangs erklärte ich: »Meine Herren, zunächst bitte ich von jeder Erörterung der Territorialfragen abzusehen. Die werden weder von Ihnen noch von uns geregelt, sondern von der Friedenskonferenz. Ich bin hier, um Sie einerseits zu ersuchen, bis zur Entscheidung der Friedenskonferenz von jeder Änderung in der Verwaltung und jeder Unterbrechung der Lebensmittellieferung abzusehen, andererseits auch, um Ihre Wünsche entgegenzunehmen und sie meinem Ministerium zu übermitteln.«

Der Posener Polenführer Adamski erwiderte auf meine Ausführungen:

»Wir sind einverstanden mit der Nichtbehandlung der Territorialfrage. Auf die Wünsche wegen der Verwaltung und der Lebensmittellieferung einzugehen, sind wir grundsätzlich bereit. Wir unsererseits wünschen die möglichst umgehende Aufhebung aller Ausnahmebestimmungen gegen die Polen, namentlich im Schulwesen. Vor allem jedoch legen wir größten Wert darauf, daß nicht ortsfremde Truppen in die Provinz geschickt werden. Dann können wir für nichts stehen, insbesondere nicht für die Fortsetzung der Lieferungen. Unsere Bevölkerung ist sehr erregt. Das russische Beispiel wirkt verlockend auf die Massen der Ärmsten. Noch haben wir die Zügel in der Hand. Wir wissen nicht, ob wir sie behalten werden, wenn Truppen, die keine Ahnung von den Verhältnissen in der Provinz haben, in Konflikte mit den polnischen Massen kämen.« Ich erklärte, daß ich über diese Meinungsäußerungen in meinem Ministerium Bericht erstätten würde.

Als ich die Sitzung verließ, um mich nach meinem Hotel zu begeben, kam auf der Straße der Adjutant des Kommandierenden Generals von Bock und Pollach auf mich zu. Er habe mir im Auftrage seines Chefs zu bestellen, soeben sei von Berlin die

Nachricht eingelaufen, daß Truppen aus dem Westen im Anmarsch wären. Er ließe mich dringend bitten, daß diese Truppen angehalten würden. Ihr Eintreffen in der jetzigen Lage könne verhängnisvolle Folgen haben. Natürlich habe ich es für meine Pflicht gehalten, diese Warnung des Posener höchsten Offiziers in Berlin nicht zu verschweigen. Noch in derselben Nacht fuhr ich nach Berlin zurück und habe alsbald meinen Auftraggebern einen objektiven Bericht über meine Posener Erfahrungen und Eindrücke erstattet. So der simple Sachverhalt. Wenn ich heute in dieselbe Lage wie damals versetzt würde, würde ich genau ebenso handeln.

Was aber haben die Herren von rechts aus dieser Geschichte gemacht? Sie haben behauptet, ich hätte im Hotel Basar mit den Polen ein Gelage gefeiert und mich so an Tokayer berauscht, daß ich im Zustand der Sinnlosigkeit meine Unterschrift unter eine Posen preisgebende Urkunde gesetzt hätte. Mit allen Einzelheiten wurde berichtet: Gerlach hat sich im Hotel Basar so bekneipt, daß er das Lokal verunreinigte; polnische Offiziere haben ihn in Uniform auf den Bahnhof begleitet; da er nicht mehr gehen konnte, haben sie ihn in das Abteil heben müssen.

Ich bin unbefangen genug, um zu wissen, daß auch dem größten Schwindel ein Körnchen Wahrheit zugrunde zu liegen pflegt. Hier ist es: als ich mich spät abends vom Hotel auf den Bahnhof begab, war ich infolge der fehlenden Nachtruhe und der unausgesetzten verantwortungsvollen Verhandlungen im Zustand der Übermüdung. Der Bahnhof war von heimkehrenden Soldaten so überfüllt, daß man in den Warteräumen nicht einmal stehen konnte. Der Zug hatte eine Stunde Verspätung. Sie mußte ich auf dem Bahnhof verbringen. Es waren mehrere Grad Kälte, dazu wehte ein eisiger Wind. Plötzlich überfielen mich kolikartige Schmerzen, so daß ich, da keine Sitzgelegenheiten da waren, mich im Stehen krümmen mußte. Dr. Simmel erkannte sofort meinen Zustand. »Sie haben Kolik. Nur Wärme und Ruhe tut Ihnen not. Sowie wir in der Eisenbahn sitzen, wird die Sache behoben sein.« Als der Zug endlich einlief, betrat ich ihn, auf Simmels Arm gestützt. Und war nach einer Stunde wieder allright. Aus Dr. Simmel hat die Legende eine Mehrzahl polnischer Offiziere, aus meiner Kolik einen sinnlosen Rausch gemacht. Die weitere Ausschmückung ergab sich dann ganz von selbst.

In einem halben Dutzend Prozessen, darunter gegen den

Chefredakteur Dr. Hartmann vom »Hannoverschen Courier« und gegen den Grafen Siegfried Moltke von dem Schweriner deutschnationalen Blatt, habe ich mich gegen meine Verleumder gewehrt. Manche schleppten den Prozeß jahrelang hin, um »Beweise« für ihre Behauptungen beizubringen. Alle sind natürlich kläglich gescheitert. Beweisen kann man nur, was gewesen ist, aber keine Hirngespinste. Trotzdem – die Legende wuchert weiter.

Wie berechtigt die Warnung des Kommandierenden Generals vor der Entsendung ortsfremder Truppen nach Posen war, hat die Geschichte der ersten Monate des Jahres 1919 schlagend bewiesen. Da wurde eine Menge »Grenzschutz« nach der Ostmark dirigiert, und das Ergebnis? Von vielen Pressestimmen aus dem Lager der Rechten nur zwei: Die »Tägliche Rundschau« schrieb am 25. Februar 1919: »Die Nachrichten über die militärischen Eigenschaften des Grenzschutzes stimmen leider darin überein, daß der Grenzschutz alles zu wünschen übrigläßt. Man ist der Ansicht, daß höchstens 20 Prozent der Mannschaften brauchbar sind, und daß die Polen durch unseren Grenzschutz die ihnen so sehr fehlende Munition erhalten. Einerseits lassen die Deutschen bei einem ernsthaften Angriff ihr Kriegsmaterial und ihre Munition im Stich, andererseits soll ein Austausch von Munition gegen Speck zwischen polnischen und deutschen Soldaten stattfinden.«

Und Hugenbergs »Tag« vom 21. Januar 1919: »In Zuschriften aus dem Osten werden uns fortgesetzt Klagen über die Qualität der Grenzschutztruppen übermittelt, die zum Teil weit aus dem Westen her nach den noch unbesetzten Teilen der Provinz Posen geschickt werden. Die Truppen lassen an Disziplin alles zu wünschen übrig, treten aber gegenüber den Deutschen, zu deren Schutz sie bestimmt sind, in einer Art und Weise auf, als erblickten sie in ihnen den Feind und nicht in den Polen. Bei einer Kompagnie ist es vorgekommen, daß sie nach Auszahlung der Löhnung ihre Waffen fortwarf, das Lederzeug für sich abschnitt, Patronen, Wagen voll Handgranaten usw. in der Dorfstraße stehen ließ, um mit dem nächsten Güterzug, den sie unter Drohungen anhielt, gen Westen zu türmen. Verraten und verkauft fühlt man sich unter dem Schutz solcher Horden.«

Am 1. Januar 1919 gratulierte mir der Reichsernährungsminister zum neuen Jahr und fügte seinem Glückwunsch die Mitteilung bei, daß infolge meiner Verhandlungen in Posen diese Provinz von allen preußischen Provinzen am besten mit der

Kartoffellieferung abgeschnitten und bei der Getreideliferung einen guten Durchschnitt erzielt habe.

Im Frühjahr 1919 bat mich der mir gut bekannte Herr Haguenin, damals französischer Chargé d'Affaires in Berlin, in sein Hotel. Aufrichtiger Freund der Verständigung unserer beiden Völker, sagte er mit bestürzter Miene: »Eben habe ich den Entwurf des Friedensvertrages erhalten. Die östliche Grenzziehung ist viel schlimmer, als ich erwartet hatte. Sie scheint mir über das Maß der Billigkeit hinauszugehen. Sie kennen den Osten und stehen den Polen objektiv gegenüber. Deshalb legt man auf Ihr Urteil besonderen Wert. Vielleicht läßt sich noch eine Änderung des Entwurfs erreichen. Wir wollen uns zusammensetzen und mögliche Abänderungen besprechen. Nur eins bitte ich zu berücksichtigen: Sie dürfen nicht das Ihnen Wünschenswerte verlangen, sondern nur das Erreichbare. Fordern Sie und ich zu viel, bleibt alles wie es ist.«

Wir setzten uns zusammen vor den Entwurf und die auf dem Tisch ausgebreitet liegenden Karten. Das Ergebnis meiner Prüfungen faßte ich schließlich so zusammen:

»1) Schneidemühl soll polnisch werden. Das ist schreiendes Unrecht. Schneidemühl ist eine urdeutsche Stadt.

2) Erhebliche Teile meines Heimatbezirkes Mittelschlesien, wie der Kreis Militsch usw., werden Polen zugesprochen. Das ist Unfug. Die Namen der Dörfer und der Bewohner dort klingen vielfach slawisch. Aber kein Mensch spricht polnisch.

3) Ganz Oberschlesien bis zur Oder soll an Polen fallen auf Grund der preußischen Statistik, wonach zwei Drittel der Bewohner Polnisch als ihre Muttersprache angegeben haben. Die Statistik führt irre. Die Leute in Oberschlesien fühlen sich trotz ihrer polnischen Muttersprache zum großen Teil als Deutsche. Wie viele zu Polen, wie viele zu Deutschland wollen, weiß niemand. Hier könnte nur eine Volksabstimmung entscheiden.«

In diesem Sinne hat Haguenin berichtet. In diesem Sinne hat die Friedenskonferenz entschieden. Viel fast schon verloren scheinendes deutsches Land ist Deutschland gerettet worden. Wenn ich dabei auch nur zu einem Prozent mitgeholfen haben sollte, will ich beruhigt als der landesverräterische Säufer von Posen in der Erinnerung so mancher meiner Mitbürger fortleben.

38. Kapitel
Attentate und Putsche

Im Februar 1920 sprach ich für die Deutsche Friedensgesellschaft in der Aula des Gymnasiums am Savignyplatz. Der Saal war überfüllt und dadurch, daß so viele Leute standen, sehr unübersichtlich geworden. Auf der Estrade befanden sich noch die Kulissen von einer Theateraufführung. Deshalb war für mich ein Pult in den Saal gestellt worden.

Kaum hatte ich ein paar Minuten gesprochen, so stürzte ein riesenhafter Soldat nach vorn, stieß mich von dem Pult weg, sprang auf meinen Platz, und stimmte das Deutschlandlied an. Gleichzeitig sah ich einen Mann, der wie ein Offizier in Zivil aussah, von der Längsfront des Saales aus lebhafte Armbewegungen machen. Diese Gesten und der Gesang waren wohl das verabredete Signal der Verschwörer. Während das Deutschlandlied von einigen Dutzend Personen gesungen wurde, sah ich mich von ganz oder halb militärisch gekleideten Personen immer enger zerniert werden. Offenbar bestand die Absicht, mich von dem Publikum zu trennen.

Ein ungeheurer Tumult brach aus. Alles sprang von den Plätzen. Niemand wußte, was eigentlich los war. Die wüsten Gesellen, die mich umgaben, schrien mich an: »Heute wird abgerechnet! Heute ist Schluß. Das ist die Quittung für Posen!« usw. Plötzlich hob ein Kerl, der mich um zwei Köpfe überragte, seinen Fuß und stieß mich vor den Leib, so daß ich hinfiel. Sofort begannen ein paar andere auf mir herumzutrampeln. Ich fühlte meine Sinne schwinden und hatte nur noch den einen Gedanken: »So muß es der Rosa Lusemburg ergangen sein!«

In diesem Augenblick hörte ich, wie durch einen Nebel hindurch, eine schrille Frauenstimme: »Mörder! Ihr bringt ja den Mann um!« Die Soldaten ließen, von der Lebhaftigkeit der weiblichen Intervention überrascht, für einen Moment von mir ab. Diese paar Sekunden wurden von den tapferen Frauen benutzt, um mich hinter die Kulissen auf dem Podium und von da auf die Treppe zu schleppen. Eine Menge von Fliehenden erfüllte sie. Plötzlich tauchten einige Soldaten von oben auf: »Wo ist der Verräter?« Eine meiner Begleiterinnen wandte sich um und rief laut: »Im Saal! Ich habe ihn eben noch gesehen!« Worauf die Soldaten kehrt machten.

Vor dem Ausgang fuhr gerade eine Droschke vorbei. Als ich in sie hineinbefördert war, erschienen die Soldaten wieder, die mich vergeblich im Saal gesucht hatten. Sie sahen mich in der Droschke und stürzten darauf los. Aber der Kutscher hieb auf das Pferd. Ich war gerettet.

Die polizeiliche und staatsanwaltschaftliche Untersuchung, die beide recht lau geführt wurden, ergaben nur, daß Angehörige der Brigade Ehrhardt die Täter gewesen waren. Die Namen der Schuldigen konnten nicht festgestellt werden.

Eine Reihe von Jahren später, auf dem Friedenskongreß in Heidelberg, sprach mich ein hochgewachsener blonder Herr an, nannte seinen Namen und sagte: »Ich muß mein Gewissen erleichtern: Im Jahre 1920 habe ich in Charlottenburg zu den Männern gehört, die Sie mißhandelt haben. Wir hatten in Döberitz den Auftrag erhalten, Sie an dem Abend zu erledigen. Ich stand damals ganz im Banne der nationalen Ideologie und glaubte, ein patriotisches Werk zu tun, wenn ich an Ihrer Beseitigung mithelfe. Bald danach bin ich zur Besinnung gekommen, habe meine Studien wieder aufgenommen und wirke jetzt hier als praktischer Arzt. Durch nützliche Arbeit will ich wiedergutmachen, was ich als junger Mensch schlecht gemacht hatte. Ihnen aber meine Schuld und meine Reue darüber auszusprechen, war mir ein Bedürfnis.«

Unter den zahllosen Äußerungen der Anteilnahme, die mir 1920 nach dem Überfall zuteil wurden, war am eindrucksvollsten eine Deputation der Angestellten des Hotels Adlon, die mir im Namen des gesamten Personals ein wundervolles Blumenarrangement an mein Krankenbett brachten.

Als ich wieder halbwegs auf den Beinen war, fuhr ich nach Osnabrück, um dort für die Friedensgesellschaft zu sprechen. In Osnabrück herrschte damals besonders dicke Luft. Dort stand nämlich das »Freikorps Lichtschlag« – von den Arbeitern »Freikorps Totschlag« benannt – in Garnison. Es terrorisierte die Stadt. Bei einer Versammlung des pazifistischen Professors Nicolai war es zu schwersten Ausschreitungen gekommen. Daraufhin war eine Deputation der drei republikanischen Parteien (SPD, Zentrum und Demokraten) zum Reichswehrminister gefahren, um ihn um Erlösung von den Rowdies zu bitten. Dieser aber hatte sie abgewiesen.

Durch Zufall kam ich etwas verspätet in den Versammlungssaal und fand eine furchtbare Erregung vor. Dreißig Mann von Lichtschlag hatten in voller Bewaffnung den Saal zu betreten versucht. Als ein Saalordner, der Sohn des Vorsitzenden, die Herren zur Ablegung ihrer Waffen aufforderte, hatte einer kurzerhand seine Waffe gezogen und ihn durch den Hals geschossen. Blutüberströmt war er sofort nach dem Krankenhaus geschafft worden. Die Lichtschlag-Leute standen schwer bewaffnet im Hintergrund des Saales. Um ihnen nicht den Triumph zu lassen, meine Versammlung vereitelt zu haben, erstattete ich mein Referat. Aber ich muß gestehen: behaglich habe ich mich nicht gefühlt. Als Redner auf dem Podium stand ich gewissermaßen wie eine Schießscheibe für die Karabiner da. – Das Gewitter entlud sich nicht zum zweiten Male. Das Blutopfer der Lichtschlag-Leute ist dauernd ein Krüppel geblieben. Der schuldige Lichtschlag-Mann wurde von milden Richtern nur mit ein paar Monaten Gefängnis bestraft.

Kaum war ich von Osnabrück nach Berlin zurückgekehrt, so bekam ich am 7. März auf der Redaktion der »Welt am Montag« einen höchst überraschenden Besuch. Ein bekannter rechtsradikaler Journalist und Abgeordneter * schickte mir seine Karte herein. Er war mein politischer Gegenpol, aber natürlich empfing ich ihn. Worauf er erklärte: »Ich bin nach wie vor Ihr schärfster politischer Gegner und komme trotzdem, um Sie zu warnen. Vor kurzem sah ich Sie mit Ihren Kindern am Brandenburger Tor spazierengehen. Ich selbst bin Vater. Da fragte ich mich, was meinen Kindern angetan sein würde, wenn mir dasselbe Los bereitet würde, das Ihnen zugedacht ist. Für Ende März ist der Staatsstreich festgesetzt. Eine schwarze Liste ist aufgestellt. Wer darauf steht, soll auf dem Potsdamer Platz erschossen werden, zur Abschreckung für die Arbeitermassen. Sie stehen als erster auf der Liste, weil Sie für besonders gefährlich gehalten werden. Ich sage Ihnen das, damit Sie sich einen Paß besorgen oder sonst Ihre Vorsichtsmaßregeln treffen können. Aber ich bin kein Denunziant und bitte daher dringend, daß Sie nicht etwa die Behörden in Kenntnis setzen. Mein Ge-

* Der Name, den Gerlach vor der Hitlerzeit in seinem Manuskript nannte, ist zum Schutze dieses ehrlichen Mannes vom Herausgeber gestrichen worden.

wissen als Christ und als Deutscher läßt mich den Meuchelmord verabscheuen; deshalb tue ich das meine, um den Mord an Ihnen zu vereiteln.« Bewegt dankte ich ihm für seine Tat der Menschlichkeit. Im weiteren Verlaufe des Gesprächs stellte es sich heraus, daß er selbst sich ganz von der Aktion der Verschwörer zurückgezogen hatte. Er war besonders empört über einen Vorfall in der letzten Sitzung des Verschwörerkomitees. Da war davon gesprochen worden, daß man die Berliner Bevölkerung durch eine Blockade der Lebensmittelzufuhr mürbe machen müsse. Mein Warner hatte darauf aufmerksam gemacht, daß die Sperrung der Milchlieferung den Tod von Tausenden armer Kinder bedeutete. Worauf ein General (den Namen nannte er nicht) kühl bemerkt hatte: »Je mehr von der Brut umkommt, um so besser.« In den Tagen nach diesem Besuch wälzten sich die Gedanken durch meinen Kopf: Wie kann das Verbrechen an der Republik und ihren Führern abgewendet werden, ohne daß ich den menschenfreundlichen Warner preisgebe und die Behörden benachrichtige? Glücklicherweise schien ich ausreichend Zeit zu haben, da nach den durchaus positiven Mitteilungen der Staatsstreich erst in den letzten Märztagen vor sich gehen sollte.

Am 10. März war ich zu dem Entschluß gekommen, die mir nächststehenden Führer der republikanischen Parteien zum 13. zu einer vertraulichen Besprechung in meine Wohnung zu bitten. Da las ich die Nachricht von dem Steckbrief gegen den General von Lüttwitz. Sofort war mir klar, daß das vorzeitig entdeckte Komplott nun auch zum vorzeitigen Abbruch des Putsches führen müsse. Jede Aktion meinerseits war unmöglich geworden. Am Morgen des 13. März standen die Horden des Herrn Ehrhardt in Berlin, und Herr Ludendorff spazierte zufällig am Brandenburger Tor auf und ab. Der Putsch war da. Aber weil er programmwidrig 14 Tage zu früh ausgebrochen war, waren die Vorbereitungen völlig ungenügend. Die Massenerschießung auf dem Potsdamer Platz konnte nicht vor sich gehen. Der Generalstreik vereitelte die Mordabsichten der Herren Kapp und von Lüttwitz.

Derselbe Nationalist war noch ein zweites Mal als getreuer Eckart bei mir. Dabei handelte es sich freilich nicht um mich, sondern um Walther Rathenau. Im Februar 1922 war es. Da kam er und sagte: »Ich komme zu Ihnen, weil Sie mit Rathenau befreundet sind. Eben ist Dr. Ruge aus Breslau hier eingetroffen. Gestern abend waren wir mit ihm in kleinem Kreise zusammen. Er hat die feste Absicht, Rathenau zu erschießen. Die Waffe dafür hat er bei sich. Er ist, wie Sie wissen, ein Fanatiker, dem durchaus zuzutrauen ist, daß er ernst macht. Bitte, gehen Sie sofort zu Rathenau, und machen Sie ihn auf die ihm drohende Gefahr aufmerksam, damit er seine Vorsichtsmaßregeln treffen kann. Ich komme zu Ihnen, weil ich nicht nur an sich den Meuchelmord für ein entehrendes Verbrechen halte, sondern der Mord an Rathenau insbesondere dem deutschen Volk schwersten moralischen und materiellen Schaden zufügen müßte.«

Natürlich eilte ich auf der Stelle zu Rathenau und berichtete ihm. Er erwiderte: »Der Plan überrascht mich gar nicht. Vor kurzem kam schon Dr. Wirth ganz erschüttert zu mir und erzählte mir, ein süddeutscher Pfarrer sei eigens nach Berlin gereist, um ihm mitzuteilen, daß ihm im Beichtstuhl jemand gestanden habe, er sei zum Mord an mir bestimmt worden. Den Namen des Mörders durfte der Pfarrer natürlich nicht nennen. Ich weiß, daß mein Leben ständig bedroht ist. Aber was wollen Sie, dagegen kann man sich nicht schützen, wenn man nicht selbst ein Gefangener werden, sich einschließen oder sich ständig von Polizei bewachen lassen will. Als ich mein Amt übernahm, wußte ich, was ich riskiere. Jetzt heißt es abwarten, wie lange die Sache läuft.« Wir besprachen dann, was in diesem besonderen Falle geschehen könne. Zum Schluß unserer rein sachlichen Unterredung lehnte sich Rathenau weit zurück und sagte mit veränderter Stimme, indem seine sonst so harten Augen einen weichen Schimmer bekamen: »Sagen Sie, warum hassen mich diese Menschen eigentlich so furchtbar?«
Ich konnte nur erwidern: »Ausschließlich, weil Sie Jude sind und mit Erfolg für Deutschland Außenpolitik treiben. Sie sind die lebendige Widerlegung der antisemitischen Theorie von der Schädlichkeit des Judentums für Deutschland. Darum sollen Sie getötet werden.«

Wenige Monate später war es soweit.

39. Kapitel
Der Weg zum Pazifismus

Von allen Vorurteilen meiner Abstammung und Erziehung hatte keine so feste Wurzeln in mir geschlagen wie der Militarismus. Wie auf ein Dogma schwor ich auf den mir von meinen Gymnasiallehrern eingehämmerten Satz: »Si vis pacem, para bellum!« Noch als ich mit Naumann zusammen für die Nationalsozialen kämpfte, war ich leidenschaftlicher Bejaher der deutschen Flottenpolitik. Die daraus entspringende Kriegsgefahr sah ich wohl, aber ich glaubte, sie müsse in Kauf genommen werden.

Wie ich als junger Mensch Antisemit war, weil ich die Juden nicht kannte, so war ich noch um 1900 herum Militarist, weil ich die Pazifisten nicht kannte. Sie waren übrigens in Deutschland noch so wenig zahlreich, daß man sich besondere Mühe geben mußte, um sie kennenzulernen. Einmal habe ich diesen Versuch unternommen. Aber er hatte nur abschreckend auf mich gewirkt. Bertha von Suttner, damals die weitaus bekannteste Figur im Pazifismus, hatte in Berlin einen Vortrag angekündigt. Sie warf mich wieder ganz dem Militarismus in die Arme, weil sie nur an das Gefühl appellierte, meinem Verstande aber nichts zu bieten vermochte. »Die Zukunft gehört der Güte«, war ihr Motto. Ach, hätte sie gesagt: »die Zukunft gehört dem Recht!« Aber sie war so gar nicht rationalistisch, so ganz ethisch eingestellt. Bloße Ethik – die übrigens etwas sehr Relatives ist, hat mich politisch nie entscheidend beeinflussen können. Ich fürchte, daß die Mehrheit der Menschen nie überwiegend gut sein wird. Aber vielleicht gelingt es, sie zum Denken zu bringen, ihren natürlichen Egoismus in vernünftige Bahnen zu lenken.

Drei Männer haben mich nach und nach zum Pazifisten bekehrt. Der erste war Dr. Theodor Barth, mit dem ich seit 1903 in intimste politische Zusammenarbeit kam. Er war ein Politiker ganz großen Stils, wie die deutsche Parlamentsgeschichte nur wenige aufweist, ein Mann vom Range der besten englischen Staatsmänner. Ein Weltpolitiker im erhabensten Sinne des Wortes. Alle nationale Politik betrachtete er unter der Weltperspektive. Von ihm lernte ich das Primat der Außenpolitik vor der Innenpolitik. Was nützen die schönsten sozialen Reformen, wenn ein Krieg die Menschheit auf Jahrzehnte wirtschaftlich zurückreißt!!

Dann kam Norman Angell mit seinem Buch »The great Illusion«, das wie ein Schuß ins Schwarze wirkte. Dieser konservative Engländer, Vertreter der »Daily Mail« in Paris, wies mit der unerhörtesten Tatsachenlogik der Angelsachsen nach, daß unter den heutigen Verhältnissen jeder Krieg für den Sieger ebenso schädlich sei wie für den Besiegten. Der Krieg ist auf alle Fälle ein schlechtes Geschäft! Das war das Argument, das auf mich Eindruck machte, im Gegensatz zu dem von Bertha von Suttners über die moralische Verwerflichkeit des Krieges. Ich war ja Politiker und nicht Student der Moraltheologie. Kaum wüßte ich ein Buch zu nennen, das auf meine Entwicklung so starken Einfluß genommen hat, wie das von Norman Angell. Fest stand nunmehr für mich, daß man Krieg und Kriegsgefahr auf alle Fälle bekämpfen müsse. Aber wie?

Da erschien Professor Walter Schückings Buch über die Organisation der Welt. Eine neue Enthüllung! In meinen Wahlkämpfen in Marburg hatte ich Walter Schücking, der dort einen Lehrstuhl innehatte, als unerschrockenen Gegner des Wilhelminismus kennengelernt, den man um seiner aufrechten Gesinnung willen sogar aus der Juristischen Prüfungskommission entfernt hatte. Nun wies er in seinem neuen Werke aus der Fülle seiner völkerrechtlichen Bildung heraus nach, daß das politische Grundübel der Welt ihr anarchischer Zustand sei. Jeder kleinste Staat kann kraft seiner absoluten Souveränität jederzeit Krieg erklären und damit einen Weltbrand entzünden. Dem Weltübel kann nur durch eine Weltorganisation abgeholfen werden. Den Politiker in mir hatten Barth und Norman Angell überzeugt, den Juristen überzeugte Schücking. Jetzt kannte ich nicht nur die schlimmste Krankheit der Menschheit, sondern auch den Weg zu ihrer Heilung.

Die Konsequenzen zog ich sofort nach Ausbruch des Weltkrieges. Das Militär verfemte den Pazifismus. Darum trat ich den pazifistischen Organisationen bei, der von Prof. Quidde geleiteten Deutschen Friedensgesellschaft und dem von Lehmann-Rußbüldt begründeten Bund Neues Vaterland, an dessen Spitze der berühmte Herrenreiter Kurt von Tepper-Laski und Graf Arco von den Telefunken getreten waren.

Beide Organisationen wurden von den Militärbehörden zu

Tode schikaniert. Die Kriegsgeschichte der Friedensgesellschaft gliedert sich in folgende Etappen: Sofort nach Kriegsausbruch wurde ihr Organ, der »Völkerfriede« unter Vorzensur gestellt. Keine Zensurbestimmung wurde übertreten. Trotzdem erfolgte am 17. November 1915 das dauernde Verbot des »Völkerfriedens«. Die Buchhandlung der Friedensgesellschaft reichte ein Verzeichnis der von ihr vertriebenen Schriften beim Generalkommando ein und verkaufte fortan nur die ihr ausdrücklich genehmigten. Trotzdem wurde sie im April 1916 von der Militärbehörde geschlossen. Der Friedensgesellschaft wurden zunächst die öffentlichen, dann auch die geschlossenen Mitgliederversammlungen verboten. Als wir etwa zwei Dutzend Mitglieder der Berliner Ortsgruppe uns einmal wöchentlich im Café Austria zur zwanglosen Aussprache trafen, plazierte die Polizei im Einverständnis mit dem Wirt zwei Spitzel in einen fensterlosen Hohlraum neben unserem Zimmer. Dort im Stockdunkeln stenografierten die Spitzel angeblich unsere Gespräche, um sie später zu Disziplinarverfahren gegen Beamte zu verwenden. Schließlich machte die Polizei den Zusammenkünften ein Ende, indem sie am 5. April 1917 offiziell bei uns eindrang. Der Oberpräsident verfügte, daß »die Abhaltung von Zusammenkünften von Freunden pazifistischer Bestrebungen in jetziger Zeit zur Schädigung des Staatswohls führe und somit eine Gefahr für die öffentliche Ruhe, Ordnung und Sicherheit darstelle«. Als dem Sekretär der Friedensgesellschaft auch noch die Versendung von Sitzungsprotokollen des Vorstands verboten wurde, war es mit dem letzten Rest ihrer Tätigkeit vorbei.

Dem Bund Neues Vaterland erging es nicht besser, obwohl eine Reihe an sich rechtsstehender Diplomaten (Graf Unico von der Groeben, Graf Monts, Graf Leyden, Fürst Lichnowsky) mit ihm zusammenwirkte. Zunächst wurde dem Bunde verboten, an Nichtmitglieder Mitteilungen zu versenden, oder auch nur diesen Nichtmitgliedern mitzuteilen, daß er ihnen nichts mehr mitteilen dürfe. Sodann wurde ihm verboten, seinen eigenen Mitgliedern Mitteilungen zukommen zu lassen. Auch in diesem Falle durfte von dem Verbot den Betroffenen keine Kenntnis gegeben werden. Haussuchung und Beschlagnahme aller Drucksachen schloß sich an. Lilli Janasch, die Sekretärin des Bundes, wurde verhaftet und 14 Wochen in Haft behalten, ohne daß ihr der Grund der Verhaftung mitgeteilt worden wäre. Als sie aus der Haft entlassen wurde, mußte sie einen Revers unterschreiben, daß sie »für die Dauer des Krieges sich weder für den Pazifismus noch für das Frauenstimmrecht betätigen und von diesem Verbot keinem Dritten Mitteilung machen werde«. Ihre Nachfolgerin Elsbeth Bruck wurde ebenso wie ihre Vorgängerin verhaftet und vier Monate in Haft behalten.

Die bloße Lahmlegung des Bundes genügte dem Oberkommando in den Marken für sein Rachebedürfnis noch nicht. Am 7. Februar 1916 wurde einfach verfügt, daß »dem Bunde für die Dauer des Krieges jede weitere Betätigung im Sinne seiner Bestrebungen verboten sei«. So, nun waren die beiden einzigen in Deutschland bestehenden pazifistischen Organisationen zur Strecke gebracht.

Also gründeten wir eine dritte, der wir den wissenschaftlich klingenden Titel »Zentralstelle Völkerrecht« gaben. Die Gründungsversammlung sollte in Berlin stattfinden und Quidde das Referat erstatten. Woraufhin das Oberkommando verfügte, daß er als Bayer aus Berlin und der Provinz Brandenburg ausgewiesen sei. Er sandte sein Referat schriftlich ein. Das Oberkommando verbot die Vorlesung sowie jede Diskussion, verlangte aber andererseits, daß wir uns als Verein konstituierten, Satzungen annähmen und einen Vorstand wählten. Wir fragten bei ihm an, wie wir das fertigbringen sollten, wenn kein Wort in der Versammlung gesprochen werden dürfte. Unsere Frage blieb ohne Antwort. Darauf verlegten wir die Gründungsversammlung nach Frankfurt am Main. Das dortige Oberkommando war nämlich das mildeste in Deutschland. Die Gründungsversammlung fand am 3. Dezember 1916 unbehindert statt, mit Referat und Diskussion. Aber schon am 25. Januar 1917 wurde der Zentralstelle in Berlin jede Werbetätigkeit und jede Kundgebung verboten.

Für den Soldaten zählen die Kriegsjahre doppelt. Für uns Pazifisten zählten sie dreifach. Wir waren durchdrungen von der Erkenntnis, daß es unsere Pflicht sei, dem Völkermorden ein möglichst baldes Ende zu bereiten. Und mußten verzweifelnd erleben, daß uns die Hände gefesselt und die Münder versiegelt wurden.

Unsere Telefongespräche wurden überwacht. Unsere Korrespondenz wurde geöffnet und durchschnüffelt. Die für uns bestimmten Briefe und Drucksachen aus dem Ausland wurden an der Grenze angehalten (viele hundert habe ich im Januar 1919 ausgehändigt erhalten). Reden wurden uns verboten. Schreiben stand unter Zensur. Für Reisen ins neutrale Ausland, ja selbst zu den Verbündeten, wurde mir der Paß verweigert. Das Auswärtige Amt wünschte meine Reisen, aber es mußte mir schreiben: »Die Bedenken des Generalstabes Ihnen gegenüber sind unüberwindlich.« Die Kriegserfahrungen haben mich zu der Überzeugung gebracht, daß der Militarismus von allen politischen Aufgaben die wichtigste ist. Im Kriege freilich nützt er fast nichts mehr. Um den Kriegsausbruch zu vermeiden, kann er alles tun. Si vis pacem, para pacem.

Fast nie ist ein Staatsmann ruchlos genug, einen Krieg mit vollem Bewußtsein herbeizuführen. Sehr oft ist er zu schwach, einen Krieg zu verhindern, wenn allzuviel Explosionsstoff hüben wie drüben aufgehäuft ist. Zweierlei ist nötig, um Kriege zu vermeiden. Einmal die Überzeugung der Mehrheit in jedem Volk, daß der Krieg unter allen Umständen ein schlechtes Geschäft sei. Und dann das Vorhandensein zwingender internationaler Einrichtungen, die die Befugnis und die Macht haben, jeden Völkerkonflikt im Rechtswege zu schlichten. Mit anderen Worten: Ein universaler Völkerbund, gegründet auf die Volksüberzeugung in allen Kulturländern, ausgestattet mit den Machtmitteln, jeden Rechtsbrecher in seine Schranken zu weisen. Die größe Friedenstat seit dem Kriege war der Locarno-Pakt von 1925. Weder Stresemann und Briand hätten ihn schließen können, wenn nicht die Volksstimmung in ihren beiden Völkern dafür vorbereitet gewesen wäre. Im Januar 1922 saßen die Vertreter der deutschen und der französischen Liga für Menschenrechte in Paris zusammen und beschlossen ein gemeinsames deutsch-französisches Manifest. Pfingsten 1922 wurde im Plenarsaal des Reichstags die Blüte der Französischen Liga für Menschenrechte von der Deutschen Liga in einer unvergeßlichen Kundgebung empfangen. Eine Schwalbe macht noch keinen Sommer. Aber die ersten Schwalben sind die Boten des kommenden Sommers. Der ausgestreute Same war wirksam genug, um selbst die Ruhrbesetzung zu überdauern. In Locarno ernteten die Staatsmänner die Früchte jenes Samens.

Von den Zinnsoldaten meiner Jugend her habe ich mich entwickelt zu dem überzeugten Bekenner des Kriegsrufs: »Nie wieder Krieg!« Nicht, als wenn ich glaubte, es könne keine Kriege mehr geben. Gerade weil ich sie für möglich halte, scheint mir die planmäßige Bekämpfung des Kriegsgedankens und der Kriegsbevölkerung unerläßlich. Die Parole »Nie wieder Krieg!« ist kein Glaubenssatz, sie ist ein Willenssatz. Es braucht keine Kriege mehr zu geben, wenn homo wirklich sapiens ist, wenn er den Beweis erbringen will, daß er sich wirklich von den anderen Lebewesen durch Vernunft unterscheidet. Es wird keinen Krieg mehr geben, wenn die Massen einsichtig und entschlossen genug sind, ihren Willen dem der Rüstungsindustrie überzuordnen.

Epilog
Der Emigrant

In einem kahlen Hotelzimmer, zum Hof hinaus, saß endlich der Junker und Kämpfer, an die Siebzig, rüstig und nur wenig grau, und doch mit einem unruhvollen, etwas feuchten Blicke. Da saß er, fern von seinem Werk und seiner Familie, noch des kleinsten Emblemes beraubt, das ihm seine phantastische Laufbahn hätte vorspiegeln können; da hing kein Bild, keine Jagd-Trophäe, wie er dergleichen im bequemen Berliner Hause gesammelt.

Wollte er früher den Schatten eines Kameraden beschwören, so brauchte er nur in den wohlgeordneten Schrank mit politischen Briefen zu greifen. Erzählte er aus seiner Jugend, so wies er wohl auf das Bild seines Vaters über dem braunen Mahagoni-Sofa, und wenn er für seinen morgigen Artikel die Stimmung am Quai d'Orsay wissen wollte, brauchte er nur den Hörer abzunehmen und einen französischen Freund zu befragen, der gestern von Paris zurückgekommen war.

Wo waren sie nun, die vielen fremden Menschen, die in diesem internationalen Hause den kleinen, beweglichen Mann umdrängten, um seine Feder zu beeinflussen oder sein unbestechliches Urteil zu vernehmen? Wo war der Kreis heiterer Gäste, mit denen er so gern bei Tafel gesessen, um eine Schüssel Krebse in Chablis zu ertränken, als ob es lauter Zerstörer wären, die er gern alle zusammen in den Grund des Meeres gebohrt hätte? Er liebte ja die Geschenke des Lebens, dieser Junker, und hatte, wie wenige Deutsche, die Kunst der Franzosen gelernt, Geist und Wein, die Welt der Küche und die der Ideen mit Anmut zu verbinden. Dieser Demokrat ist überhaupt immer ein Grandseigneur geblieben.

Mit einem Schlag war alles aus gewesen. Zwar das kahle Zimmer lag in Paris, und seine Freunde hatten ihn hier nicht vergessen. Aber die Güter des äußeren Lebens, deren Wert im Alter auch unter Idealisten steigt, sie waren ihm geraubt, Geld, Haus, Stellung, Einfluß, vor allem der Einfluß, der dem kritischen Journalisten den fehlenden Genuß der Macht ein ganzes Leben lang ersetzen mußte. Fern in Afrika weilten Frau und Sohn, die Tochter in der Schweiz, und wer etwa von alten Freunden gleich ihm nach Paris geflohen war, ging mit trostlosem oder trotzigem Gesichte über die strahlenden Straßen. Als ein Emigrant in den Tuilerien die Schönheit dieser Stadt zu preisen anfing, sagte Gerlach:

»Ich kann sie nicht mehr fühlen, wenn ich denke, was aus den Tausenden von deutschen Emigrierten werden soll.«

Mitten in Frankreich, das er liebte, lebte Gerlach zuletzt im Gefühl eines Gefangenen.

Das Unheil hatte er kommen sehen, das deutsche; das eigene kaum. Seine Aufsätze aus den letzten zwei Jahren vor Hitler zeigen, liest man sie heute nach, deutlich den Weg an, auf dem die deutsche Republik sich selber umgebracht hat. »Man muß sich mit Entsetzen fragen«, schrieb Gerlach im Jahre 32 von Hitlers Buch, »wie ein solcher Ober-Konfusionsrat zum Führer eines starken Drittels des deutschen Volkes werden konnte.« Und als er vom Verfassungsfest im Jahre 32 kam, schrieb er: »Der 11. August 33 bringt eine ganz andere oder überhaupt keine Feier mehr. Als ich den Reichstag verließ, stand ich unter dem Eindruck einer Leichenfeier.«

Mit dem politischen Aufstieg Hitlers seit 1930 war auch Gerlachs Einfluß gesunken; er hatte zuletzt seine Zeitung verloren, nicht weil er zu radikal, sondern weil er den Geschäftemachern, die das Papier und die Rotations-Maschine bezahlten, nicht radikal genug war. Während er, wie jeder noble Einzelgänger, von beiden Seiten zugleich attackiert wurde, sah er seinen schmalen Stand immer mehr verengt und bedroht, schließlich versperrt. Ja, Gerlach glich wirklich am Ende einem irrenden Ritter, der auf seinem alten Gaul die alten Straßen der Gerechtigkeit immer weiter ritt, umdroht und umtutet von den rennenden Autos der Extremisten.

Was bedeutete in diesen letzten drei Jahren denn noch die Deutsche Friedens-Gesellschaft, was die Liga für Menschenrechte, die beide er geleitet und begründet hatte? Das Lustrum der Verständigung war mit Stresemanns Tode vorbei. Vielleicht erschien es dem alten Gerlach, wenn er beim Reichstag seine drei weißen Drosseln suchte, wie eine alte Sage, daß er unter dieser, damals noch glänzenden Kuppel auf dem Stuhle des Präsidenten gesessen und seinem Freunde Victor Basch mitten im Deutschen Reichstag das Wort zu einer französischen Rede erteilt hatte, damit sie alle endlich lernten, europäisch zu reden. Lag das wirklich erst fünf Jahre zurück? Wie konnten alle diese Meetings, Aussprachen und Verbrüderungen, beschworen von den ehrlichsten Freunden einer geistigen Internationale, in ein paar Augenblicken – historisch gesprochen – von den Fanfaren der Ewig-Gestrigen übertönt, wie konnten die edlen Themen der Freiheit und Toleranz vom Paukenschlage wagnerischer Phrasen so rasch betäubt werden!

Die Demokratie war zu Ende, zumindest in ihrer alten Form, der Schimmer humanistischer Gedanken verblichen: das Auto war da, das heißt der erste Faschist, und nur Wenige bemerkten, daß das Tempo in Rom und Moskau das gleiche war. Gerlach war der letzte deutsche Demokrat. Im achten Jahrzehnte seines Lebens wäre sein Ruf allmählich verklungen.

Hitler war es allein, dem er zuletzt einen neuen Aufschwung verdankte. Wie Tausende von Juden erst durch ihn zum vollen Selbstgefühl aufgerufen wurden, ähnlich haben sich auch ein paar tausend deutscher Politiker an diesem neuen, körperlichen Widerstande verjüngt. Im Januar 33 hatte Gerlach in Frankreich für Verständigung gesprochen, den Vertrag von Versailles getadelt, wie er's seit 13 Jahren dort getan, die Franzosen aufgefordert, das deutsche Saarland ohne Abstimmung herauszugeben, ja sogar eine soldatenlose Zone links vom Rhein in Frankreich zu errichten! Da er aber zugleich die deutsche Abrüstung bejaht hatte, wurde er vom Stahlhelm zum Tode verurteilt: »Wir fordern die Todesstrafe für Landesverräter und Verächter deutschen Volkstums wie Hello von Gerlach.«

Drei Tage nach dieser Aufforderung zur »Lex Gerlach« wurde ihm von der Polizei sein Paß entzogen.

Dieser Landesverräter war derselbe, der am Neujahrstag 1919 den Dank des Ernährungs-Ministers dafür empfing, daß seine Verhandlungen mit den Polen das feindliche Land Posen zu größerer Lieferung von Getreide und Kartoffeln in das hungernde Deutschland bewogen hatte als die ostelbischen Provinzen. Es war derselbe, der im Februar 19 durch seine Autorität im Internationalen Friedens-Bureau die französischen und die belgischen Pazifisten zur Ablehnung gewisser Teile des Versailler Vertrages bestimmt hatte, somit zum ersten, kleinen Schritt der Versöhnung.

All dies geschah zu einer Zeit, als seine junkerlichen Vettern sich in die Mauselöcher ihrer väterlichen Güter verkrochen; als die deutschen Generale ihren davongelaufenen Fürsten ins gut essende Ausland gefolgt waren, der berühmteste unter ihnen mit einer gelben Brille auf der Nase, als die sogenannten Kapitäne der Wirtschaft in aller Eile drüben beim Feinde ihre alten Freunde mit einem schallenden Kartellkuß umarmten. Und während in den folgenden Jahren die Junker ihre Hypotheken, die Industriellen ihre Fabriken aus dem künstlich entwerteten deutschen Gelde zurückgewannen, verlor der Junker Gerlach, der grade damals sein Geld leicht hätte ins Ausland schaffen können, durch dieselbe Inflation fast alles, was er besaß.

Nun saß er ohne Paß im Wirbel des Februars und konnte das Land nicht verlassen, das ihn verurteilt hatte. Er blieb und schrieb. Sein letzter Kampfruf erschien am 28. Februar. Erst das Feuerzeichen dieser Nacht, der Reichstag, vom Erwachenden Deutschland angezündet, jagte ihn am andern Morgen auf. Wohin flieht man an diesem Tag ohne Paß aus Berlin?

Diese Frage hatten sich auch andere Führer der Republik gestellt; sie legten ihre Zeitungen weg: an diesem Abend lasen sie nicht weiter. Als Gerlach am nächsten Mittag den Zug nach München bestieg, sah er drei seiner Freunde denselben Zug besteigen; sie erkennen einander, keiner grüßt den andern; erst jenseits der Grenze, im freien Bayernland schütteln sie sich die Hände. Wenige Tage, und es war klar, daß nur noch außerhalb Deutschlands für solche Deutsche ein Asyl zu finden war. Gerlach wird von seinen Freunden an Fremde nahe einer Grenze empfohlen, deren wunderlichen Beruf wir auch heut noch nicht nennen können, hier aber durch Diamanten-Schleifer ersetzen.

Gerlach erzählt. Er hockt dabei schief auf einem harten Stuhl, nicht angelehnt, die kurzen Beine angezogen; er sieht schlau aus. Manchmal greift er zum Haut-Sauterne, der auf dem Tische neben ihm steht, und die Freude am Nachgeschmack blinzelt ihm aus den lustigen Augen. Gerlach erzählt:

»Die Frau des Hauses, die nichts von mir wußte, vertraute ihren Münchner Freunden: es lohnte mich herauszuhauen. Ihr Mann wußte gar nichts. Natürlich trug ich einen falschen Namen. Ich trat als Käufer von Diamanten auf. Die Materie kannte ich von früher, es ging ganz gut. Zwei Tage lang besichtigte ich die Schleiferei und das Lager, machte fachkundige Bemerkungen; für Montag kündigte ich meinen Abschluß an. Sonntags wollten wir fahren. Eine Autotour hinüber klang unverfänglich. Mußte nur schönes Wetter sein. Ich schickte alle verfügbaren Stoßseufzer zum Himmel.

Die Dame war umsichtig. Der Grenzwächter kennt mich, sagte sie mir, aber ich nehme auf alle Fälle einen Haufen junger Mädel mit. Der Wagen muß voll sein, wenn einer ohne Paß durchschlüpfen soll.

Also Sonntag früh: strahlendes Wetter! Gott sei Dank! Ich werde gebeten, links neben der Dame zu sitzen. Bin ja Diamantenkäufer, also Ehrengast. Schön. Uns gegenüber kommen drei hübsche Mädchen zu sitzen, alles in dicken Mänteln, denn es war sonnig, aber kalt. Vorn beim Chauffeur ein junger Mann, angeblich Bräutigam von einer der drei Schönen. Schauspieler. Also los.

Nach kurzer Fahrt: Halt. Grenze. Ich lehne mich tief zurück, seh' mir die Landschaft an, ganz ohne Interesse. Der Beamte, alter Mann, etwas brummig, grüßt die Dame, sieht flüchtig ihren Paß an und die Pässe der drei Mädchen. Dann fragt er, weil er rechts vom Wagen steht, den Herrn rechts vom Chauffeur. Der Schauspieler zeigt seinen Paß. Der Mann stutzt; Ihr Paß ist seit zwei Wochen abgelaufen, sagt er auf Bayrisch.

Der Schauspieler, ehrlich erschrocken, sieht nach: Wirklich abgelaufen! Entschuldigen Sie!

Aber Herr–! sagt die Dame. Wir fahren doch bloß über den Nachmittag mal rüber!

Wir haben aber neue Vorschriften, seit vorgestern, sagt der Beamte ernst. Sollen besonders scharf aufpassen in diesen Tagen. Darauf mischt sich die holde Weiblichkeit hinein. Chor der Mädchen: Ach, verderben Sie uns doch nicht den Ausflug. Sehen Sie, das ist seine Braut! Er wird ja gleich morgen den Paß erneuern lassen! Jetzt wird der Beamte weich: der Ton klingt aufrichtig, er ist es auch, das junge Volk ist ahnungslos, daß ein fliehender Mann ohne Paß bei ihnen sitzt. Und jetzt? Mit der Bewegung, wie einer macht, der eine verbotene Amtshandlung so recht wider Willen tut, macht er ein unwirsches Zeichen, der Chauffeur drückt, gibt Gas – und in fünf Sekunden sind wir drüben gewesen!

Durch den Zwischenfall mit dem Schauspieler hatte der Mann vergessen, mich nach meinem Paß zu fragen. Unter der Decke habe ich dann der Dame die Hände gedrückt.«

In einem ziemlich vertragenen Anzug, mit Mantel und Hut, ohne Geld und Papiere ist Gerlach über die Grenze seines Vaterlandes geflohen, das er mehr liebte, als es verdiente. Er hat es nicht wieder gesehen. Denn am Nachmittag entdeckte der fremde Diamanten-Käufer die Schönheiten des fremden Landes, sagte, er käme in ein paar Tagen zurück –, und der Schauspieler und die drei Mädchen wissen noch heute nicht, was eigentlich an jenem Sonntag anfangs März 33 in ihrem Auto geschehen ist. Paris. La Ligue des Droits de l'homme nimmt ihn mit Freuden auf, gibt ihm, was er zum Leben braucht, wofür er in täglicher Sprechstunde die tausend deutschen Flüchtlinge ausfragen, beraten, verteilen, ferner seine Vorträge in der französischen Provinz fortsetzen soll. So kehrt Gerlach in eine europäische, zugleich in eine humane Tätigkeit ein, deren beide Seiten seinem Streben gemäß, seiner Erfahrung vertraut, jetzt aber zum erstenmal am eigenen Leib erlebt sind.

Hier ist er so wenig sentimental wie früher; nie hat er zu jenen bleichen, literarischen Pazifisten gehört, die sich begnügen, das Zeitalter ihrem Ideal nicht reif genug zu finden. Er kämpft auch hier, und ich habe ihn mit einem deutschen Emigranten scharf und ohne Nachsicht umgehen sehen, wie einen Staatsanwalt: er hatte rasch die Doppelstellung des Mannes erkannt. Dabei wird er in diesen letzten beiden Lebensjahren so etwas wie »Vater Gerlach«. Die Emigranten, in Gruppen zerspalten, bedrückt von Eifersucht, dem einzigen Gepäck, das fast alle mit über die Grenze brachten, finden in ihm ein moralisches Zentrum. Er ist der einzige, der keine Feinde hat.

Ihn selber reift ein letztes Mal die Zeit. In Deutschland hatte er beständig die Fehler der Kommunisten getadelt. Das war damals verboten, und als ich zu Ende 31 einige Führer in Moskau nach einer möglichen Versöhnung der beiden Parteien fragte, wurden sie böse, einer verließ ergrimmt das Lokal. Drei Jahre später deckte der deutsche Führer Pieck in seiner Kongreß-Rede seine und seiner Freunde Fehler auf. Die Einigung war da. Gerlach war erleichtert, zwei Tage vor seinem Ende schrieb er: »Welch eine Wendung durch Stalins Fügung!... Die Kommunisten haben etwas gelernt. Viele Sozialisten haben nichts gelernt.« Die gleiche Wendung geschah im pazifistischen Lager. Als ich im Jahre 33 für drohende Bewaffnung aller Kulturstaaten als einziges Mittel gegen die deutsche Gefahr geschrieben und den Friedenskongreß in Locarno in seiner verstaubten Haltung ausgelacht hatte, kam Gerlach zu uns, und ich fragte ihn, ob er wohl jetzt mit mir brechen würde; denn heute hielte ich das dumme Wort »para bellum« für klug.

»Im Gegenteil«, rief er lebhaft aus. »Es ist der einzige Weg.«

Dicht vor seinem Ende hat er seinen letzten Artikel betitelt: »Friedensgefährdender Pazifismus.« Darin begründete er die Wendung der dänischen Partei zur Bewaffnung. Hier seine letzten Worte:

»Die Dänen ... sind Pazifisten, die aus den Ereignissen und Situationen zu lernen verstehen. Sie wissen, daß die einzige Kriegsgefahr, die Europa droht, bei Hitler liegt, und daß diese Kriegsgefahr durch die Abrüstung der Hitler-Gegner nicht gemindert, sondern verstärkt wird. Grade weil sie einen Krieg vermeiden wollen, verzichten sie auf einseitige Abrüstung ... Wenn man dagegen die Verhandlung des englischen Unterhauses liest ...«

Hier bricht der Artikel ab. Das Blatt, von seiner lockeren, wundervoll unleserlichen Handschrift mit Bleistift-Zügen bedeckt, blieb unvollendet. In langen Unterhaltungen in unserem Hause, wo er dies schrieb, hatte er mir seinen Schrecken über den englischen Midsommer-Dream von 1935 ausgedrückt und auch durch den Titel des Aufsatzes die Richtung angezeigt. Er erschien nach seinem Tode.

Zu uns war er gekommen, um sich von einem Herzanfall zu erholen. Auf einer Vortragsreise durch Frankreich war er, an einem Apriltage, plötzlich auf der Straße einer kleinen Ortschaft schwach geworden, hatte sich in sein Hotel geschleppt, war auf sein Bett gefallen. Da er fünf Wochen später so gesund neben mir saß, fragte ich an einem Abend beim Weine: »Wie war denn das damals, als Sie zu sterben glaubten?«

Er lachte verlegen, zwei, drei Male, dann erzählt er mir voller Heiterkeit:

»Da lag ich und konnte die Klingel neben mir nicht erreichen. Aber im Spiegel drüben sah ich, ich war ganz blau. Da dachte ich, jetzt ist Schluß. Das letzte war gut gewesen. Sieben Stück hatte ich absolviert, nur noch vier waren zu halten. Der Abend vorher, das war eine feine Sache: tausend Menschen in einem Dorf von 800 Einwohnern. Tatsache. Es waren viele aus der Umgebung gekommen. Da dachte ich: dann bin ich wenigstens in den Sielen gestorben.«

Zwei Monate später saß er fünf Stunden lang in einer Pariser Sitzung. Um zwei Uhr nachts ging er mit Bärenhunger zu Wurst und Bier über. Am nächsten Nachmittage hatte ihn ein kommunistischer Führer zu sich gebeten, um sich Rat zu holen. Es war das erstemal, daß Emigranten aller Parteien sich endlich zusammentaten. Am nächsten Abend, es war das allen eingebrannte Datum des 1. August, saß er bei seiner Sekretärin, diktierte Briefe, suchte etwas bei Goethe. Plötzlich holte er zweimal tief Atem, sank um und war dahin.

Ein Jahr zuvor hatte er, gewarnt, sich vor Mördern in Straßburg vorzusehen, erwidert: »Warum nicht! Es wäre ein recht angenehmer Abschluß!« So sehr wünschte er, gleich gewissen großen Ärzten, auch noch durch seinen Tod der Sache zu dienen, zu der er sich durchgerungen.

Auf seinem Sarge lag ein Kranz, ein zweiter, ohne Schmuck aus Eichenzweigen gewunden, wurde ihm von zwei Deutschen nachgetragen. Diese wollten ihm einen Gruß aus seiner Heimat bieten. Sie hatten den Kranz mit Gefahr ihres Lebens über die Grenze gebracht.

Emil Ludwig

10. Mai 1933

Bücherverbrennung in Deutschland und die Folgen

Herausgegeben von Ulrich Walberer
Fischer Taschenbuch Band 4245

Mit Beiträgen von
Wolfgang Benz, Ursula Büttner, Volker Dahm, Hermann Glaser, Erich Kästner, Gabriele Krämer-Prein, Hans Mayer, Manfred H. Niessen, Gerhard Sauder, Ralf Schnell, Hans-Wolfgang Strätz, Frithjof Trapp und Hermann Weiß

Vor fünfzig Jahren wurden in Deutschland Tausende von Büchern verbrannt. Hochschulprofessoren hielten völkische Jubel-Reden. Wenig später wurden Menschen in Millionenzahl verbrannt.
Mit diesem Band wird eine Summe bisheriger Detail-Forschung gezogen. Fachleute aus mehreren wissenschaftlichen Disziplinen behandeln in ihren kritischen Beiträgen den Forschungsgegenstand aus verschiedenen Perspektiven und legen hier ihre erschütternden Ergebnisse einem breiten Publikum vor – Ergebnisse, an denen sich künftig niemand mehr wird vorbeistehlen können.
Warum die Anstrengungen fünfzig Jahre danach? Damit in Deutschland und anderswo keine Bücher ins Feuer geworfen werden. Denn: Wo man Bücher verbrennt, da könnte man bald auch wieder Menschen verbrennen.

Fischer Taschenbuch Verlag

fi 43/1